A galáxia Lombroso

UNIVERSIDADE ESTADUAL DE CAMPINAS

Reitor
ANTONIO JOSÉ DE ALMEIDA MEIRELLES

Coordenadora Geral da Universidade
MARIA LUIZA MORETTI

Conselho Editorial

Presidente
EDWIGES MARIA MORATO

CARLOS RAUL ETULAIN – CICERO ROMÃO RESENDE DE ARAUJO
DIRCE DJANIRA PACHECO E ZAN – FREDERICO AUGUSTO GARCIA FERNANDES
IARA BELELI – MARCO AURÉLIO CREMASCO – PEDRO CUNHA DE HOLANDA
SÁVIO MACHADO CAVALCANTE – VERÓNICA ANDREA GONZÁLEZ-LÓPEZ

Livio Sansone

A galáxia Lombroso
A EXTRAORDINÁRIA POPULARIDADE DE CESARE LOMBROSO E DO LOMBROSIANISMO NA AMÉRICA LATINA

Tradução
Roberto Vico

FICHA CATALOGRÁFICA ELABORADA PELO
SISTEMA DE BIBLIOTECAS DA UNICAMP
DIVISÃO DE TRATAMENTO DA INFORMAÇÃO
Bibliotecária: Gardênia Garcia Benossi – CRB-8ª / 8644

Sa58g   Sansone, Livio, 1956-
       A galáxia Lombroso : a extraordinária popularidade de Cesare Lombroso e do lombrosianismo na América Latina / Livio Sansone ; tradutor : Roberto Vico. – Campinas, SP : Editora da Unicamp, 2024.

       Título original: *La Galassia Lombroso, l'Africa e l'America Latina*

       1. Lombroso, Cesare, 1835-1909. 2. Criminologia. 3. Degeneração. 4. Crime - Aspectos sociológicos. 5. Criminologia - América Latina. I. Vico, Roberto Paolo. II. Título.

           CDD – 364
                – 301
                – 364.2
                – 364.98

ISBN 978-85-268-1728-9

Copyright © by Livio Sansone
Copyright © 2024 by Editora da Unicamp

Opiniões, hipóteses e conclusões ou recomendações expressas neste livro são de responsabilidade do autor e não necessariamente refletem a visão da Editora da Unicamp.

Direitos reservados e protegidos pela lei 9.610 de 19.2.1998.
É proibida a reprodução total ou parcial sem autorização, por escrito, dos detentores dos direitos.

Foi feito o depósito legal.

Direitos reservados a

Editora da Unicamp
Rua Sérgio Buarque de Holanda, 421 – 3º andar
Campus Unicamp
CEP 13083-859 – Campinas – SP – Brasil
Tel./Fax: (19) 3521-7718 / 7728
www.editoraunicamp.com.br – vendas@editora.unicamp.br

Lombroso era filólogo, filósofo, místico, anatomista e antropólogo, neurologista, psiquiatra, sociólogo, estatístico e especialista em ciências sociais e políticas.

Kurella, 1911, p. 1

Lombroso era um poeta antes de ser um cientista, um homem de imaginação antes de ser um pesquisador.

Necrológio no jornal *O Estado de S. Paulo*

A "escola" de Lombroso é um fenômeno interessante na psicologia coletiva. O professor de Turim é o símbolo convencional de um partido científico. Ninguém acredita nele de todo o coração, ninguém compartilha suas teorias sem o benefício do inventário; mas todos o chamam de mestre, mestre ilustre, mestre eminente.
A primeira impressão que uma reunião de seus discípulos dá é desagradável: parece um comitê de políticos pouco competentes, uma assembleia de padres incrédulos, um conselho de idólatras que riem do fetiche.
Porém, estudando-o melhor, por detrás daquela aparente comédia convencional com aquele homem carinhoso, descobrimos uma sincera satisfação com aquele homem bondoso e frágil que lutou tenazmente e com rara persistência pelo triunfo de novos horizontes que vislumbrava, mas não sabia definir.
Eles sabem, e ousam dizê-lo em voz baixa, que Lombroso foi apenas um grande promotor, um grande portador de ideias, e que caberá a outros realizar a verdadeira elaboração crítica e a generalização precisa de seus teoremas primitivos.

Ingenieros, 2009, p. 43

Lombroso [...], um estudioso onívoro.

Frigessi, 2005, p. 1

Qualquer pessoa, portanto, podia se apropriar da linguagem de Lombroso, mesmo sem citá-lo.

Maristany, 1983, p. 362

Sumário

Prefácio 9

Introdução – Na trilha de Nina Rodrigues 13

Capítulo 1 – A questão racial no final do século XIX 21
    Degeneração e raça 21
    Lombroso, a África e os africanos 44

Capítulo 2 – A galáxia Lombroso como *home science* global 67
    Oficina, museu, revista e sala de estar 74
    A rede internacional: o exterior como uma brecha 81
    Um olhar sobre Cuba, o México e a Argentina 85
    No Brasil 90

Capítulo 3 – Encontros e desencontros na América do Sul 103
    Guglielmo Ferrero e Gina Lombroso 104
    Enrico Ferri 128

Capítulo 4 – O papel do Brasil e da América Latina na geopolítica do conhecimento: raça e positivismo 157
    "Lombrosianismo" e a América do Sul 164
    Lombrosianismo depois de Lombroso 172

Capítulo 5 – Reflexões finais sobre a circulação do pensamento lombrosiano na América Latina 197

Apêndice – A trajetória das ideias de Cesare Lombroso na Itália e no mundo 205

Bibliografia e fontes.. 211

Índice onomástico 227

Prefácio

Este livro trata de uma questão crucial na história das ciências sociais, em particular das ideias sobre raça, a África, o africano e o negro: a forte influência que o pensamento de Cesare Lombroso, ou suas reinterpretações, e a rede de pesquisadores que ele criou exerceram na formação das ciências sociais na América Latina e, mais especificamente, no Brasil.

Como acontece com todos os que lidam com personalidades que o tempo está definindo como controversas e difíceis, frequentemente me perguntam por que me interesso tanto por Cesare Lombroso. Talvez porque eu também, como muitos outros antes de mim, no fundo, me sinto atraído por temas que talvez sejam escabrosos hoje, mas sempre atuais, como atavismo, degeneração, fisionomia, hipnose, a relação entre loucura e gênio, arte prisional, tatuagens, jargões e messianismos? Lombroso faz parte de um longo percurso e insere-se em um projeto mais amplo que visa escrever uma história universal do racialismo – termo utilizado para indicar a construção e circulação de ideias de raça – e racismo verdadeiro – o uso de ideias de raça para excluir o outro. Um projeto que busca entender não apenas a complexidade do contexto em que essas ideias foram criadas, para as quais contribuíram não apenas teóricos conservadores, mas também estudiosos ligados à emancipação de grupos subalternos ou discriminados (como vários teóricos judeus) e até boa parte dos socialistas e anarquistas. Nesse sentido, vários líderes afro-americanos retomam as categorias racistas – por exemplo, a crença na existência de quatro "grandes raças" – para criar um novo discurso sobre a emancipação do racismo (colonial).

Venho lidando com "raças", etnicidade e racismo desde que comecei a me formar como antropólogo no final da década de 1970, com pesquisas voltadas para a etnografia e, mais recentemente, baseadas no trabalho de arquivo. Este último, de fato, considera-nos, os antropólogos, pouco preparados e até nos cria uma certa inibição, levando-nos a nos perguntar: o que estamos fazendo nos arquivos, quando estes são o lugar dos historiadores? Entretanto, hoje não é possível estudar os temas candentes levantados pelas novas etnicidades, pelos neonacionalismos antiglobalização, pelos usos políticos da raciologia para excluir o outro como parte de novas formas de populismo, mas também por um certo novo uso de categorias de tipo étnico-raciais por grupos subalternos que buscam respeito e cidadania, sem tentar historicizar e entender as origens do pensamento racial como parte integrante do contexto em que se criaram e desenvolveram tanto a maioria dos movimentos sociais como as verdadeiras ciências sociais. Confesso que, por ter uma formação em sociologia e antropologia, me movo melhor no espaço – pesquisando redes, circuitos e rotas – do que no tempo, investigando raízes e "tradições" como um historiador. Apesar disso, tenho de todas as formas que estabelecer um diálogo específico com a história do pensamento racial e do racismo.[1]

Sabemos que a pesquisa social – especialmente para um antropólogo – sempre envolve um ato de autoconhecimento; portanto, considero apropriado tomar uma posição também do ponto de vista do meu percurso pessoal. Este livro também representa o resultado de um diálogo "entre dois mundos", entre o país que me formou, a Itália, e o que me adotou, o Brasil; existe, então, uma dimensão que eu poderia definir como "proustiana" nessa minha pesquisa. Se isso não é um retorno às origens, é certamente uma releitura de uma parte da "história da pátria" à luz de quase 40 anos de vida no exterior. O interesse pela "questão racial" e pela África – o continente que, em grande parte como o oposto da Europa, serviu para colocá-la em ação – cresceu comigo desde que comecei a me interessar pelo mundo. A "raça" e a África fizeram parte da minha socialização infantil mesmo antes de serem tratados – maltratados – em meu ensino médio. Embora quase sempre ausente de nossa educação canônica, a África está presente nos interstícios da nossa formação, mas também dos nossos sentidos, dada a sua preponderância, embora sempre aproximada e raramente individualizada ou autoral, nos campos da música, da dança, das artes plásticas e da *airport art*. No meu caso, as "memórias" da África coagulam-se em torno de certos tópicos: Abebe Bikila nas Olimpíadas de Roma de 1960; o Massacre de Kindu; Moïse Ciombe (na segunda metade da década de 1960, em nossa casa a palavra "Ciombe" tornou-se equivalente a "verme traidor") e Patrice Lumumba, os filhos de diplomatas africanos no bairro Parioli, com quem eu brincava nas ruas; o filme *A Batalha de Argel* (Gillo Pontecorvo, 1966), no qual meu pai colaborou e durante a sua realização um exilado argelino morou, por um período, em nossa casa (Ali Laguel, de quem infelizmente perdi o rastro); depois as viagens ao Mali e a Uganda, para visitar meu pai que viveu e trabalhou lá por muitos anos; a incrível quantidade de objetos africanos coletados por meu pai e sua esposa; as histórias e opiniões pouco convencionais e geralmente positivas de meu pai sobre Muammar Gaddafi, Idi Amin e, acima de tudo, Thomas Sankara.

Meu interesse pelo pensamento racial, sua história e atualidade, e pela presença da África em nosso imaginário e aparato sensitivo, portanto, tem quase a minha própria idade. Entretanto, não é a única razão pela qual a pesquisa que está por trás da escrita deste livro tem um quê de perseguição proustiana atrás do tempo perdido. Para mim, tratou-se de um retorno à Itália – e ao idioma italiano – depois de uns bons 40 anos vivendo e pesquisando no exterior. Estar um ano na Itália com meus dois filhos adolescentes – o meu futuro –, mas também em contato com meu pai e meu tio – o meu passado –, levou-me a um confronto, quase obrigatório, com a memória e as expectativas, que, por sua vez, influenciam o que se busca hoje e o que se quer lembrar do passado. Muitos de nós vemos a pesquisa e, acima de tudo, a escrita de um livro como algo que se realiza melhor em condições de esplêndido isolamento. Nesse caso se trata, eu diria, do oposto. Eu estava pesquisando e escrevendo no tempo em que meu passado (meu pai) e meu futuro (meus dois filhos) me deixavam livre.

Minha história pessoal também influenciou a construção do meu objeto de pesquisa: li de tudo, mas não tudo. Tive de me confrontar com a história e a grande experiência historiográfica italiana sobre o Ressurgimento e a Itália liberal, além de uma crescente *scholarship* que revisita a história colonial, o debate sobre o caráter, as origens e o tecido da população italiana, sem esquecer a questão do Sul da Itália. Pela primeira vez em mais de 20 anos, senti-me como na época de minha tese de doutorado, quando não sabia para onde direcionar minha escrita, desnorteado diante da imensidão do conhecimento. Era necessário, embora impossível, acompanhar tudo e ser um especialista nos vários campos de pesquisa abordados neste livro: antropologia física e cultural, criminologia, história da ciência e, acima de tudo, da medicina, psiquiatria, "ciência policial" e história do pensamento racial e do racismo. Valeu, porém, a pena, aventurar-me. Uma aventura que teria sido ainda mais árdua se eu não tivesse contado com a colaboração e a generosidade de Silvano Montaldo e Cristina Cilli, do Museu Cesare Lombroso da Universidade de Turim; Carlotta Sorba e Annalisa Frisina, da Universidade de Pádua; Gaia Giuliani, Tatiana Petrovitch, Francesco Pompeo, Michela Fusaschi; colegas da Biblioteca de História Moderna e Contemporânea de Roma (especialmente Rosanna de Longis); Vito Lattanzi, do Museu Pigorini de Roma; Maria Grazia Rosselli e Monica Zavattaro, do Museu de Antropologia e Etnologia da Universidade de Florença; Jennifer Comins, da Rare Book and Manuscript Library da Universidade Columbia; Rosario Perricone, do Museu Internacional das Marionetas de Palermo. Agradecimentos especiais à equipe do Arquivo Vieusseux em Florença; da Biblioteca Nacional dos Arquivos da Academia Brasileira de Letras e da Casa Rui Barbosa, no Rio de Janeiro; do Centro de Estudos Brasileiros da Universidade de São Paulo; aos colegas argentinos Maximo Sozzo e Alejandra Mailhe; aos colegas cubanos Maria del Rosario Diaz e José Matos. Sem o estímulo e o apoio de Marco D'Eramo, Marina Forti, Michele Buracchio e Roberto Travagli, e o apoio incansável de Giovanni Carletti e de muitos excelentes colaboradores da Editora Laterza e da Editora da Unicamp, este livro não teria sido feito. Por fim, agradeço à Fundação de Amparo a Pesquisa da Bahia (Fapesb) e à Coordenação de Aperfeiçoamento de Pessoal de Nível Superior (Capes) pelo apoio.

Devo acrescentar que, além de ter que me familiarizar com uns relativamente novos campos de estudo para mim, foi igualmente difícil voltar a escrever em italiano, que depois de tantos anos está se transformando de língua materna em "língua madrasta". A matriz de uma pesquisa que pretende ser internacional e que abrange um período relativamente longo, além disso, certamente mostra uma tênue marca d'água em muitos momentos. Eu realmente espero que os leitores, ao descobrir comigo novas pontes, conexões e novos fluxos que o livro procura explorar, me perdoem por esse desbotamento da filigrana. Outras desculpas são devidas: o livro não existiria sem a infinita paciência de minha companheira de vida, Sueli, e de meus filhos, Giulio e Pedro, que espero que me perdoem todas as horas que tive que negar o convívio paterno. Devo agradecer aos meus amigos, aqueles de sempre e os que tive a sorte de encontrar ou redescobrir durante esse último ano passado na Itália, e a todos os colegas que abriram portas e construíram pontes para mim. Dedico este livro aos irmãos Alfonso e Agostino Sansone, meu tio e meu pai, respectivamente.

Nota

[1] Na realidade, um projeto tão amplo deve ser coletivo, interdisciplinar, multicêntrico, multilíngue e apoiado pela generosidade e pela curadoria coletiva. Por falar em generosidade, gostaria de agradecer à Biblioteca de História Moderna e Contemporânea de Roma, onde as pessoas estão comprometidas com a disseminação do conhecimento sem preocupação com o poder, pelo contrário, exercita-se da melhor maneira a função adequada do poder público com relação ao conhecimento, facilitando sua disseminação e circulação. Em maio de 2014, nessa mesma biblioteca, organizei o Simpósio "Global Lombroso", do qual este livro é, em grande parte, o resultado.

INTRODUÇÃO

Na trilha de Nina Rodrigues

Este livro deve muito a Raimundo Nina Rodrigues, um pioneiro dos estudos afro-brasileiros, que morreu com apenas 46 anos de idade, em Paris, em 1906, durante sua primeira viagem ao exterior. Juntamente com seu colega psiquiatra (e negro) Juliano Moreira, planejava visitar Cesare Lombroso (doravante CL) em Turim, por ocasião do VI Congresso Internacional de Antropologia Criminal, no qual foram celebrados os 50 anos de carreira do intelectual italiano.[1] Como era obrigatório para os cientistas positivistas da época, o corpo de Nina Rodrigues foi embalsamado por colegas parisienses (ou por Alexandre Lacassagne em Lyon) e, assim, retornou à Bahia. Em Salvador, entretanto, o corpo, em vez de ser disponibilizado para a medicina, como Nina Rodrigues desejava, acabou sendo enterrado, por desejo da família, ao que se somou a falta de entusiasmo dos colegas da Escola de Medicina em receber o corpo embalsamado de um professor tão ilustre quanto polêmico, pois colecionava fetiches e outros objetos mágicos.[2] Médico, etnógrafo, positivista, mestiço e racista (talvez essa última coisa *malgré lui*), mas também *ogan*.[3]

Foi procurando a correspondência que deve ter existido entre ele e Lombroso que começou o meu interesse por CL, suas ideias, sua rede ou galáxia internacional, sua originalidade em repensar a questão social e racial, e também seu ecletismo. Assim como CL, Nina Rodrigues era, em minha opinião, tanto um pioneiro quanto, se é que podemos defini-lo assim, um Dom Quixote da medicina social, uma disciplina em algum lugar entre a ciência social e a medicina "pura", que ele mesmo via como mais próxima da primeira do que da segunda. Até o momento, as correspondências de Nina Rodrigues não foram encontradas, mas em dois casos eu as vi mencionadas: na biografia de CL escrita por sua filha Gina, em que Nina Rodrigues – referido como o contato que no Brasil aplica desde a cátedra as novas ideias em prisões, asilos e julgamentos criminais – é até mencionado como "advogado",[4] e no primeiro livro famoso de Fernando Ortiz, *Los negros brujos*, cuja primeira edição, publicada em Madri, é de 1906. Ortiz visitou regularmente, entre 1902 e 1905, o estúdio de CL em Turim e, de acordo com vários indícios fortes, foi lá que ele conheceu a obra *L'animisme fétichiste*, que Nina Rodrigues publicou em francês para poder ser lido na Europa e que enviou a CL, mas também a Marcel Mauss, que fez uma cuidadosa e positiva revisão.[5] O esforço de Nina Rodrigues foi bem-sucedido e, de fato, na edição de 1895 da revista *Archivio di Psichiatria, Scienze Penali ed Antropologia Criminale* (*AP*), fundada por CL em 1880, há até três referências a Nina Rodrigues: um resumo de *L'animisme fétichiste* em francês, uma resenha de seu livro feita por CL e outro artigo. Há duas outras referências a Nina Rodrigues na edição do volume XVI de 1896, no artigo em francês "Nègres criminels au Brésil" e em uma resenha de *Les races humaines*, escrita pelo próprio CL.[6]

Como acontece com muitos pais de uma disciplina ou um campo de pesquisa, mitos e histórias circulam em torno da figura de Nina Rodrigues. Se escreveram romances, como *Jubiabá*, de Jorge Amado, há especulações sobre uma possível colaboração com o colega negro Manuel Querino, autodidata e etnógrafo,[7] e com informantes-chave importantes, como o africano Martiniano do Bonfim, babalaô[8] e presidente de honra do II Congresso Afro-Brasileiro realizado em Salvador, em 1937.[9] Nina Rodrigues foi apontado como o "maior propagador das teorias da Escola Positiva de criminologia na América Latina" (uma frase muito presente em Koch-Ammassari, 1992, e repetida por vários autores[10]) e sobre ele foi escrita uma importante biografia intelectual.[11] E há também as narrativas que eu gostaria de chamar de "vestais dos arquivos" (com as quais frequentemente associamos os "pretorianos do pensamento"), que por mais de um século mantiveram viva (ou embalsamada) a memória de Nina Rodrigues na Escola de Medicina da Bahia – assim como a de Paolo Mantegazza (doravante PM) em Florença e a de CL em Turim –, embora mais baseadas na imaginação do que em dados concretos. De acordo com Lamartine de Andrade Lima,[12] Nina Rodrigues morreu logo após visitar Lacassagne em Lyon e CL em Turim. No entanto, não há vestígios da correspondência de Nina Rodrigues[13] e hoje sabemos que, infelizmente, ele não conseguiu conhecer pessoalmente o mestre CL, algo que certamente desejava muito.

No entanto, seguindo os passos de Nina Rodrigues, um pouco por intuição e muito por *serendipity*,[14] encontrei alguns pedaços e muitos detalhes do que eu chamaria de galáxia: uma rede internacional, cujo centro era o estúdio de

CL, mas que logo criou uma série de subcentros liderados por seus discípulos ou epígonos. Era uma rede forte em muitos países europeus (principalmente França, Alemanha e Holanda, mas também Portugal, Espanha, Rússia, Inglaterra e outros) e também alcançava a Austrália, a Índia, os Estados Unidos e, com maior incidência, quase toda a América do Sul. Apenas uma parte, talvez uma minoria, dessas pessoas conhecia CL pessoalmente, seu estúdio e seu famoso museu-laboratório. Outros o conheciam muito menos, mas utilizaram-no em suas próprias batalhas, talvez reinterpretando ou mesmo criouizando suas ideias em diferentes contextos. De fato, é possível mostrar que, pelo menos até a redescoberta de Gramsci na década de 1970, CL era o autor italiano mais citado na América Latina, tanto que até então, como veremos mais adiante, ele havia recebido vários prêmios na área de jurisprudência e "policiologia". Teremos que esperar até a década de 1980 para que outros italianos voltem a ser massivamente citados na América Latina: Carlo Ginzburg, Umberto Eco, Toni Negri, Gianni Vattimo e Giovanni Arrighi. Nenhum deles era antropólogo. Porém, ainda em 2002, durante minha palestra na especialização em direitos humanos para os magistrados do Rio de Janeiro, para minha grande surpresa, um deles chamou CL de "mestre"! Portanto, se há uma parte do mundo em que o termo "lombrosiano" ainda é amplamente utilizado atualmente, essa parte é justamente a América Latina, apesar da importância assumida pelo DNA e do surgimento da genética popular que tomou o lugar da fisionomia da época. Trata-se, de fato, de um termo cujo uso lembra o da palavra "kafkiano": não parece que seja necessário ler e conhecer Kafka para usá-la; algo semelhante acontece com os termos "gramsciano" e "felliniano", que são eles mesmos usados com pouca exatidão. Podemos dizer que CL pertence àquele pequeno círculo de autores importantes para o pensamento racial e racista, entre os quais também estão Charles Darwin, Joseph-Arthur de Gobineau e Herbert Spencer, que são muito citados e nomeados, mesmo que inadequadamente, mas pouco lidos. Além disso, CL – mencionado nos jornais brasileiros do início do século XX, com termos como "caracterologista", "fisionomista" e "psicopatologista" – não é apenas um dos intelectuais italianos mais citados no exterior (certamente o mais citado de sua época), mas também representa um caso exemplar de um certo clima intelectual e político italiano. Não estou tentando fazer nenhuma apologia ou revisionismo histórico: CL foi e continua sendo um personagem muito controverso. A minha tentativa é, mais simplesmente, a de traçar uma história detalhada das ideias sobre raça em CL e as repercussões dessas ideias na América Latina, prestando especial atenção a dois aspectos: como elas, passando pelo espaço e pelo tempo, até mesmo na vida de um pesquisador individual, podem e devem mudar; como e quão importantes são as redes de contatos, nacionais e não, as histórias compartilhadas[15] e as relações interpessoais na construção e manutenção de um paradigma científico (Adam Kuper, *apud* Matos, 2013). Veremos como se tratava de uma relação complexa e até mesmo ambígua, mas nunca de uma simples assimilação, por parte dos intelectuais latino-americanos, de tudo o que vinha da Itália. O estudo desses intercâmbios, inspirado na noção de histórias compartilhadas, além de ser necessariamente transnacional, ajuda-nos a entender tanto a complexidade dessas relações interpessoais e internacionais, quanto as condições para o desenvolvimento do conhecimento científico e a forma como funcionavam os fluxos e intercâmbios de ideias entre diferentes áreas linguísticas – portanto, não apenas dentro de uma ecúmena linguística (os mundos francófono, anglófono, lusófono etc.). Essas histórias compartilhadas desenvolvem-se dentro de uma configuração científico-intelectual determinada não apenas pelas relações de poder, mas também pelo que chamarei de fatores de atração e repulsão. Sobre os canais abertos daquela que chamo de galáxia Lombroso – uma coleção de congressos internacionais, conferências, revistas, jornais, livros, museus, viagens, correspondências, postagens de encomendas –, circularam ideias, projetos, pessoas, imagens e objetos (crânios, facas, amuletos, ossos, pedaços de pele possivelmente tatuados, instrumentos musicais, máscaras, múmias, carteiras de identidade da polícia, da prisão e do asilo, obras da chamada arte da prisão etc.). Graças a essa rede, criou-se um intercâmbio não entre iguais – porque, especialmente no caso do Brasil, o grau de institucionalização da vida acadêmica era muito inferior do que na Itália –, mas entre acadêmicos interessados em usar o outro; às vezes, ouvindo-o, às vezes, em um intercâmbio entre cegos e surdos. Mais importante do que descobrir novidades era corroborar hipóteses: a América Latina estava procurando algo no Sul da Europa, que, por sua vez, estava procurando algo mais na América Latina. Foi, portanto, uma recepção complexa e até ambígua, mas nunca uma simples assimilação pelos intelectuais latino-americanos de tudo o que vinha da Itália. Foi uma circulação internacional na qual os ícones eram globais, porém os significados eram frequentemente locais. Este livro tentará ilustrar a complexidade desse relacionamento, porque isso é fundamental para entender como as ciências sociais foram formadas na América Latina.

O estudo da recepção do positivismo europeu produziu uma verdadeira tradição na história das ciências sociais na América Latina. A recepção do que muitos chamaram de lombrosianismo produziu uma grande quantidade de estudos. Alguns desses estudos, como o de Fernando de Azevedo[16] sobre a história do pensamento sociológico no Brasil, são clássicos um tanto datados, enquanto outros, mais focados no lombrosianismo, são particularmente importantes para a reconstrução de uma história crítica da antropologia na América Latina. Sobre os três intérpretes mais importantes das ideias de Lombroso no Brasil (Nina Rodrigues), em Cuba (Fernando Ortiz) e na Argentina (José Ingenieros), falarei mais tarde. Além disso, há duas obras de referência sobre o trânsito de ideias entre a Itália e a América do Sul, na era das ciências positivas, que serão amplamente citadas ao longo deste livro: Barbano, Barbé & Olivieri, 1992 e Varejão, 2005. No entanto, a minha perspectiva é diferente, porque privilegio o enfoque das condições sociais inerentes a esses trânsitos na troca de ideias enquanto tal. Apesar das limitações impostas pela documentação, que é relativamente escassa considerando a importância, a duração e o tamanho das relações entre a galáxia Lombroso e a América Latina, esforço-me em mostrar os aspectos cotidianos e socioantropológicos desses intercâmbios: como eles realmente ocorriam, quem pagava as despesas, o que era esperado pelos que viajavam e pelos que convidavam, o que era dito e mantido em silêncio de ambos os lados, o que a imprensa da época e as revistas científicas relatavam sobre eles, quais eram as regras e o *habitus* da prática científico-acadêmica, o que viajava além das pessoas (artefatos, imagens, achados humanos ou não humanos, fichas e arquivos, materiais e métodos de pesquisa e catalogação etc.). Considero esse recurso antropológico aos detalhes útil para destacar também, e acima de tudo, a relação entre essas trocas e as várias agendas que determinam a geopolítica do conhecimento: a criação de um novo campo científico transnacional na interação entre ciência e cultura popular, a partir de vários pontos de vista e ações, e sob a égide do que Eric Hobsbawm chamou de "era dos Impérios". Tudo isso gerava, de fato, uma geografia moral que identificava lugares ideais e definidos nos quais fazer pesquisa e obter impressões e sentimentos (fortes) trazidos para outro tipo de lugar, descritos como ideais não apenas para escrever, refletir e publicar os resultados de pesquisas realizadas em outros lugares, mas também para elaborar teorias ou esquemas de interpretação de valor universal. Se a galáxia Lombroso pode ser interpretada como uma metáfora para sua época e, em particular, para a Itália no período de Sedan (1870) até o assassinato do arquiduque Franz Ferdinand em Sarajevo (1914), a construção e o desenvolvimento do intercâmbio internacional a partir do estúdio turinense de CL representam um exemplo claro de como era concebido e funcionava o que era visto como uma "nova ciência".

Veremos que a América Latina estava bastante presente nas redes e nos horizontes de muitos dos participantes da Escola Positiva, bem como nos primeiros passos da antropologia italiana. Dois dos pais da disciplina e, ao mesmo tempo, animadores dos primeiros e principais paradigmas, Paolo Mantegazza e Cesare Lombroso, incorporaram a América Latina em seus próprios horizontes e tiveram importantes contatos com ela. Primeiro, e pessoalmente, PM; depois, de uma forma muito mais profunda, CL, que, embora nunca tenha viajado para essas terras, fez com que muitas mentes viajassem para lá e, direta ou indiretamente, estimulou muitos projetos de engenharia social. Essa relevância da América Latina para a escola de antropologia positiva e para a antropologia italiana em geral, no período de 1880 até o final da década de 20 do século passado, não recebeu a devida atenção dos historiadores da antropologia.[17] Isso talvez se deva ao fato de que, quando as ciências sociais foram consolidadas e institucionalizadas na Itália, após a Segunda Guerra Mundial, a estrela da América do Sul, por uma série de fatores que veremos mais adiante, já havia se apagado e gradualmente se tornou outro continente subordinado ao Ocidente, precisamente a América Latina.

Nos últimos anos, e especialmente por ocasião dos vários simpósios organizados em 2009 para o centésimo aniversário da morte de CL, foram publicados vários livros que analisam o fenômeno Lombroso na Itália e a rede de contatos tecida pela galáxia Lombroso em vários países europeus, e não só. Silvano Montaldo, incansável curador e inovador do Museu Cesare Lombroso da Universidade de Turim, editou várias obras importantes sozinho e com outros. A falecida Delia Frigessi escreveu obras monumentais de grande qualidade, assim como Mary Gibson.[18] Portanto, existe uma importante *scholarship* sobre o fenômeno Lombroso. Embora com raras exceções (especialmente Caimari e Varejão), no entanto, a América Latina, que foi tão importante para consolidar a reputação internacional de CL e a prolongou ao longo do tempo, permaneceu à margem dessas interessantes releituras da obra lombrosiana. Aqui tentarei preencher, pelo menos em parte, essa lacuna.

Este livro está organizado em cinco capítulos. No primeiro capítulo, descrevo brevemente o contexto em que funcionava a galáxia Lombroso, para depois passar às coordenadas socioculturais do debate científico sobre a chamada questão racial, tanto na Itália como no exterior. Nesse debate, havia três termos recorrentes e interconectados: degeneração, questão social, raça. No segundo capítulo, eu me aprofundo no funcionamento da galáxia Lombroso, com seu núcleo duro e suas redes internacionais que acabaram sendo extremamente importantes. O terceiro capítulo trata das viagens de três dos principais membros da galáxia [Lombroso] à América Latina: Guglielmo Ferrero, Gina Lombroso e Enrico Ferri. São viagens que podem ser interpretadas como uma metáfora da tipologia de contato entre a Itália e a América do Sul. No quarto capítulo, veremos o que aconteceu na América Latina com o chamado lombrosianismo após a morte de Lombroso. No quinto e último capítulo, seguem breves conclusões sobre a importância de Lombroso, ou reinterpretações de suas ideias, para a formação das ciências na América Latina.

Notas

1. Juliano Moreira de fato participou do Congresso Internacional de Antropologia Criminal realizado em Turim, em 1906, como pode ser visto nos *Anais* disponíveis nos arquivos do Museu Cesare Lombroso.
2. A curiosidade de Nina Rodrigues pela cultura material afro-brasileira, talvez uma verdadeira paixão, levou-o a coletar centenas de objetos associados aos cultos afro-brasileiros e reuni-los em uma coleção em uma sala da Escola de Medicina. Esse foi, sem dúvida, o núcleo de um futuro museu inspirado no de CL, que naqueles anos influenciou o nascimento de coleções de museus com temas semelhantes, como no caso o de Fernando Ortiz em Havana. Em 1905, a coleção de Nina Rodrigues foi incendiada, o que provavelmente foi um ataque incendiário provocado por colegas e alunos não apenas invejosos da relativa grandeza de Nina Rodrigues, mas também assustados com o grande número de fetiches que eles acreditavam ter um poder mágico e extremamente perigoso; até mesmo muitos magistrados pareciam acreditar nisso e, nos mesmos anos, condenaram os possuidores de fetiches. O positivismo da Primeira República brasileira, cuja bandeira dizia "Ordem e progresso" (uma amputação do dito comtiano "Irmandade, ordem e progresso"), andava de mãos dadas com um grande medo da feitiçaria (magia negra) no Brasil, nas duas décadas seguintes à Abolição da Escravatura (Maggie, 1992).
3. Os *ogans* são homens ou políticos conhecidos que fazem parte do conselho consultivo das casas de candomblé mais importantes.
4. G. Lombroso, 1921, p. 211.
5. Mauss, 1901.
6. Nina Rodrigues publicava em português, mas logo traduziu, publicou e distribuiu, às suas próprias custas, seus dois primeiros livros em francês, para que pudessem ser lidos tanto pela escola de CL quanto pela escola de Alexandre Lacassagne em Lyon. De fato, o livro *As raças humanas/Les races humaines* começa com uma dedicatória aos "chefes da nova escola criminalista", Lombroso, Ferri e Garofalo, mas também ao "chefe da nova escola médico-legal francesa", Alexandre Lacassagne (Nina Rodrigues, 1895, p. 21).
7. Querino foi provavelmente o primeiro etnógrafo negro no Brasil. Sua obra, toda focada na Bahia, foi publicada em grande parte *post mortem* (ele morreu em 1923). Recentemente, houve um grande aumento no interesse, por parte dos estudos do conhecimento subalterno, pelo trabalho desse intelectual negro (Gledhill, 2021).

8   Sacerdote da religião iorubá.
9   Carneiro & Couto Ferraz, 1940.
10 Mariza Corrêa (2000, p. 357, n. 22) informa-nos que, no Prólogo do livro *L'anthropologie criminelle et ses recents progress* (Paris, Félix Alcan, 1896), CL dedica o livro a uma série de pesquisadores, incluindo Nina Rodrigues, definidos como "les apôtres de l'anthropologie criminelle en Europe" [os apóstolos da antropologia criminal na Europa]. Afrânio Peixoto também, no Prefácio e Epílogo da segunda edição de *As raças humanas e a responsabilidade penal no Brasil* (Rio de Janeiro, Brasiliana, 1932), e Arthur Ramos, em *Loucura e crime* (Porto Alegre, Globo, 1937), fazem declarações semelhantes.
11 M. Corrêa, 2000.
12 L. A. Lima, 1980.
13 Parece haver algumas cartas curtas de Nina Rodrigues no Arquivo de Lacassagne em Lyon, em sua maioria simples notas enviadas com cópias de suas próprias publicações.
14 Esse estranho mecanismo que, em um arquivo, nos leva a encontrar um dado importante quando estávamos procurando por um completamente diferente.
15 Siegel, 2009.
16 Azevedo, 1964.
17 Foi no período entre a Tomada de Roma (1870) e a Marcha sobre Roma (1922) que o campo da antropologia foi definido na Itália, algo definido como ciências demoetnoantropológicas.
18 Gibson, 2004.

CAPÍTULO 1

A questão racial no final do século XIX

Na Itália, assim como em outros países europeus, no final do século XIX, a questão social era definida como a questão das classes perigosas a serem controladas e arregimentadas na ordem política e no funcionamento da produção capitalista – na França e na Inglaterra, com ênfase no proletariado e subproletariado urbanos, e na Itália, com ênfase especialmente nas populações rurais. Para os novos movimentos que surgiram para defender a causa das classes subalternas, a questão social foi colocada como um problema de justiça e inclusão das massas nos benefícios que o progresso, por si só, significaria. Para todos, o socialismo estava em pauta na agenda, seja como um problema ou como uma solução: ninguém ficava indiferente a ele.

Degeneração e raça

Na obra de CL, que sempre pecou pela aproximação e pelo ecletismo teórico, três termos, que no início eram frequentemente usados como sinônimos, vão aos poucos se diferenciando: atavismo (que no último período definiria os traços biológicos do primitivo em nós), degeneração (termo que de fato expressa a "piora" das qualidades de um povo ou população, usado para descrever situações sociais e que, nos últimos anos, refere-se a aspectos morais) e decadência. No final do século XIX, e seguindo a sugestão do jovem Ferrero,[1] CL está inclinado a flexibilizar a noção de atavismo a ponto de transformá-la em um sinônimo de atraso de uma determinada população. O último dos três, decadência, foi um termo que Lombroso nunca usou muito e, no final, não usou mais; estava em voga em sua época, mas referia-se especialmente a civilizações ou "raças" antigas. Em relação ao surgimento e ao florescimento do debate sobre degeneração na Itália – mas também na

França e na Inglaterra –, é interessante começar citando o trabalho de Daniel Pick, que mostra como, em meados do século XIX, há um desenvolvimento:

> [...] uma mudança geral das noções de indivíduo degenerado [...] para uma concepção biomédica da multidão e da civilização de massa como regressão; o "indivíduo" foi reconcebido em relação ao complexo de forças evolucionárias, raciais e ambientais que, insistia-se agora, constituíam ou restringiam sua condição. Com a consolidação institucional do socialismo nos partidos políticos europeus e a pressão contínua pelo sufrágio universal, a multidão aparentemente devia ser reconhecida como uma realidade sociopolítica que era mais do que a soma de seus indivíduos.[2]

Os anos entre 1880 e 1914 são cruciais para a grande transição dos antigos padrões de morbidade e mortalidade causados por doenças infecciosas, má nutrição e trabalho pesado, para o complexo contemporâneo de distúrbios funcionais, enfermidades virais e decadência do corpo associada à velhice. Uma infinidade de doenças é descoberta ou inventada, principalmente associadas à histeria e à sexualidade, especialmente feminina. Foi no mesmo período que o papel da dona de casa e do casal (e, portanto, da família nuclear) foi consagrado na Europa. Como diz Max Nordau, em seu clássico *Entartung*, "estamos em meio a uma série de graves epidemias mentais; uma espécie de peste negra feita de degeneração e histeria".[3] Pick escreve:

> A camada mais baixa era um setor reconhecível da população e, ao mesmo tempo, o destino de todos os indivíduos quando eram forçados a se misturar em multidões [...]. Entrar na multidão significava regredir, retornar, ser jogado de volta a uma certa não individualidade, o menor denominador comum de uma multidão de ancestrais – um mundo de instintos perigosos e memórias primitivas. A cidade, a democracia, o socialismo: tudo, a seu modo, surgiu ou alimentou a ilusão da capacidade do indivíduo de sobreviver intacto à multidão [...]. Não havia nada de novo no "medo de multidões" ou na vigilância ansiosa sobre as "classes perigosas", mas o final do século XIX testemunhou uma tentativa peculiar de produzir uma ciência positiva (um destilado de psicologia, biologia, antropologia racial) dos traços essenciais e meta-históricos da multidão (o local da elisão das diferenças de classe) e sua relação com a "civilização".[4]

Mais recentemente, Simonazzi, em sua história do conceito de degeneração em vários contextos e períodos entre o final do século XIX e as primeiras décadas do século XX, mostra que a Itália foi um dos países mais receptivos à teoria da degeneração de Morel. Isso se deveu tanto à admiração cultural pela psiquiatria francesa quanto ao fato de que naqueles anos a Itália ainda estava em busca de sua própria identidade cultural capaz de fortalecer o processo de unidade política.[5] Não era, entretanto, uma prerrogativa ou especificidade italiana a ideia de que o homem delinquente fosse psicológica e fisicamente anormal, "marcado pela presença de traços atávicos e que o estudo do crime pudesse ser transformado em uma ciência positiva, capaz de reconhecer o delinquente a partir de sua aparência fisionômica".[6] Se o sucesso literário, e até mesmo comercial, de monstros e vampiros, como no caso de Bram Stoker, foi uma das consequências da grande preocupação com a degeneração individual e coletiva, algo que parecia ser próprio da época, a política[7] não o era menos:

> Na política, a extrema-esquerda e o socialismo fizeram seus os diagnósticos dos teóricos da degeneração, como foi o caso de Engels, do primeiro Sorel e do próprio Jaurès, enquanto eugênica, a melhoria da raça e a da sociedade podiam ser encontradas em teóricos racistas como Vacher de Lapouge, ao mesmo tempo um socialista militante, bem como em figuras como Bernard Shaw, os fabianos e os sociais-democratas alemães, enquanto as revistas teóricas francesas, como *La Revue Socialiste*, e até mesmo semanários militantes, como *Le Prolétaire* e *Le Parti Ouvrier*, apresentaram, no final dos anos 1980 e início dos anos 1990, essa ideia de degeneração.[8]

A degeneração foi, portanto, uma questão abordada não só pela direita, mas também pela esquerda, por Morel e Nietzsche (este, considerando-se degenerado, também celebrou seus benefícios, como fator de superação da mediocridade), e também por Zola (com sua *Besta humana*) e, um pouco mais tarde, Freud.[9] Para todos eles, no entanto, a evolução não significava, por si só, progresso. Há também o importante fator da guerra para intensificar o debate. Já na Guerra Franco-Prussiana de 1870, a propaganda de guerra francesa e britânica estava repleta de acusações contra os alemães como uma raça intrinsicamente violenta,[10] e isso produziu evidências antropológicas sobre a degeneração de tal raça.[11]

Como já mencionado, a ansiedade em relação à degeneração andava de mãos dadas com um interesse coletivo no mundo do mistério. O mistério, o ocultismo, a vida após a morte ou até mesmo o desenvolvimento de uma teoria materialista dos espíritos representam tendências da época, das quais CL é um excelente representante e hábil especialista, devido a seus interesses interdisciplinares que abrangem o positivismo e o espiritismo, a medicina ortodoxa e as práticas alternativas, a ciência e a superstição, a clínica e o teatro.[12] Veremos mais adiante que essa complexidade dele e o fato de ser tanto um "onívoro" – que se alimenta de teorias e dados de várias fontes – como também um polígrafo – uma pessoa que escreve e intervém com vários meios, estilos e registros – contribuirá muito para aumentar a sua popularidade na América Latina. A última parte do século XIX, como Clara Gallini[13] mostra claramente, também foi atravessada por vários movimentos sincréticos, especialmente em três direções: positivismo-espiritualidade (mas também mediunidade, espiritismo, magnetismo e magia), rural-urbano (e também popular culto, por exemplo, em termos de medicina popular e a luta contra o mau-olhado) e ocidental-primitivo. No próprio positivismo há duas almas, a científica e a espiritual-filosófica, e, dependendo do contexto, uma das duas tende a prevalecer. De fato, na vida de um cientista, como CL, a primeira pode se afirmar em um estágio inicial de sua carreira científica e, mais tarde, a segunda. Parece que entre os positivistas, os grandes cirurgiões de nosso ser, uma forte demanda por encantamento afirmou-se quase como um contrapeso – como se os dois extremos, a racionalidade e o mundo maravilhoso, estivessem se tocando. Pode-se dizer que em CL o espiritismo/esoterismo está para a ciência assim como a maçonaria está para a política. As psicoses e as psicopatias coletivas também foram objeto de estudo e debate na mídia da época. Portanto, não é coincidência que, a partir de 1896, a revista *AP* introduza, além de uma nova seção sobre homeopatia, uma seção sobre mediunidade, na qual a pergunta incessantemente feita é se os fenômenos analisados estão associados a charlatães ou intérpretes de poderes sobrenaturais. De fato, naqueles anos, vários cientistas estavam interessados no sobrenatural, e é justamente um dos melhores alunos de CL, Salvatore Ottolenghi, que em 1900 realiza uma pesquisa aprofundada sobre magnetismo, o famoso "processo às sonâmbulas". Ele dividiu o magnetismo em dois tipos: a crença em sua existência teria o poder de curar certas doenças, criando um campo de empatia entre o sofredor e o curador; entretanto, haveria também os muitos truques dos charlatães, e Alfredo Niceforo chegou à mesma conclusão em vários artigos publicados na revista *Archivi*. CL permaneceu, no entanto, perplexo e, talvez, mais seduzido do que realmente interessado em realizar pesquisas empíricas.[14] O magnetismo também tem a ver com carisma, e CL escreve já em 1880 sobre Davide Lazzaretti, o líder messiânico de Amiata que foi morto pelos *carabinieri* (polícia militar italiana) e que se assemelhava ao líder messiânico brasileiro Antônio Conselheiro, massacrado junto com milhares de seguidores em Canudos (Bahia), em 1897, cuja personalidade Nina Rodrigues estudou – sem dúvida inspirado pelo caso analisado por CL. Lazzaretti seria um alucinado, "teomaníaco", monomaníaco, louco. A psicose endêmica é para CL, mas também para um artigo de Sergi,[15] o motor de muitas revoluções. Scipio Sighele, inspirado por Tarde, escreveu em 1891 a obra *La folla delinquente*. Essa obra é interessante porque vai além das motivações econômicas, típicas das análises reducionistas dos socialistas, mas perigosa porque retira dos movimentos de massa qualquer aspecto de emancipação, aludindo ao chamado contágio moral: a multidão, como as mulheres, teria uma psicologia extrema, "capaz de todos os excessos, talvez só capaz de excessos, admirável por sua abnegação, muitas vezes assustadora por sua ferocidade, nunca ou quase medíocre e comedida em seus sentimentos".[16] Clara Gallini argumenta, de forma plausível, que a sorte do magnetismo como um espetáculo de massa se desfez com o advento do cinematógrafo – a máquina que imediatamente obteve o monopólio da produção de maravilhas.[17]/[18] Se o cinematógrafo é uma alternativa maravilhosa para multidões, a virada freudiana, que tem na psique do indivíduo o seu centro, cria uma explicação alternativa para a patologia de massa. O interesse pelo magnetismo, entretanto, não termina aí. A questão das atrações magnéticas influenciará, alguns anos depois, as reflexões de Max Weber sobre o carisma, os escritos de Thomas Mann sobre o fascínio nas multidões do fascismo (*Mario e il mago*) e até mesmo certas análises sobre o "poder magnético" do próprio Mussolini.[19]/[20] O longo século XIX não é marcado apenas pela busca de novos encantamentos ou novas fixações coletivas, como a busca de uma nova pureza (*Reinheit*) nos corpos, nos alimentos e na relação com a natureza,[21] é também o século da construção de discursos maiores que a comunidade, como o da nação e, portanto, do nacionalismo – um discurso que, por si só, deve superar os limites da *Gemeinschaft*, a comunidade mais circunscrita.[22] O aumento da circulação de imagens de "outra" gente, em grande parte resultado da consolidação dos Impérios coloniais, anda de mãos dadas com esse processo. Uns três âmbitos poderiam ser definidos nesse sentido: o circo e os zoológicos humanos; a circulação da cultura na imprensa; o mundo da Arte, com letra maiúscula – e seu consumo. Tanto as célebres exposições internacionais e universais, bem como as mais numerosas e frequentes exposições nacionais – também inspiradas pelo grande registro visual desenvolvido pelas exposições universais – sintetizam esses três âmbitos de uma nova cultura visual. É um período que corresponde a uma genuína ansiedade por colecionar e exibir tudo o que está associado tanto aos homens primitivos distantes quanto aos incivilizados ou perigosos entre nós.

Vamos começar com os circos:

O espetáculo na praça é tradicionalmente o lugar da mistura: os artistas (contadores de histórias, acrobatas, charlatães) sempre foram itinerantes [...]. No final do século, novas e mais modernas tendências monopolistas introduzir-se-ão nesse mundo, colocando as companhias menores em crise (relativa) [...], para deixar cada vez mais espaço para o surgimento de companhias alemãs e americanas e, assim, para a ênfase no poder – econômico e cultural – de certas nações "fortes".[23]

O exótico é retratado em cenários de contos de fadas e o personagem exótico é representado em carne e osso ou imagem nos vários jogos de malabarismo. Do selvagem, muitas vezes de pele negra, africano ou asteca, o ladrador conta os aspectos mais terríveis de seu ser e de sua descoberta.[24] Embora o prazer estético nos pareça – e deva parecer – mais inocente e menos marcadamente racista, surgem nesse mundo grandes empresários do exótico e do primitivo, como a famosa empresa alemã Hagenbeck, que, depois de importar animais selvagens, passa a importar grupos de indígenas, para criar *villages nègres*.[25] Os zoológicos humanos, com sua incrível popularidade, preparam o terreno para uma nova cultura visual, cujas articulações serão descritas a seguir.

(a) Homem hotentote (Khoi-San) (b) Postal com o bandido Tempestade (c) Mulher hotentote (Khoi-San)

Figura 1 – Ilustrações sobre os vários grupos raciais recebidas por Lombroso, na revista *AP*. Fonte: Arquivo do Museu de Antropologia Criminal Cesare Lombroso, Universidade de Turim. Localização: IT – Museu Smaut Lombroso 1040.

O avanço da tecnologia de comunicação faz parte desse processo, que é a construção de discursos e narrativas (nacionais) mais amplos do que antes.

De fato, Nani lembra-nos que dois dos termos que mais pesam na construção do outro, parte integrante de qualquer narrativa nacional, são inspirados no mundo da tipografia: clichê e estereótipo.[26] Assim como o nacionalismo, o colonialismo, que é o ampliar-se do primeiro em relação a um outro distante, cresce graças às novas possibilidades das tecnologias de comunicação, facilitadas pela popularização e pelo uso contemporâneo para fins científicos da fotografia e das novas tecnologias gráficas. Contribuindo para isso está a forte interação entre a antropologia e a fotografia, especialmente na Itália, onde PM e CL eram figuras proeminentes na associação fotográfica italiana. Assim, o outro passa facilmente do caderno etnográfico para o cartão-postal – um meio de comunicação muito popular, que deve ser o objeto de interesse de qualquer pesquisa sobre a cultura racialista e racista da época.[27] CL recebeu muitos desses cartões-postais de seus amigos e admiradores, que agora estão nos arquivos do Museu Cesare Lombroso.

Outra área importante foi a publicidade, que estava sendo construída como uma intervenção em um mercado de massa cada vez maior e no consumo do exótico no mesmo período. A publicidade cresceu juntamente com as revistas, quinzenais e depois semanais, que, graças às novas técnicas, puderam publicar mais e mais imagens, com mais e mais cores. E a maioria dessas imagens diz respeito ao outro, tanto nas colônias quanto entre as chamadas classes perigosas.[28] E há também os romances de viagem e aventura, que estão se tornando cada vez mais populares e começam a encher as bibliotecas das famílias não apenas das classes mais altas, mas também das classes médias: Salgari não era apenas um bom conhecedor de CL, ele também foi, em parte, tanto inspirado por ele quanto seu inspirador com relação às imagens do primitivo e do selvagem – aquela mistura de atração e repulsa que caracterizou não apenas Salgari, mas também Kipling e Conrad (que, por sua vez, inspiraram Freud e seu círculo vienense).[29] O mundo da Arte, com letra maiúscula, também muda. O surgimento do estilo Liberty (também conhecido como Art Nouveau ou Jugendstil) foi uma grande inovação no mundo das artes e também do consumo de arte no Ocidente. O estilo, com uma perspectiva interdisciplinar, expandiu-se para arquitetura, artes figurativas, gravuras, móveis, música, ourivesaria, objetos de arte etc. Há duas grandes inovações. A primeira é que esse estilo representa o fim do encantamento com o progresso e o positivismo, com um retorno ao naturalismo e um interesse pelo exotismo (especialmente para o Oriente) e pela teosofia. A segunda novidade diz respeito ao consumo de arte. Trata-se, pela primeira vez, de objetos de "bom gosto", de um estilo para a classe média, que podem ser comprados e exibidos em casa. São obras e objetos que também são exibidos em grandes exposições ou que determinam seu estilo arquitetônico. O estilo Liberty provavelmente atingiu seu apogeu durante a Exposição Internacional de Arte Decorativa Moderna em Turim, em 1902.[30]

Exposições grandes e pequenas não são apenas características da segunda metade do século XIX e início do século XX, mas também um momento catártico e sintetizador. Como já era o caso dos circos e zoológicos humanos, um processo duplo ocorre nas exposições. Gallini fala do "duplo registro de controle e da evocação do desejo, da exclusão e da inclusão. O duplo registro da evocação cênica de um 'maravilhoso' meramente fantástico e o de uma demonstração 'científica' com objetivos pedagógicos e cognitivos".[31] Podemos argumentar que a mesma polaridade orienta os modelos de exposição em geral, mesmo nos museus da época e até mesmo em muitas coleções científicas que tratam de raças e tipos humanos.

Essa nova cultura visual, que inclui alguma forma sensorial, como aponta Ernest Gellner,[32] é essencial para a manifestação e a consolidação do nacionalismo, que é, portanto, um fenômeno que acompanha a criação das nações, embora seja frequentemente apresentado na retórica nacionalista ou na burguesia como o criador da (demanda por) nação. O nacionalismo, no sentido atual, é um produto do progresso,[33] e hoje diríamos da modernidade. Ele implica um jogo de trocas, também retórico, entre as elites e as massas, e a invenção do conceito de povo e popular como algo que vale a pena patrimonializar e até mesmo expor. A popularidade de Lombroso, na Itália e no exterior, bem como o tipo de curiosidade etnográfica que ele alimenta são causa e efeito do que defino de uma nova cultura visual.

Todas essas novidades faziam parte de um grande processo centrado no projeto da nação, em como imaginá-la. Tanto na América do Sul quanto na Itália, criar um país não equivalia apenas em criar italianos, brasileiros, cubanos ou argentinos como gente, uma raça e/ou um povo. Significava também criar a imagem de uma nação, com rituais inspirados em modelos de nações consideradas bem-sucedidas e dominantes – portanto, absolutamente a imitar. Tanto na Itália quanto na América do Sul, houve uma mudança da pergunta "Quem somos nós?", como um povo que merece independência, para a pergunta "Quem são eles?", como classes perigosas, e as elites intelectuais tendiam a não se reconhecer com o povo que existia enquanto sonhavam com um povo formado de maneira diferente e, portanto, melhor. No Brasil, como diz Mariza Corrêa,[34] "antes de ser pensada em termos de cultura ou economia, a nação foi pensada em termos de raça".

Na Itália, o objetivo era forjar um povo, unir os italianos, transformando-os em algo melhor, no progresso que deveria ser alcançado e, por fim, consentir com o poder estabelecido. Essa operação foi realizada, por assim dizer, para dentro, também e acima de tudo ao longo da polaridade Norte-Sul, mas também para fora, ao longo da polaridade Ocidente-primitivo-arcaico-exótico. Nesse sentido, é útil tentar interpretar a questão social juntamente com a questão da Itália do Sul, a questão da emigração e a questão colonial. As tensões sociais no país e as tentativas de interpretá-las[35] resultam da interseção dessas quatro questões. Mas, além desses movimentos relativamente internos, há também algumas pressões e dinâmicas internacionais importantes que determinam o contexto de referência.

Não é de surpreender que,

> [...] não muito diferente da história de outros países ocidentais, a história da Itália na época da formação e consolidação do Estado unitário [...] incluía, entre seus componentes essenciais, ideologias e práticas racistas em relação aos inimigos internos (bandidos e "degenerados"; "delinquentes" e desviantes); às áreas da população cuja subalternidade precisava ser reafirmada (mulheres, sulistas, plebeus e as "classes perigosas"); aos inimigos externos (alemães, eslavos – a partir do outubro bolchevique, especialmente russos – e "mongoloides"; africanos, inimigos em potencial, na medida em que relutavam em reconhecer sua própria inferioridade "natural" e sua própria necessidade de liderança superordenada); e, finalmente, em relação aos judeus, síntese perniciosa de todas essas dimensões, oximoros vivos: inimigos ao mesmo tempo internos e externos; encarnação da modernidade e de um passado atemporal; povo primitivo e hipercivilizado; nação estrangeira e cosmopolita; porta-estandartes do socialismo e da plutocracia.[36]

E, ainda,

> [...] é precisamente a opacidade típica da consciência racista que permite que o racismo coexista sem muita dificuldade com o paradoxo que o sustenta, em virtude do qual ele deve ser fixista (as diferenças "raciais" devem ser assumidas como "naturais" e, portanto, estáveis ao longo do tempo, sob pena de sua ineficácia ideológica e prática) e também dinâmico (a configuração das "raças" deve mudar de acordo com a evolução das geografias sociais, econômicas, culturais e políticas das comunidades individuais, sob pena do anacronismo da ideologia racista).[37]

Tanto o Brasil quanto a Itália tinham e têm grandes regiões representadas como "atrasadas" (em atraso), e isso constitui um fator comparativo interessante. Na Itália, a questão meridional dilacera definitivamente o país e representa o centro do debate sobre a cultura nacional. Entre 1897 e 1898, aparecem três textos clássicos, a favor e contra o argumento de inferioridade da "raça mediterrânea" em relação à "raça nórdica" ou anglo-saxônica:[38] *La delinquenza di Sardegna*, de Alfredo Niceforo; *Per la razza maledetta*, do médico Napoleone Colajanni; *Sulla questione meridionale*, de Gaetano Salvemini. De fato, a questão do Sul da Itália e a do "atraso" do Nordeste no Brasil refletem a geografia racial do mundo. Em ambos os países, é produzida uma literatura científica cujo foco é tornar o Sul da Itália ou o Nordeste do Brasil uma parte homogeneamente problemática, intrinsecamente "atrasada" porque ainda impregnada de relações hierárquicas do tipo feudal, em vez de horizontais, como aquelas que, de acordo com Robert Putnam, no final da Idade Média, foram criadas nas comunas do Centro-Norte da Itália.[39]/[40] E em ambos os países, na virada dos séculos XIX e XX – um período que corresponde aproximadamente aos anos da "República Velha" no Brasil (1889-1930) –, assiste-se ao desenvolvimento de modelos que são certamente hierárquicos, sob a égide do positivismo e das teorias universalistas de participação política, mas também à abertura de novas formas de ascensão social, que na Itália oferece novos espaços para minorias religiosas até então oprimidas, como judeus e evangélicos. É também um período que vê o avanço do pensamento socialista – muito mais acentuado na Itália do que no Brasil –, juntamente com o surgimento de uma nova e mais numerosa classe burguesa urbana, com suas próprias práticas e seus próprios estilos, como a nova cultura visual mencionada acima, que às vezes pode até se cruzar com certas crenças e simpatias pelo socialismo. Sem querer negar o contexto específico da jovem nação italiana, vale a pena destacar vários pontos de contato ou mesmo semelhanças com os países da América do Sul. Nesses países, no período que mais nos interessa (1890-1920), as elites nacionais também estavam se debatendo com a questão racial, no sentido de definir qual população corresponderia ao imperativo protocomtiano de "Ordem e progresso", que determinava as medidas de modernização na região. Havia a ideia de que o progresso era codeterminado por um certo tipo de população, que tendia a ser europoide, enquanto o atraso seria uma função de traços ameríndios ou africanos no fenótipo de outras partes da população – geralmente a maioria.

A Itália era um país em rápida transformação e, desde o início do século XX, estava passando por um processo de industrialização. A questão das classes perigosas, ou a questão social, também gerava interesse em formas relativamente novas de desvio: banditismo, loucura, genialidade, cretinismo, histeria, alcoolismo etc. Isso deu início a um debate nacional (mas conectado a debates sobre questões semelhantes em outros países) alimentado pelo pessimismo Pós-Ressurgimento em relação à nação, ao Estado e ao governo (forte em autores como PM). Trata-se de um pessimismo duplo, relacionado tanto à função e à eficiência do Estado quanto às qualidades da população, e que, não surpreendentemente, também afetou as elites latino-americanas, que lutam com ansiedades semelhantes: o forte sentimento, isto é, de não ter um povo cujo temperamento e cuja fibra fossem compatíveis com as aspirações dos grandes pensadores da nação.

O debate sobre a crise ou decadência da raça latina e a caracterização dos alemães como mais eficientes, mas também mais cruéis, surge da pesada derrota das tropas francesas pelas tropas prussianas em 1870. O debate que surgiu na França sobre a decadência ou degeneração da raça latina[41] é rapidamente importado para a Itália, onde é adaptado ao contexto Pós--Ressurgimento. É um debate entre homens de letras, mas também recebe contribuições de intelectuais importantes, como Napoleone Colajanni (especialmente em seu livro *Razze inferiori e razze superiori. Latini e anglosassoni*, 1903) e Giuseppe Sergi (especialmente em *La decadenza delle nazioni latine*, 1900), ambos do Sul da Itália.[42] Sergi, como vários outros, identifica duas linhagens na população italiana, uma proveniente do Norte, chamada "longobarda", e outra, mais antiga, chamada "mediterrânea". A essa divisão corresponderia uma divisão comportamental, entre os dionisíacos do Sul e os apolíneos do Norte – os *longobardi*, cuja maior proximidade com os arianos os tornaria racialmente superiores.[43] Portanto, há uma relação bastante próxima entre a questão do Sul da Itália e a maneira de pensar sobre os "povos selvagens", sob o estímulo das jovens ambições coloniais italianas. Esse debate ocorreu no contexto determinado pela Conferência de Berlim, para a qual a Itália enviou dois importantes observadores – um deles o próprio antropólogo PM, que voltou fascinado pelas possibilidades que as eventuais colônias ofereceriam à Itália.[44] O contexto criado pela Conferência estabelece uma nova geografia racial do mundo e uma geopolítica do conhecimento anexa: a Inglaterra e Greenwich – ou a França e Paris – estariam no centro do mundo inteligente e sábio, enquanto os outros países se tornariam cada vez mais periféricos. Mesmo dentro da Europa, estabelece-se uma hierarquia, com o Sul e o Leste em uma posição menos "desenvolvida". Lidar com ciências, especialmente as sociais, na Itália significava se mover em um contexto diferente daqueles chamados de grandes países científicos. As jovens nações europeias, e especialmente a Itália, sentiam muito essa condição subordinada em relação às Grandes Nações[45] – e isso seria mais tarde um componente importante da primeira retórica nacionalista e, posteriormente, mussoliniana, que se manifestava contra as "plutocracias succhionistas". Ter colônias e populações subordinadas era, nesse sentido, essencial para que um país pudesse se considerar uma Grande Nação. Isso fazia parte do discurso do governo Crispi. O momento colonial na era dos Impérios, a partir da Conferência de Berlim, determina-se assim que ser uma nação moderna significava também ter colônias.[46] Isso faz lembrar o critério absurdo de cidadania sob o regime escravocrata no Brasil: para ser cidadão não bastava ser livre, era necessário ter escravos que, entre outras coisas, o libertavam do infame trabalho braçal. Em resumo, pode-se argumentar que a construção da italianidade durante as três décadas centrais deste livro é mais uma evidência de que as ideias de nação e nacionalidade, embora frequentemente apresentadas como únicas e irrepetíveis, tendem tanto a ser construídas em um trânsito de ideias transnacionais quanto a ser, em grande parte, uma réplica uma da outra. Nas palavras de Immanuel Wallerstein,[47] os nacionalismos, que também pregam a excepcionalidade de cada condição nacional, tendem a ser, em sua estrutura, bastante semelhantes. No entanto, à medida que viajam e se globalizam, essas ideias adquirem conotações novas e singulares, porque em cada lugar elas precisam entrar em acordo com a história. Assim, o estudo dos usos locais de ícones globais, nesse campo como em outros campos de pesquisa, não resolve, mas amplia e dissemina a questão das idiossincrasias locais. Em relação à circulação de ideias sobre raça, identidades étnicas e nacionalismo, podemos dizer que elas representam uma parte das ideias sociais que mais viajam e que cruzam as fronteiras nacionais, que são mais citadas, copiadas e clonadas, embora, por definição, preconizem a singularidade, a especificidade e a excelência de cada contexto nacional.

Agora chegamos à questão racial propriamente dita, ou seja, ao debate sobre a superioridade de algumas raças e a inferioridade congênita ou transitória de outras:

> Uma maioria substancial da cultura antropológica positiva afirmou a existência de uma diferença mensurável entre os grupos humanos, indicando-os como raças; e confirmou o conceito de "tipo" com base em uma morfologia externa, que mais tarde daria início à antropologia física de Broca e Topinard [...]. E é verdade e decisivo que a virada do século forjou o instrumento adicional para a ideologia racista: a degeneração, uma noção que foi tão difundida como sempre em seu trânsito das áreas francesas para as alemãs e italianas. A oposição evolução-degeneração é a antinomia mais típica do pensamento positivo.[48]

Essa ideologia era o produto e, por sua vez, produzia um conhecimento que era tão específico quanto enciclopédico. Juntamente com a criação daquele corpo de conhecimento que o filósofo camaronês Valentin Mudimbe[49] chamou de biblioteca colonial, o conjunto de livros e relatórios escritos por cientistas, funcionários coloniais, missionários e viajantes-exploradores que tratavam do outro e do governo/controle do outro no caso africano, que na Itália permaneceu precário e em construção, também foi criada uma biblioteca racial, eu diria transatlântica, muito semelhante entre a América do Sul e a Itália: todos os autores em questão liam Hazel, Buckle, Gobineau, Hackel, Lacassagne, Le Bon, Tarde, Spencer, Lapouge, Quatrefages, Gumplowicz e o próprio CL. No Brasil as línguas estrangeiras mais lidas eram o francês, o espanhol e o italiano. O inglês também era pouco conhecido na Itália e, quando se tratava de obras em outros idiomas, eram lidas sobretudo em alemão e francês. Tanto CL quanto PM nasceram no Reino Lombardo-Veneziano e tiveram parte de sua educação em alemão. O francês era a língua internacional da época e, pelo menos no caso de CL, Turim era uma cidade próxima à França e não apenas em termos geográficos. Entretanto, Darwin e Spencer, embora muitas vezes lidos somente após sua tradução, especialmente em francês, contribuíram, provavelmente sem perceber, para popularizar o pensamento social e científico inglês na Itália.

Como sabemos, a noção de raça foi retirada e transformada durante a fase, digamos assim, industrial ou moderna do grande empreendimento colonial, durante o século XIX. A necessidade de classificar e organizar hierarquicamente os grupos populacionais, em escalas que também eram de valores, foi, acima de tudo, uma consequência do grande movimento colonial, que, em última análise, foi um gigantesco trabalho de engenharia social. Como qualquer engenharia social, a produção do racismo também tem suas "induções": a crença positivista no progresso como ciência, a questão da degenerescência,[50] a busca obsessiva pela pureza de corpos e espíritos,[51] a questão das classes perigosas, dos incontroláveis, dos desviantes. Esses são aspectos interdependentes da vida cultural e identitária e não podem ser separados, exceto por motivos de análise, porque são tanto locais quanto transnacionais, tendo a ver com a nação, mas refletindo redes e trocas internacionais. Também produzem novas necessidades e modas, como uma nova demanda por esoterismo,[52] livros de aventura, revistas ilustradas – sobre as quais já falei – que tratam de mundos exóticos e, como Daniel Pick[53] aponta muito bem, romances sobre a transformação de seres: *Frankenstein: ou o*

Prometeu moderno, de Mary Shelley; *Drácula*, de Bram Stoker; e *O estranho caso do Dr. Jekyll e do Sr. Hyde*, de Robert Louis Stevenson.

De fato, cada estágio da modernidade produz um conjunto de sonhos e medos coletivos. A ansiedade sobre a degeneração, o declínio da raça, os atavismos que nos levam ao passado e a degradação da civilização parecem anunciar o verdadeiro desastre que estava por vir, a Primeira Guerra Mundial com sua carnificina.[54] De qualquer forma, a maior parte do pensamento social falava de degeneração para a "direita" (Nietzsche e, mais tarde, Ortega y Gasset e Oswald Spengler, que achavam que a história era determinada pela genética e, portanto, imparável em seus ciclos), mas também para a "esquerda" (Freud). Não se tratava, como mostram Pick e Simonazzi, de um fenômeno limitado à Alemanha, nem daquele complexo de teorias que mais tarde serviu de apoio ao nazismo (como no caso das teorias de Stewart Chamberlain), nem de algo teoricamente linear. A falta de linearidade no pensamento racial é muito evidente no próprio CL, por exemplo, na forma não metódica que o caracteriza: em sua terminologia, CL passa gradualmente do termo "atavismo" para o termo "degeneração", quando nele se consolida o desencanto com o poder inovador do Ressurgimento. A isso eu acrescentaria que, no final de sua vida, CL começa a duvidar da superioridade inerente da raça branca, pois ela também é afetada pela degeneração, especialmente em algumas de suas chamadas "sub-raças" mais puras e isoladas.

Vejamos agora, com mais detalhes, qual era o contexto de sua teoria racial. CL é um autor muitas vezes, talvez demasiadas, citado por suas ideias raciais e racistas. Essa racialização de seu pensamento é, como leremos nos próximos capítulos, ainda mais forte na América do Sul. De fato, aqui é preciso fazer uma dupla consideração. Por um lado, na economia de seu trabalho, essas questões têm muito pouco impacto;[55] por outro, acusar um autor de racismo porque ele cita em seus escritos os autores centrais do pensamento racista de sua época é uma operação anacrônica, que ajudou a desviar a atenção da complexidade de pesquisadores como CL, Nina Rodrigues e Fernando Ortiz.[56]/[57] Isso, é claro, não significa que CL não fosse também racista, mas vejamos como:

> Homem de ciência, como muitos de seus colegas, Lombroso compartilhava a cultura racial predominante na segunda metade do século XIX. A despreocupação com que ele usava as categorias raciais, em uma mistura característica de aspiração à precisão quantitativa, confusão epistemológica e uso de qualquer "fato" para corroborar seu conhecimento, não impede de situar sua experiência dentro da

visão racista da diversidade humana que permeava o senso comum dos europeus da época. A estrutura teórica estabelecida por Lombroso e sua escola estava programaticamente aberta a mudanças naturalistas, mesmo que o racismo não tenha esgotado esse espaço discursivo: rejeição do poligenismo e uma inclinação evolucionária, entre o darwinismo e o lamarckismo, atenuavam os julgamentos, em nome da transformabilidade de todas as raças.[58]

Foi uma época que eu chamaria de "fluência racial", apoiada pelo que Luigi Cavalli-Sforza[59] chamou de "religião da raça": a confusa, mas forte crença na existência de raças que caracterizava o pensamento ocidental na virada do século.[60] Foi uma crença que, por algum tempo, também envolveu, até certo ponto, antirracistas proeminentes, como William Du Bois e Jean Finot, que, em seu importante ensaio *Le préjugé des races* (1906), um dos primeiros livros acadêmicos a fazer um apelo internacional contra o racismo, fala também de raças.[61] Além disso, havia por parte da grande maioria dos intelectuais uma profunda consciência da primazia da Europa em relação ao resto do mundo, especialmente em relação aos negros. Portanto, não devemos nos surpreender se as ideias de CL também fossem usadas para fins racistas.

Em sintonia com seu tempo, CL lê Gobineau, que, eu diria, era canônico naqueles anos,[62] e também Louis Agassiz, que, nos Estados Unidos e na Europa, é conhecido por sua última fase, a de poligenista. Ele também lê outros racialistas (que também são climatologistas ou biólogos): Quatrefages, Ratzel e Buckle. O determinismo bioambiental é hegemônico naqueles anos. Essas leituras raciais e racistas ocorrem no contexto intelectual de um país novo ou jovem, no qual, de acordo com as elites intelectuais, o povo ainda deve ser moldado e, para CL e sua escola, deve ser moldado à imagem e semelhança da burguesia de Turim. Agora, como o pensamento de CL é racial e até que ponto está de acordo com o pensamento racial de sua época? *In Calabria*,[63] talvez seu primeiro ensaio publicado em forma de livro, possui conotações raciais antimeridionais e não se limita ao contexto calabrês: a população predominantemente semita, por exemplo, no oeste da Sicília, seria mais violenta do que a população predominantemente grega, mais astuta e menos impulsiva, como no leste da Sicília. A propósito, "semítico" é um termo que ele usa de forma neutra, não pejorativa, como será o caso mais adiante. No entanto, contra o pano de fundo dessa polarização entre o Norte e o Sul da Itália, a imagem lombrosiana de uma Itália não unificada, nem mesmo no mal, domina.[64] A partir desse livro e também graças aos escritos de seus colaboradores e discípulos Alfredo Niceforo, Giuseppe Sergi e Scipio

Sighele, CL elabora um modelo de uma Itália dividida entre duas grandes populações – ou até mesmo raças –, com psicologias e comportamentos profundamente diferentes: "A raça escura mediterrânea, 'amaldiçoada', inquieta e impulsiva, individualista e de vontade fraca, opõe-se à raça loira ariana, que demonstra um espírito de coesão, um senso de organização mais pronunciado, de sentimento social, e a capacidade de se adaptar à disciplina coletiva".[65] E as associações do mundo do crime do Sul, como a máfia e a camorra, seriam associações selvagens, exemplos de barbárie e o resultado de tendências antigas e profundamente enraizadas.

CL mudará sua abordagem ao longo do tempo, dando mais espaço para explicar essas diferenças radicais em relação à história e à economia, com a exploração histórica das massas rurais no Sul, e menos às origens étnico-raciais e à higiene. Como já mencionado, houve forte oposição a essas teorias bioambientais sobre os sulistas, entre outros, por Napoleone Colajanni, Gaetano Mosca, Vilfredo Pareto (que chamou de "astrologia" a antropologia de CL) e, mais tarde, Antonio Gramsci (que atacaria a Escola Positiva em muitos pontos dos *Quaderni del carcere*), mas há por parte de todos a aceitação substancial de uma Itália dividida entre dois países substancial e historicamente diferentes. Mesmo para os pensadores socialistas do final do século XIX, embora geralmente relutantes em relação ao determinismo bioambiental, o Sul era como a Vendeia, capaz apenas de rebeliões violentas, mas sem uma burguesia e um verdadeiro proletariado e, portanto, ainda incapaz de se organizar em uma forma socialista. É interessante ver como essas opiniões sobre o Sul da Itália seriam semelhantes às de Enrico Ferri, em suas viagens pela América do Sul, sobre a impossibilidade do socialismo nessa região, que, como veremos mais tarde, ele ainda considerava pouco madura para um verdadeiro movimento socialista.

Em 1871, CL publicou *L'uomo bianco e l'uomo di colore* [O homem branco e o homem de cor], um autêntico panfleto, escrito em um estilo fácil e atraente, para palestras destinadas a um público não acadêmico. Vejamos alguns trechos do livreto. A relativa uniformidade do monogenismo não exclui diferenças "morais" entre as raças branca e "de cor" "pelo menos tão pronunciadas quanto no mundo anatômico": relativa insensibilidade física e moral dos negros, nos quais prevalecem a força, a antropofagia, a crueldade, a escravização da mulher. Há desigualdade na distribuição da inteligência entre as várias raças, conforme evidenciado pela linguagem, "esse espelho fiel e eterno do pensamento humano". Os hotentotes, hoje chamados de povos khoi-san, atraíram a atenção de CL, bem como de muitos de seus contemporâneos, e foram descritos por ele, com base em leituras, como autênticos fósseis humanos vivos. Assim, as consoantes "clivadas", características da língua dos hotentotes (o *clic sound* também está presente nas línguas khosa e zulu), seriam "impossíveis para as laringes europeias", e "Bleek[66] compara-as com os gritos dos macacos hylobate conterrâneos, fornecendo novas evidências do parentesco comum".[67] Nas raças inferiores, os conceitos religiosos também são inferiores, pois a religião é como a linguagem, um espelho fiel do homem, que coloca sua própria imagem no céu. As raças mudaram do negro para o amarelo e para o branco, mantendo o tipo primitivo apenas onde "nenhuma circunstância ou nenhuma diversidade notável de clima as perturbava". É interessante notar que o Brasil já está presente no primeiro capítulo, intitulado "Connubi fra le razze":

> No Brasil, os casamentos dos negros com indivíduos da raça latina não oferecem maus resultados,[68] mas certamente na África, segundo um homem mais do que imparcial, Livingstone, que relata um provérbio indígena, "Um Deus criou os brancos; não sei quem criou os negros; certamente um demônio criou os mestiços", e acrescenta que viu apenas um mestiço português de saúde robusta.[69]

Em um livro com pouquíssimas citações e referências bibliográficas, baseado no senso comum colonial e em alguns textos publicados entre 1840 e 1860, e com o objetivo de encontrar o chamado "elo perdido" entre o homem e o antropoide na África em particular, CL mostra, no entanto, uma visão que mistura Darwin e Lamarck, na qual tanto a hereditariedade quanto a intervenção humana têm um papel a desempenhar.

Quando escreve *L'uomo bianco e l'uomo di colore* e elabora seu primeiro estudo sobre raça, CL tem apenas 25 anos de idade e acaba de voltar da Segunda Guerra da Independência, em que era médico voluntário (1859--1860). Lucia Rodler, no Prefácio da recente reimpressão do livro, diz:

> Ao detalhar sua ideia de "metamorfose" (um termo literário que se repete várias vezes no texto), Lombroso mostra que não é um darwinista estrito. À maneira de Lamarck, ele de fato acredita que o homem se transforma em primeiro lugar, quando, ao sofrer modificações, o ambiente externo impõe a adaptação de determinantes orgânicos que serão herdados pelas gerações subsequentes.[70]

Os corpos zoomórficos e o comportamento retrógrado podem então se aproximar dos valores e modelos europeus de simetria e civilização. CL raciocinava de maneira fisionômica, acreditando que as formas do corpo correspondiam a qualidades internas e que elas poderiam evoluir. O homem branco seria, portanto, o homem belo por excelência, devido à estupenda harmonia das formas. CL não entende os termos "raça" ou "espécie" em um sentido restrito, mas como tipologias de atraso e progresso. O ambiente e o clima adicionam-se à herança biológica e não são removidos dela. Qual é a relação entre o homem delinquente, com a divisão entre um núcleo duro de atávicos e uma grande massa de ocasionais, e o pensamento racial? Há espaço para a "regeneração" racial? Os desviantes são descritos de forma semelhante aos homens negros e, ao longo dos anos, nem sempre fica claro se CL acredita em possibilidades reais de mudança.[71] Em vez dos longos tempos e do anonimato do darwinismo, CL está interessado nos tempos e nas circunstâncias do indivíduo. Entre esse primeiro livreto e sua última temporada, CL evolui para uma busca por causas mais sociais e menos biológicas, e um interesse em outras culturas em vez de hierarquias entre culturas, talvez mais por uma consciência da degeneração do Ocidente do que por ter começado a ter dúvidas sobre a superioridade inerente das chamadas raças europeias. Além disso, argumenta Gervasoni,[72] Lombroso "nunca abandonou a convicção de que o crime e os desvios em geral fossem o resultado do encontro de desvios biológicos com as condições sociais: os primeiros predispunham uma série de elementos que o ambiente social então desencadearia". A retórica da degeneração nos círculos socialistas é, portanto, articulada em três temas essenciais, que mostram a complexa relação entre parte das ideias socialistas e o racialismo: o da decadência do corpo, o da luta de classes como um conflito entre "raças" e o da degeneração da burguesia. No livro *Eziologia del delitto*, CL usa a raça como parte do determinismo ambiental. Ele também diferencia raças internas na França e na Itália, como judeus e ciganos (aqui "raça" é quase um equivalente a um grupo étnico ou, simplesmente, população). Na Introdução à tradução do livro *I criminali-nati* (1890), do argentino Drago, CL, ao tentar explicar por que a Escola Positiva foi tão bem-sucedida na Rússia e na América Latina e, ao contrário, o relativo pouco interesse que recebeu na Europa, com exceção da Espanha e especialmente de Portugal, mostra dois aspectos centrais na maneira de pensar sobre as raças: 1) elas não são imóveis; 2) podem se degenerar ou se regenerar.

> Quem quiser encontrar uma explicação para essa estranha distribuição geográfica da nova escola talvez tenha que recorrer à teoria que tentei apresentar sobre a influência contraditória e aparentemente paradoxal que nos oferece, em relação ao gênio, a senilidade da raça: de modo que, quanto mais velha é uma raça, mais

ela encontra, em sua degeneração, uma fonte de neurose e, portanto, de gênio, mas ao mesmo tempo uma razão pela qual em sua população há uma repulsa contra toda nova descoberta [...]. Os negros e os índios, até que se tornem civilizados, têm um número infinitamente menor de loucos – e nas províncias americanas do Norte, que são as que mais gostam do novo e onde estão os maiores oradores, o número de loucos é maior do que no Sul dos Estados Unidos, onde predominam os conservadores [...]. Os judeus, que dão um maior número de gênios do que seus concidadãos, dão um número enormemente maior de loucos [...]. O número de loucos aumenta com a civilização [...]. Com essa relação entre gênio e neurose (quase sempre degenerativa), acreditamos que o fato contraditório de que os povos que, em massa, são ultraconservadores em política e religião, dão grandes revolucionários nos vários ramos da atividade humana [...]. Aqui também, no Vêneto, na Toscana, observamos, em meio a uma raça essencialmente conservadora e fiel à Igreja, o surgimento de inovadores na ciência, literatura e religião. Por outro lado, povos essencialmente inovadores, como os russos e os sul-americanos, não tiveram grandes revolucionários científicos ou religiosos, mas rapidamente se apropriaram das descobertas e das ideias revolucionárias de outros [...]; as raças mais velhas e conservadoras estão mais frequentemente expostas a doenças mentais e àquela transformação e substituição destas que é o gênio, que se revela em poucos indivíduos: enquanto, no resto da raça, as tradições, e ainda mais os hábitos e a própria exaustão senil, que é a causa da loucura e da neurose individual, empurram, ao contrário, cada vez mais para a estabilidade [...]. Por outro lado, as raças mais jovens (que não são torturadas pelos excessos da civilização) não têm contra as inovações esses motivos de resistência, mas ao mesmo tempo não têm na velhice da raça, nas relações entre parentes de sangue, nos resquícios da mobilidade etc., uma causa que favorece o surgimento de um número maior de neuróticos e, portanto, de inovadores. E, assim, se as novas ideias que surgiram na *velha* Europa tiverem que morrer ali esterilizadas, por falta não de quem as crie, mas de quem as compreenda, elas encontrarão no Novo Mundo aqueles que as perpetuarão, fertilizando-as e aplicando-as: assim, o fruto inspirador da vida, o primeiro conforto e o primeiro pecado do patriarca asiático, começa a retornar para nós, agora modificado e aprimorado pelo Novo Mundo, ao qual, por tanto tempo, pareceu estranho. E assim a liberdade política – verdadeira –, sonho utópico ou meta invejada do Velho Continente, agora cria raízes firmes e seguras na América do Norte e até mesmo em parte da América do Sul, de onde os grandes pensadores europeus tirarão novas forças para trabalhar e o último vislumbre de conforto para uma vida incompreendida e ridicularizada.[73]

Nessa longa citação, importante em uma época de migrações em massa para as Américas, e ainda é relevante hoje, quando as ideias de velhos e novos continentes ressurgem em meio a um contexto determinado pela globalização, novas migrações, neonacionalismos, populismos e crises de identidade, CL parece se referir a Nietzsche: são os homens e as raças dionisíacas que estão a enlouquecer, enquanto os apolíneos, mais calmos e menos inovadores, produzem menos loucura e menos gênio. Também parece se basear e alimentar uma discussão intelectual sobre migrações, colonizações e os vários continentes, que desenvolveremos mais tarde, descrevendo as viagens de Enrico Ferri na América do Sul. Também é importante a menção ao "fato" de que os negros e os selvagens podem se tornar civilizados e, portanto, uma vez civilizados, também neuróticos e genéticos. As raças em Lombroso são, portanto, menos imóveis do que em outros autores contemporâneos a ele.

Mais tarde, talvez também como resultado de uma certa maturidade, em uma série de ensaios, CL insurge contra o colonialismo e o militarismo (as guerras sempre machucam, mesmo quando são vencidas), as ambições italianas por um pedaço da China, as ambições tripolitanas (resultado de certas políticas de emoções bélicas fáceis que, no Sul, onde as pessoas são, segundo ele, mais facilmente emocionáveis, seriam mais bem-sucedidas do que no Norte) e as tentativas de conquistar a Etiópia. A derrota de Adua, segundo ele, deveria ter ensinado que um povo motivado vence até mesmo as armas mais sofisticadas. E, em uma perspectiva inspirada pelo relativismo cultural, ele acrescenta que o feudalismo etíope ou o mandarinado na China podem não ser adequados para nós, mas talvez sejam sistemas adequados para aqueles povos que já se acostumaram a eles.[74] Não é apenas a mistura de raças que é boa para a civilização,[75] mas também as trocas entre culturas. Aliás, como Bulferetti[76] diz, para CL, a pluralidade racial era um caldeirão de civilização: "Que o mesmo seja dito da influência das viagens; o enxerto das novas formas estéticas apreciadas pelos japoneses e chineses, bem como pelas raças muito antigas, khmeri, egípcios, astecas, sugerirá linhas diferentes e ao mesmo tempo belas para a arte".[77] Na mesma coleção de artigos jornalísticos, CL diz que somente a raça anglo-saxônica não tem repugnância à novidade; que os franceses e alemães, em si mesmos mais conservadores, não são tão avessos à novidade graças às influências eslavas e semíticas. A China, além disso, evoluirá em seu próprio tempo e forma: "O Coolie já rivaliza conosco na emigração. No dia em que ele também rivalizar conosco na indústria, ele que pode se adaptar à mão de obra a um preço mínimo, que pode se adaptar a terras estrangeiras, [...] ele virá a nos arruinar em muitas outras".[78]

Já em 1889, Lombroso argumentou que "o enxerto étnico é o maior fator no progresso de um país",[79] esse é o caso do alfabeto, resultado do enxerto semítico-egípcio; dos ingleses – o povo mais evoluído da Europa (que surgiu da mistura de celtas, alemães e latinos); e da cidade de Trieste, onde o sangue eslavo é misturado com o alemão, o judeu e o latino. Assim, em um ensaio de 1906 intitulado "Nouvelles sources esthétiques", CL escreve que "o elemento mais ativo de todo o progresso histórico consiste na arte de enxertar com outros povos e outras épocas, embora não fossem superiores, como foi certamente o caso dos mouros e bizantinos [ele fala de Veneza]".[80] Além disso, para CL, ao contrário de Gobineau, Buckle ou Nietzsche, as raças de origem antiga são certamente perfectíveis, sejam elas populações do Sul da Itália ou dos chineses. Pois, o termo "raça" é usado por CL em vários significados: tipo físico, população, nacionalidade e, muitas vezes, quase como um equivalente de povo e/ou cultura, tradições ou longa data. Por exemplo, em outro ensaio de 1906 sobre o chamado "perigo preto" (o peso do clero em um país secular como a França de Dreyfus), Lombroso chega a afirmar não apenas que o Caso Dreyfus causou mais danos ao país do que a derrota em Sedan, mas, com uma de suas frases engenhosas, porém empiricamente infundadas, que "o peso do clero se deve à antiga influência que os druidas tiveram na cultura gaulesa".[81] Quase o que Arthur Ramos disse na década de 1930 sobre Nina Rodrigues se aplica a CL: substituam a palavra "raça" por "cultura" em seus escritos e vocês verão nele um excelente etnógrafo e observador. Isso não quer dizer que CL não fosse racista, como a grande maioria dos intelectuais de sua época. Mas, como se pergunta Michele Nani,[82] qual é o peso real da raça na economia geral do discurso lombrosiano? Hans Kurella (1911), em um livrinho popular em homenagem a CL, publicado pouco depois de sua morte, argumenta que CL não era inclinado à higiene racial. De fato, há muitas poucas menções aos termos "raça", "racial" ou "racista" em seus textos e na revista *AP*.[83] Vemos, em um pequeno ensaio sobre a ausência de tipo étnico entre homens de gênio,[84] alguns dos vários significados do termo "raça" na obra de CL (Figuras 2a, 2b, 2c).

O discurso racial de CL torna-se ainda mais complexo devido às suas atitudes em relação ao judaísmo e ao sionismo. De fato, com seu ensaio *L'antisemitismo e le scienze moderne* [O antissemitismo e as ciências modernas], publicado em italiano em 1894, em alemão em 1896 e no ano seguinte em francês, e escrito pouco antes do Caso Dreyfus – que durou de 1894 (quando ele foi acusado de traição) a 1906 (quando o oficial francês foi finalmente absolvido) –, Lombroso mostra como o antissemitismo dividiu a sociedade francesa e foi parte integrante de grande parte do pensamento ocidental. Nesse importante ensaio, até agora muito subestimado porque entra em conflito com a imagem tradicional de um CL racista,[85] ele se coloca absolutamente na vanguarda da luta contra o racismo antijudaico e define seu antissemitismo contemporâneo como uma forma de atavismo, o retorno de uma antiga raiva pré-cristã e cristã contra os judeus.[86] Como argumento para sua participação na mobilização contra a cultura antissemita na França, e como ele já havia escrito alguns anos antes em seu livro *Il delito politico* [O delito político], CL sustenta que os judeus são excelentes exemplos da importância que assumem as miscigenações e misturas, bem como os encontros entre raças para a evolução e o progresso dos povos.[87]

Para Lombroso, que repetidamente se declarou um patriota, mas era avesso ao "cesarismo" na política, o nacionalismo e também o antissemitismo seriam uma "arrogância" estúpida (uma expressão que ele tomou emprestada de Giambattista Vico), apoiada por um espírito atávico de superioridade cristã, com efeitos destrutivos,[88] ou mesmo, como relatado no livreto de Kurella,[89] uma das excrescências da humanidade. No entanto, para Lombroso, "o judeu não é mais uma raça homogênea" e, na verdade, os judeus seriam mais arianos hoje. Eles são uma das raças em movimento, em franca evolução, como os anglo-saxões da América, que estariam se tornando uma raça nova e mais forte, diferente dos ingleses de onde vieram. Os judeus são uma raça como os ciganos, em constante mutação, como a maioria das raças; só que os ciganos, por uma série de razões, incluindo as ambientais, estão se tornando, em essência, uma raça de delinquentes, com uma evolução negativa. Lombroso lutou contra a estigmatização e por direitos civis plenos para os judeus na Europa; ele acabou lutando para se tornar, como judeu, um italiano pleno e também um ateu: ele gostava de se apresentar como "judeu e ateu". Mais tarde, CL também se aproximou, gradualmente, do sionismo. É necessário entender esse caminho por um momento. CL era, se não um amigo, certamente um bom conhecido de Theodor Herzl, o grande animador do sionismo internacional a partir de sua organização sediada em Viena, e um amigo pessoal de Max Nordau, que era quase um assistente de Herzl, bem como de muitos dos mais ilustres judeus italianos. Sua mãe, Zeffira Levi, havia se mudado de cidade para proporcionar um ambiente mais tolerante para o filho. CL torna-se próximo de Nordau e começou a simpatizar com o sionismo quando observa a condição dos judeus durante sua viagem à Rússia: ao contrário da Itália, lá eles são de todas as classes e muitos vivem em relativa miséria nos *shtetl*.[90] Para CL, na Itália, o sionismo não fazia sentido, pois o esforço deveria ser de integração e, para intelectuais como ele, de assimilação às elites. CL, entretanto, nunca foi religioso. Ele era antiantissemita sem querer viver uma vida como judeu praticante. E assim ele morreu e foi enterrado, doando seu corpo para a ciência... na coleção do museu que ele criou. Para ele, assim como para August Bebel, a mistura de anticapitalismo e antissionismo produziu o "socialismo dos imbecis".[91] Apesar dessa sua atitude laica e de seu ateísmo, seria muito fácil fazer com que CL caísse no caldeirão que conteria todos aqueles que demonstrassem "ódio judeu de si", uma característica que, de acordo com vários autores do âmbito dos *Jewish Studies*, definiria o comportamento de muitos intelectuais de origem judaica na Europa, antes do Holocausto.[92] De fato, no final do século XX, muitos judeus italianos sentiram-se compelidos pelo antissemitismo a descobrir e exasperar sua própria "especificidade judaica".[93] Lombroso teve o luxo de não fazer isso. Se ele tivesse vivido mais tempo, até as leis raciais de 1938, que penalizaram seu filho Ugo e outros de seus antigos colaboradores, a história teria sido diferente.

Apesar da complexidade da atitude de Lombroso em relação à questão racial, ele é lembrado e citado principalmente nas ciências sociais em relação a ela.[94] Daniel Pick conclui[95] que isso corresponde a uma simplificação teleológica de autores antirracistas clássicos, como Gould, Rose e Mosse, que chegam a rastrear os horrores do racismo até as teorias de CL. John Dickie[96] chega a conclusões semelhantes às minhas: quando se lida com raça e racismo, criticar e execrar torna-se muito mais importante do que entender. Como Delia Frigessi[97] também argumenta em sua crítica detalhada e educada da interpretação de Mosse, ser um dos pais do racismo científico é, talvez, a acusação mais pesada feita a CL. A grande maioria dos que afirmam isso nunca leu CL; alguns podem ter lido frases dispersas ou conhecer alguns episódios ou anedotas, como a famosa covinha occipital no crânio de Villella. O mais difícil nesse sentido parece ser o próprio Mosse, que considera CL até mesmo como um precursor da solução final, coisa na qual Frigessi não acreditava: "Como os nazistas consideravam os judeus degenerados da mesma forma que os criminosos habituais, acabou que a definição de criminalidade de Lombroso se tornou parte da solução final para o problema judeu".[98] Em contraste, e de forma mais moderada, Pick mostra como o método e os interesses de CL influenciaram autores importantes como Zola, Conrad, Tolstoi, Stoker e Nordau – este último chega a ponto de dedicar seu clássico *Entartung* a CL.[99]

Deve-se acrescentar aqui que a questão racial, a emigração da Itália (também de profissionais e intelectuais, especialmente jovens), a questão africana e o imperialismo são parte integrante da vida e do trabalho não apenas de CL, mas de todos os membros ativos da Escola Positiva. O caso mais exemplar é o de Guglielmo Ferrero (doravante GF), que passa por profundas mudanças. Em sua juventude, seu interesse pela África veio da retumbante derrota das tropas italianas em Adua, em 1896, que foi a causa de uma grande crise coletiva entre os jovens.[100] Ele até escreve um romance ambientado em Adua, *Gli ultimi barbari. Sudore e sangue* [Os últimos bárbaros. Suor e sangue], publicado em 1930. A crença em raças está presente nele, especialmente em sua juventude, como no capítulo de *Europa giovane* [Europa jovem] sobre a raça anglo-saxônica, ainda bárbara e, portanto, não amolecida como os latinos.[101] Mais tarde, já no exílio em Genebra, ele se tornou um antirracista (veja o Prólogo do manifesto antirracista que ele publicou em 1933), embora ainda em 1930 tenha publicado um livro com tons racistas em relação aos africanos.[102] Para Ferrero, assim como para muitos autores contemporâneos a ele e, em geral, antifascistas, a década de 1930 representou, no entanto, anos de transição para o antirracismo. Entre eles, o pensamento racial entrou rapidamente em crise não apenas devido às descobertas da hematologia e, depois, ao desenvolvimento da genética, que discutiu a relevância biológica do fenótipo, mas, acima de tudo, devido ao uso exagerado e extremo do conceito de raça pelos nazistas: não apenas por visar tradicionalmente ao outro, ao não branco, às colônias ou às classes perigosas, mas também por visar violentamente a grupos importantes, "raças" ou "sub-raças" que até então eram consideradas parte da burguesia nacional, especialmente os judeus. O caráter grosseiro e antiburguês do racismo nazista, portanto, faz com que ele seja particularmente odiado até mesmo nessas classes.[103] O mesmo antirracismo, reforçado pela rejeição do juramento de fidelidade ao fascismo, pela experiência do exílio e das leis raciais, manifestou-se na década de 1930 em Mario Carrara e em Gina e Paola Lombroso, respectivamente esposas de GF e do próprio Carrara.

Lombroso, a África e os africanos

A África e os africanos eram, como lugar e tópico de discussão, parte integrante do pensamento lombrosiano, bem como do pensamento social de grande parte da Europa. Além disso, o imaginário europeu sobre o "continente negro" e seus habitantes influenciava a forma pela qual os intelectuais brasileiros, cubanos e latino-americanos, de modo geral, avaliavam a "qualidade" de seu próprio povo, especialmente quando era, em grande parte, composto de descendentes de africanos e de mestiços de brancos com africanos ou de índios com africanos. Foi percebido como um problema o fato de que não apenas a aparência física desses povos, mas também sua vida cotidiana, seu comportamento e sua psicologia eram considerados de origem africana. Essas origens eram vistas como mais pronunciadas na religiosidade, na música, na comida, no espírito de trabalho, na celebração de festivais e no Carnaval, na cultura de rua e na forma de se vestir. Assim, um dos principais problemas da questão social para as elites intelectuais no Brasil, no período de 1889 e 1920, era a excessiva "africanidade" dos centros urbanos que precisavam ser absolutamente "higienizados" e ocidentalizados, ocultando ou removendo da visibilidade pública os núcleos que eram chamados de "pequenas Áfricas".[104] Como já mencionado e como veremos mais adiante, uma parte importante da popularidade das ideias lombrosianas nessa parte do mundo deveu-se à curiosidade pela fisionomia, pela mímica, pelos traços de comportamento e pela psique, bem como ao uso eclético dos conceitos de atavismo e criminoso nato. Esses eram interesses e conceitos que no Brasil foram rapidamente transformados em instrumentos de um discurso de parte das elites intelectuais sobre as qualidades do povo brasileiro, que carregariam a "tara" da africanidade.

Ora, se a América Latina não teve o espaço merecido nas recentes reconstruções da vida e das obras de CL publicadas por ocasião do centenário de sua morte, em 2009, muito menos o continente africano. Na verdade, pouco sabemos sobre a evolução das ideias de Lombroso sobre a África – ou seja, como e em que medida Lombroso estava em sintonia com o imaginário hegemônico sobre a África no final do século XIX – e como esse pensamento passou a influenciar mais ou menos diretamente a percepção dos africanos por uma primeira geração de administradores e/ou etnógrafos, algo que George Stocking chamou de "sensibilidade etnográfica", tanto na África quanto em vários países da América Latina.

O pensamento racial europeu no final do século XIX e início do século XX é fortemente influenciado pelos debates que gravitam em torno da Conferência de Berlim (1884-1885), um marco na história do pensamento racial, ainda mais especificamente em relação à África. A Conferência redefine a geografia racial do mundo, na qual cada continente ou região existe não apenas, é claro, como uma função dos outros, como uma macroforma de identidade coletiva, mas consagra uma nova hierarquia de nações, de acordo com critérios de progresso, degeneração e decadência. Os continentes estão interligados, unidos por um jogo de espelhos. Assim, a Europa existe em função da África e da Ásia, em relação às quais ela se sente mais alinhada com o progresso, mas também do Novo Mundo, justapondo-se a ele como o velho (e degenerado) continente. Isso também é projetado em mapas geográficos e cada continente corresponderia à sua própria raça ideal: brancos para a Europa, negros para a África, amarelos para a Ásia e os índios nas Américas. Assim, em mapas e globos, a Europa, terra dos climas "temperados", é rosa ou verde; a África, o continente de clima tórrido, é preto ou marrom escuro; a Ásia é amarela; e as Américas são vermelhas. Se a África é vista como o oposto do progresso, as Américas (e, às vezes, a Oceania) aparecem como terras do futuro, locais de experimentação e novas engenharias sociais e raciais, com uma variante mais parecida com a Inglaterra no Norte, povoada predominantemente por arianos, e outra mais afim à "raça latina" no Sul. Essa nova hierarquia georracial cria seu próprio *habitus* racial – muitas vezes com conotações racistas – e é um corolário do que Eric Hobsbawm[105] definiu como a "era dos Impérios", ou seja, o período que vai, com certa aproximação, da derrota francesa em Sedan até o assassinato do arquiduque austríaco em Sarajevo. Com a Conferência de Berlim, a atitude dos primeiros antropólogos italianos também muda: alguns se entusiasmam e abraçam a missão colonial (é o caso de PM); outros viram no auge do colonialismo o triunfo do Império britânico, e outros, uma forma de desviar a atenção da questão social nacional; outros ainda, reconhecendo-se nessas objeções, acrescentam a oposição à brutalidade do colonialismo em si. Lombroso move-se entre esses dois últimos grupos, não sem certas ambiguidades.

De fato, a África, direta e sobretudo indiretamente, atravessa toda a vida de CL: ele cresce na era dos Impérios e esforça-se para criar uma ciência em sintonia com os tempos e, mais ainda, com a ideia de progresso, especialmente se a Itália pudesse se transformar em uma das Grandes Nações. Além disso, a questão do primitivo está muito presente nele, como Torgovnick[106] mostra muito bem, mesmo que mais como um problema do que como uma solução para os defeitos da cultura ocidental, bem antes da corrente primitivista na arte da primeira década do século XX. Para CL, antecipando Freud, o primitivo encontra-se dentro de nós, em nossas formas e nossos comportamentos atávicos, e manifesta-se ocasionalmente em todos, e de forma acentuada e perigosa no grupo minoritário que ele chamou de "delinquentes natos". O continente onde se encontrariam os mais primitivos dos primitivos seria justamente a África. Se para CL a América do Sul fazia parte do chamado Novo Mundo – o futuro, que um dia se tornaria para os italianos o que a Austrália e os Estados Unidos foram para os britânicos –, a África era a parte mais selvagem do Velho Mundo – o passado. Ambos os continentes foram importantes para a visão de mundo da qual CL foi um intérprete magistral. Na África, era possível procurar vestígios do passado, enquanto nas Américas se podia tentar ler o futuro da espécie humana. Hoje podemos concluir que se tratava de imagens espelhadas e que não poderia haver um Velho Mundo sem seu oposto, o Novo Mundo,[107] e que, para CL, o *status* intelectual dos continentes África e América era obviamente muito diferente, assim como os tipos de experimentos e pesquisas que poderiam e deveriam ser realizados em cada um dos continentes.[108]

Naqueles anos, a África, e mais especificamente algumas partes dela, fazia parte do tabuleiro internacional no qual o futuro da Itália estava sendo traçado, nos debates que vão desde a rendição das tropas italianas em Dogali (1887) até a anexação da Líbia (1912) e a intervenção na Primeira Guerra Mundial, e que veem todos os partidos e grupos políticos italianos se posicionarem sobre três temas interconectados: população, emigração e colonização ou imperialismo. É nesse período, especialmente nos anos 1911-1914, que muitos socialistas se aproximam das fileiras nacionalistas e, mais tarde, fascistas.[109]

Vale a pena ver como os africanos, antes de tudo como uma "raça", e o continente africano, como um contexto geopolítico, estão presentes no trabalho de CL. É interessante notar como essa percepção dos africanos e do continente africano por CL e sua escola acabou influenciando tanto a teoria da colonização e dominação europeia da África, não apenas no caso do colonialismo italiano, mas – como veremos mais adiante – também do colonialismo português, quanto o estilo da primeira geração de estudos africanos no início do século XX.[110] CL mantém um relacionamento complexo e sujeito a desenvolvimentos com a África. As primeiras referências explícitas à África e aos africanos são encontradas no livreto *L'uomo bianco e l'uomo di colore*, que é cheio de frases genuinamente racistas. CL conhece o caso da "Vênus Hotentote", Saartje Baartman, graças aos escritos de Couvier, que ele menciona aqui e ali na revista *AP*, quando se refere ao atavismo como o retorno do estado primitivo. Em 1895 Lombroso publica com Carrara um pequeno ensaio sobre seis crânios de criminosos abissínios[111] que por si sós não contêm sinais de atavismo criminoso, porque isso não aparece em selvagens.

No ano seguinte, aparece na *AP* um outro ensaio escrito com Carrara, "Contributo all'antropologia dei Dinka" [Contribuição à antropologia dos Dinka], que comenta sobre suas medidas e estudos anatômico-psicológicos sobre os cinco homens da etnia dinka presentes na Exposição Nacional de Turim, onde fazia parte de um dos muitos zoológicos humanos que circulavam pela Europa. Vamos ver algumas das citações:

Pode-se dizer que os Dinka são os mais negros dos negros [...], nos esforços dinamométricos, a fisionomia torna-se feroz [...], eles toleram pregos salientes no sapato [...], têm reflexos rápidos [...], pés preênseis ou reflexos exagerados [...], os dedos são longos [...] como temos nós como característica dos homens do pântano [...], alongamento desproporcional da coxa [...] como aves pernaltas [...], [eles tenderiam a ser canhotos e a ter pés chatos, e] essa canhota dos selvagens e o pé chato repetem-se, como se sabe, nos criminosos [...]; quanto à inteligência [...], numerosas medições estabeleceram que, nas raças negras sem instrução, há uma maior rapidez de reação do que nas raças civilizadas [...]; sua estética era absolutamente primitiva [...] embora no adorno da pessoa eles colocassem uma certa vaidade [...]; tendo dinheiro à disposição, eles faziam escolhas que revelavam uma completa falta do conceito de valor e utilidade.[112]

Os Dinka também demonstrariam "incapacidade de trabalhar de forma metódica e regular e impulsividade [...], o que constitui precisamente a verdadeira base do crime [...]. Haveria também uma grande analogia entre os selvagens e os criminosos".[113] Apesar dessa sequência de comentários racistas, Lombroso e Carrara escrevem que, entre os Dinka, a família era bem estabelecida e respeitada,[114] e concluem com uma nota sugerindo que os selvagens podem evoluir por meio do trabalho: "Nesses casos, o atavismo é constituído pelo instinto de inércia e apatia, pela incapacidade de trabalho estável e frutífero e pela impulsividade, instintos que no criminoso são orgânicos e inatos e, portanto, irredutíveis, e que no selvagem desapareceram sob as torturas da escravidão". A causa fundamental da moralização da sociedade foi o hábito do trabalho regular e metódico: e a seleção mais eficaz foi o que Ferrero chama de "seleção do trabalho".[115] Em outras palavras, o trabalho metódico, de acordo com os autores, melhoraria a raça.[116] Esses estudos comprovam que CL repete, em uma forma que eu diria ser canônica na antropologia física de seu tempo, o que Cuvier e muitos outros depois dele já estavam fazendo como costume: usar a presença de não europeus em exposições itinerantes e zoológicos humanos para fazer medições e vários experimentos.[117] CL e sua coleção estão em sintonia com a era das exposições e dos zoológicos humanos. Como mostra seu diário de uma viagem à França, recentemente encontrado por Emanuele D'Antonio em um arquivo em Israel, CL visita a Exposição Universal de Paris em 1878 e escreve sobre ela em seu diário, no qual faz desenhos dos objetos africanos que vê em exposição. Ele participa da exposição de 1884 em Turim e, quando as Missões Católicas organizam uma exposição sobre seu trabalho em Turim em 1898, CL escreve para o prefeito sugerindo que ele comprasse os objetos expostos. O que, mais tarde, não acontecerá.

(a) Osciul (Dinka)   (b) Ochcuni (Dinka)   (c) Eloe (Dinka)

Figura 2 – Retratos de três Dinka presentes na Exposição Geral de Turim em 1891, publicados no artigo "Contribuição à antropologia dos Dinka", *AP*, 1896, pp. 349-363. Em ordem: (a) Osciul, mulher de 18 anos, tribo de Avelan; (b) Ochcuni, homem de 50 anos, tribo de Avelan; (c) Eloe, mulher de 25 anos, tribo de Bek. Fonte: Arquivo do Museu de Antropologia Criminal Cesare Lombroso, Universidade de Turim. Localização: IT – Museu Smaut Lombroso 1040.

CL influencia indiretamente os estudos africanos em duas direções, se não opostas, em forte tensão uma com a outra. Por um lado, inspira a chamada "geração de 1895" em Portugal e o projeto do *status* do "indigenato", que propõe, de acordo com o dogma da Escola Positiva, uma jurisprudência específica para os menos civilizados. Essa foi uma perspectiva que influenciou profundamente Nina Rodrigues no que diz respeito ao tipo de justiça a que os negros brasileiros deveriam ser submetidos após a Abolição da Escravatura em 1888: por causa de sua infantilidade e ingenuidade, eles mereceriam uma justiça e um código específicos.[118] Também teve profundas influências no contexto português. Provavelmente o político e pensador português António Enes (1848-1901), criador da noção de indigenato, conheceu CL e Enrico Ferri pessoalmente e certamente conhecia seus escritos. De uma maneira menos direta, Lombroso exerceu uma forte influência no desenvolvimento da sensibilidade etnográfica da primeira antropologia da África, também impregnada de fisionomia e interesse na morfologia e na leitura dos corpos (tatuagens, escarificações, mutilação/manipulação). Boa parte dessa possível influência de CL nos primeiros estudos das culturas africanas deve-se à função de seu museu, que cria um modelo de exibição das várias formas de desvio, posteriormente adotado por outros museus, exposições e na cultura visual: revistas, objetos de mobiliário doméstico etc. Tatuagens, expressões faciais e formas corporais são ferramentas para catalogar o outro. Seria importante identificar em detalhes como essa cultura visual inicialmente focada na Itália e nas várias populações italianas foi adaptada para o conhecimento e a catalogação da África e dos africanos, ou, como para Frederick Cooper e Ann Stoler, como a "descoberta" da África na cultura da mídia de massa da época, um subproduto da missão civilizatória europeia, reflete-se na maneira de pensar sobre a questão social na Itália.

Mostrando toda a complexidade e as contradições do pensamento lombrosiano, esses comentários e escritos sobre "selvagens" são associados, em Lombroso, a uma atitude pacifista e anticolonialista,[119] para a qual é necessário ser "aliados de ninguém, mas amigos de todos";[120] a guerra seria uma forma de atavismo, o militarismo seria uma expressão selvagem dele.[121] E 1896 continua sendo o ano-chave, o ano de Adua. CL escreve na *Critica Sociale*, com dicas anti-imperialistas (1º de junho e 16 de agosto), e também contribui para o novo *Avanti!*, com um artigo sobre a psicologia dos africanistas (30 de dezembro de 1896). Ele se posiciona contra todo colonialismo e militarismo italiano, como outros socialistas, em um tom cada vez mais duro, em vários artigos, começando com as derrotas militares italianas em Dogali e depois em Macallè e Adua. No livro *Il momento attuale* [O momento atual], de 1903, que reúne uma boa parte de seus escritos (mas não todos) sobre a África e o colonialismo já publicados em várias revistas e vários jornais, CL escreve sobre a Tripolitânia e a China, e contra Crispi e seu autoritarismo e colonialismo: "A verdade é que toda a base da qual se parte para as façanhas coloniais, especialmente na África, é falsa".[122] O dele não é um anticolonialismo isolacionista e conservador, uma posição que existia na Itália, em boa parte sob a égide da Igreja católica, como também em Portugal[123] e na França.[124] CL sustenta a absoluta ilegalidade do fato colonial. Ele também é contra a façanha da Líbia porque significa antagonizar o mundo muçulmano, o potencial grande parceiro comercial da Itália, "como nos dias de Veneza",[125] "e, portanto, é oportuno que a parte séria do país, protestando, como depois de Adua, ensine ao governo o caminho certo antes que o passo errado seja irreparável".[126] Ele também repreende a Itália por sua agressividade, sua indiferença em pisotear as aspirações nacionais de outros, apesar do ódio que tradicionalmente se supõe que a Itália tenha pelos opressores. Uma atitude que parece ser confirmada por Gina Lombroso, em sua biografia do pai:[127] "por volta de 1896, Lombroso, alheio a muitos outros assuntos, voltou sua atenção para a África, contra a conquista da qual ele sempre tomou partido obstinadamente". CL escreve, como outros pensadores europeus de sua época – conservadores, mas também radicais e socialistas[128] –, a favor dos bôeres em guerra contra os britânicos na África do Sul. Os bôeres, de acordo com Lombroso, seriam os bisnetos de uma verdadeira raça selecionada,[129] da qual apenas os melhores elementos sobrevivem, e eles também são a confirmação de que "a mistura de raças e a liberdade em um estado nascente são os maiores produtores de civilizações".[130] "Os bôeres tinham um arranjo governamental adequado à sua índole, à sua raça."[131] Para CL, aqui "raça" e "índole" aparecem como sinônimos. O apoio aos bôeres não se deve apenas ao fato de que eles são uma "nova raça mista"[132] e, além disso, estão organizados de forma republicana, mas, em grande parte, deve-se a uma oposição de princípio aos britânicos, percebidos como o novo grande Império que subordinava os povos latinos. Há em CL, como em muitos outros da época, uma forte aversão à Inglaterra:

> [...] contra o delírio imperialista da Inglaterra não há partido que se baste, porque o bem-estar econômico e a sabedoria das classes altas, impedindo qualquer perturbação social, impediram que a necessidade se sentisse; e a sua estrutura oligárquica e monárquica já é uma aliada natural do imperialismo guerreiro.[133]

Além disso, em 1906, logo após a Guerra Hispano-Americana de 1899-1900, que levou à ocupação norte-americana de Porto Rico, de Cuba e das Filipinas, Lombroso manifesta-se, como vários outros intelectuais de países "latinos", contra o novo colonialismo dos Estados Unidos e a favor de uma confederação latino-americana.[134] Se no passado CL admirava a Grã-Bretanha e os Estados Unidos como exemplos de sociedades abertas e dinâmicas, agora temia sua arrogância imperialista.

Nos vários artigos de CL contra o colonialismo, pode-se até mesmo vislumbrar uma antecipação de certo relativismo cultural. Ele sustenta que a tentativa de impor a cultura ocidental a povos não europeus, como os chineses e os mexicanos, não é correta e, portanto, não funciona. Ele acrescenta literalmente que, com o colonialismo, negamos a outros povos o que há muito tempo foi negado a nós, italianos: o que hoje seria chamado de direito de autodeterminação. CL não está sozinho em seu anticolonialismo, ele também é acompanhado pela esquerda socialista, enquanto o partido ligado à direita socialista chega até a pensar em cooperativas de trabalhadores italianos em terras africanas. Também estão com ele artistas importantes, como o poeta Giosuè Carducci, que se recusa a escrever o texto em homenagem aos soldados italianos mortos na Batalha de Dogali, em uma placa no monumento dedicado a eles em Roma, e declara: "Os abissínios estão lutando contra os invasores

[...] em uma guerra que não é justa; e os abissínios têm razão em nos rejeitar, assim como nós rejeitamos e rejeitaríamos os austríacos".[135]/[136] Outro exemplo é o de Policarpo Petrocchi, que declara: "O direito aplica-se a todos os povos. Nós, criados com base em princípios livres, os proclamamos em tudo e em todos, e uma pele mais morena não pode fazer com que eles mudem".[137] Republicanos e anarquistas defendiam o direito dos africanos à autodeterminação. Mas esta era uma voz minoritária.[138] Apenas um quinto dos deputados opôs-se aos créditos de guerra para a África após a derrota de Dogali em 1888. A imprensa era geralmente favorável e as sociedades acadêmicas, como a Sociedade Africana de Nápoles, apoiavam o colonialismo citando a máxima "os fracos estão errados e o direito é dos mais fortes". Havia até socialistas, como Bovio, que propunham algo nacional-socialista: a expansão colonial teria garantido espaços para nosso proletariado e, além disso, teria sido uma forma de expandir o progresso das civilizações em que haveria súditos e um único patrão, em vez de uma nação (moderna). A esquerda socialista respondia que a Monarquia também existia na Europa, mas que isso não questionava a justiça da nação, como faziam com a nação etíope. Outros eram contra a façanha colonial, especialmente, como apontado por Rainero,[139] porque a Eritreia "não valia" tanto esforço, mais do que por uma oposição de princípio.[140] Nesse sentido, CL aproxima-se da extrema-esquerda: não vale a pena, mas, acima de tudo, não deve ser feito! Leonida Bissolati, um socialista moderado, protesta contra a atitude de "nos acostumar individualmente a desrespeitar um negro que é um homem como nós em tal modo que a Abissínia é um povo como a Itália."[141] Enrico Ferri declarava no Parlamento, logo após a derrota de Adua: "A honra do país não está comprometida na África porque essa honra não consiste na conquista de terras que não são nossas, mas sim em redimir as misérias que infelizmente existem em nosso país".[142] Questionar a própria legitimidade da aventura colonial era equivalente a atacar um pilar da propaganda do governo, que tinha sua base na missão civilizadora da Itália na Abissínia bárbara, feudal e até mesmo escravagista. Constatamos que se tratava de um contexto tenso e complexo, com um grande uso não científico de categorias que depois a antropologia desenvolveria: povos sem Estado, sociedades africanas tradicionais, progresso e tradição na economia etc. Carbone (1972) identifica seis variantes no anticolonialismo italiano. CL pode ser identificado com a variante mais radical ao denunciar a maldade do colonialismo em si, embora demonstre muito pouca sensibilidade com relação aos próprios africanos.

CL era atento à política internacional e estava apreensivo quanto a uma possível involução dos Estados Unidos após sua vitória sobre a Espanha na guerra de 1898, o que os levaria

[...] para longe de seus horizontes habituais, em direção a ideais de conquista, e assim mudaria o espírito industrial, o verdadeiro espírito civilizado e moderno do país, fonte de tanta felicidade e tanta riqueza, no espírito guerreiro, que a história sempre mostra ser a causa da riqueza momentânea, apenas para transformá-la em pobreza e infelicidade contínua, própria e alheia.[143]

Ele também estava preocupado com a situação na China: está errado quem considera que

[...] a China era impotente por ter recentemente se mostrado inferior na guerra, enquanto desprezava o forte militarismo de uma de suas grandes civilizações [...]. Sua inferioridade tecnológica provavelmente seria superada com o tempo e então as massas enormes e inteligentes poderiam representar, se irritadas, um perigo ("Il pericolo giallo" [O perigo amarelo]).[144]

No mesmo texto, CL sugeria que, em vez de ocupar países com armas, a emigração deveria ser promovida como um empreendimento de colonização em países amigos: "Na própria América do Sul, se tivéssemos enviado o capital junto com os braços de nossos agricultores, eles teriam fundado uma segunda Itália moral, como aconteceu com os Estados Unidos do Norte para a Inglaterra".

No artigo "Il nuovo secolo" [O novo século],[145] ele diz que esse século está avançando em um ritmo "geometricamente acelerado", enquanto a política é "absolutamente bárbara": guerras cruéis estão sendo travadas em várias áreas do mundo, mesmo por povos que "pensávamos ser mais civilizados, mais adoradores da paz". Mas aos esforços militaristas e coloniais dos povos brancos sucede um rápido progresso, quase uma europeização, dos povos negros e, em particular, o progresso oferece "meios de comunicação extremamente rápidos [...] até mesmo por via aérea e [...] serão criados motores tão potentes que uma única lâmpada será suficiente para iluminar uma cidade inteira, que o consumo de carvão se tornará inútil até mesmo para aquecimento e que a mão de obra será substituída por toda uma série de dispositivos mecânicos". Em seguida, ele elogia os avanços na ciência possíveis com o advento da fotografia instantânea, das "projeções ópticas" e do microscópio. Em outras palavras, a crescente desconfiança em relação à política e sua brutalidade obtusa é compensada pela crença em um futuro melhor possibilitado pela tecnologia. A crença no progresso continua inabalável, pois o pacifismo de Lombroso faz parte do movimento internacional promovido pela Associação Internacional de Conciliação.[146] Hoje, CL aparece para nós quase como um vidente, capaz de antecipar o que o mundo, em grande parte, se tornou um século depois.

Na mesma linha, Alfredo Niceforo, próximo às posições socialistas de CL, escreve um artigo em *La Stampa* com o sintomático título "Vamos colonizar... a Itália" (20 de maio de 1899):

> É a ânsia de colonização tão forte que se tornou uma ideia fixa, uma ideia que gira constantemente em torno desses presbíteros como o sol baixo em torno das regiões populares. E como, ao lado de todos os danos de uma civilização antiga, temos também todos os danos de uma nação jovem, imediatamente se encontra uma multidão de pessoas aplaudindo essa ideia [...]. Estou bem ciente de que desistir desse esporte colonizador é um ferimento no coração daqueles que sonham com glórias e épicos mais ou menos cavalheirescos de façanhas colonizadoras, mas é o cérebro racional que sugere o contrário [...]. A Espanha, com uma frota tão reduzida quanto a nossa, perdeu suas colônias – e nós queremos conquistar novas? [...] Não defendo que a Itália deva, com uma resignação que seria uma espécie de suicídio diário, se curvar a ser a última das nações, mas acredito que o prestígio no exterior e o lugar de uma grande nação podem ser obtidos sem ir em busca de colônias perigosas e, em vez disso, tornar seu próprio solo próspero e florescente.

Entretanto, não é que não houvesse algumas fortes contradições no anticolonialismo da Escola Positiva. Os poucos artigos sobre a África na revista *AP* são um claro testemunho disso. Por exemplo, na edição do volume XIV de 1893, em "Criminalità in Abissinia" [Criminalidade na Abissínia], lemos na página 500 que os abissínios têm uma taxa de criminalidade muito baixa, mas que esta última se deve também à eficiência dos *carabinieri* e dos tribunais especiais que não hesitam em dar sentenças de morte (que, obviamente, na Itália teria recebido muito menos apoio). Até mesmo no livro de Gina Lombroso sobre a América do Sul, onde também se elogiam os brasileiros negros, não se hesita em cair em comentários racistas ao falar sobre os "negros esfarrapados" que, no porto cabo-verdiano de São Vicente, mergulham das rochas para pegar com os dentes as moedas que os passageiros dos navios a vapor jogam no mar. GF não difere muito desse tipo de atitude em relação aos negros. Ele escreve sobre Adua já em 1896: a derrota indica uma política errada, mas mostra pouca compaixão pelos abissínios. Também mais tarde, em 1936, em seu romance *Gli ultimi barbari. Liberazione* [Os últimos bárbaros. Libertação] ambientado na Etiópia, após a Batalha de Adua, Ferrero repete toda uma série de estereótipos em relação aos africanos. Parece que seu antifascismo, que o forçou ao exílio, não foi, por si só, suficiente para alterar seu *habitus* racial.[147]

De fato, CL e seu grupo mostram que, naqueles anos, era possível combinar a crença na existência de raças e de uma hierarquia entre elas, na qual o branco seria o mais desenvolvido, com a militância anticolonial. Além disso, CL acredita absolutamente em tal hierarquia, mas também sustenta que as raças são perfectíveis, que os "bárbaros" ou pessoas negras podem ser europeizados e que, de fato, isso já está acontecendo. Ele também acredita que alguns povos já colonizados um dia derrubarão o domínio ao qual estão sujeitos. Assim, em seu ensaio "Il pericolo giallo", publicado em 1903, no livro *Il momento attuale*, e destinado a combater a expedição militar à China, ele escreve: "Os chineses crescerão e jogar-nos-ão ao mar". De fato, o colonialismo, assim como o socialismo, não deixa ninguém indiferente na Europa: ou ele é um problema ou é uma solução. Como recompor o CL de *L'uomo bianco e l'uomo di colore* com o CL veementemente anticolonialista? Na verdade, não há grande contradição, já que na época não apenas o socialismo e o evolucionismo podiam andar juntos (com referências abundantes não apenas a Darwin, mas também a Spencer, definido como o Marx do evolucionismo, de acordo com o que sustenta frequentemente Turati na revista *Critica Sociale*), mas também o socialismo e a crença na existência de várias raças e de uma hierarquia evolutiva entre elas. CL é um verdadeiro caldeirão de tudo isso: em suas leituras, há tanto o passado, com autores como Couvier, quanto o futuro, com autores que também serão importantes para a formação da psicanálise de Freud, como Krafft-Ebing e muitos outros. Vale a pena acrescentar que, nos anos de 1890 a 1920, as ideias de raça circularam e passaram não apenas de um lado para o outro do Atlântico, mas também entre socialistas e reacionários, e entre sionistas e antissionistas. Esse fenômeno foi muito bem descrito no estudo de Johannes Burgers sobre a circulação de ideias entre dois intelectuais em posições opostas, como Max Nordau e o teórico do racismo mais virulento nos Estados Unidos, Madison Grant:

> Ao analisar seus parentescos intelectuais, este artigo procura revelar até que ponto o discurso racial transatlântico do início do século XX envolvia atores muito diferentes que, às vezes, sem querer, defendiam visões raciais bastante semelhantes para fins totalmente diferentes [...]. Defendo que, durante esse período, há polinização intelectual suficiente de teorias raciais para criar uma sobreposição de ideias significativa, e não meramente coincidente. Simplificar o pensamento racial do início do século XX em dois campos distintos de não racistas e racistas é conceitualmente viciado, mesmo que, como nesse caso, as disparidades aparentes não poderiam ser maiores.[148]

Após a morte de CL, seus epígonos seguiram caminhos diferentes em relação ao colonialismo, e não só. Enrico Ferri, que havia escrito contra o militarismo nas páginas do diário socialista *Avanti!*, que dirigiu com tanta veemência durante sete anos, em que recebeu várias denúncias, por exemplo, da Marinha, mudou radicalmente de opinião e, como outros socialistas, apoiou a anexação da Líbia ao Reino [da Itália] já em 1913. Após a Primeira Guerra Mundial, ele se tornou fascista. Guglielmo Ferrero e suas filhas, que permaneceram próximos, respectivamente, aos partidos radical e socialista, condenaram o colonialismo acima de tudo como a expressão máxima da brutalidade do fascismo; porém, como muitos antifascistas da época, eles demonstravam pouca solidariedade internacional com relação aos povos colonizados.

Notas

[1] Frigessi, 2003, p. 359.
[2] Pick, 1989, p. 222.
[3] *Idem*, p. 537.
[4] *Idem*, pp. 223-224.
[5] Simonazzi, 2013, p. 84.
[6] Pick, 1989, p. 92.
[7] Forman, 2016.
[8] Gervasoni, 1997, p. 1.095.
[9] Freud e Nordau estudaram juntos em Paris, onde assistiam às aulas de Jean-Martin Charcot, o primeiro a articular adequadamente a noção de degeneração, que mais tarde se tornou o orientador das teses de doutorado de ambos sobre histeria (Laarse, 1998, p. 162). Os dois tornaram-se os principais intérpretes da noção de degeneração no mundo de língua alemã. Há aqui, em minha opinião, um duplo movimento em Freud. Por um lado, usando a psicanálise, ele se opõe ao "teatro da psiquiatria" e, usando o método de reconstrução da autobiografia do paciente, combate a crença em atavismos coletivos e anti-históricos. Por outro lado, ao enfatizar a fisionomia sobre a leitura das expressões faciais, ele retoma os temas originais que inspiraram a antropologia positiva como método científico. Há outras semelhanças entre as ideias da Escola Positiva e as de Freud. Por exemplo, Niceforo teorizava que cada pessoa tem um "ego profundo" composto de impulsos antissociais e subconscientes que representariam um retorno a uma existência pré-civilizada. Um "ego superior", formado pela interação social do homem, acompanha e procura controlar sua delinquência latente. É evidente que essa teoria se assemelha às descobertas da psicanálise feitas naqueles anos. Freud conhecia as obras de CL e definiu-o como "o grande e fantástico...". Sobre a relação entre Freud e CL, veja Frigessi (2003, p. 412) e Guarnieri *et al.* (1986). Como Daniel Pick (2010, p. 252) indica, entretanto, há uma mudança de ênfase entre a perspectiva de Lombroso e a de Freud sobre o paciente, que corresponde à transição entre uma fase, representada primeiro por Charcot e depois por Lombroso, centrada em vê-lo e observá-lo, e a seguinte, centrada em ouvi-lo e interpretá-lo.

10. Essa é a ideia forte do famoso livro de Quatrefages, *La race prussienne* (1871). O tema da excepcionalidade germânica também se repetirá após a Segunda Guerra Mundial, configurando o nazismo como uma sequência lógica da cultura alemã, um grande mal somente possível ali (cf. especialmente Mosse, 1992). Para Pick, essa tentativa de enfatizar o mal como um produto principalmente germânico não é apenas enganosa, mas também faz parte da *wider political history of forgetting* [mais abrangente história política do esquecimento], depois de 1945, que também visa ocultar, por exemplo, o uso generalizado de medidas eugênicas, como castração e esterilização, nos Estados Unidos, na Inglaterra, na Austrália e nos países escandinavos, até a década de 1960 (Pick, 1989, p. 240; Simonazzi, 2013).
11. Além disso, alguns anos mais tarde, a guerra, como ficou evidente com a carnificina da Primeira Guerra Mundial, contribuiu, também na literatura, para reforçar a opinião de que a civilização ocidental estava em declínio e não tinha mais nenhuma superioridade intrínseca em relação a outras culturas – e esse foi um dos gatilhos da consciência anticolonial (lembramos, por exemplo, do pensamento de Senghor e Ho Chi Minh, que começou a amadurecer a partir da experiência pessoal na frente francesa, nas tropas coloniais).
12. Pick, 1989, p. 149.
13. Gallini, 1983.
14. Guglielmo Ferrero, no necrológio de CL que publicou logo após sua morte, no jornal paulista *O Estado de S. Paulo*, afirma que a família nutria uma forte antipatia pela médium Eusápia Palladino e que havia ficado muito triste com o fato de CL, em seus últimos anos de vida, ter se deixado levar totalmente pelo espiritismo. Também estou convencido de que foi na casa de Lombroso que Ortiz se familiarizou com os textos e princípios do espiritismo – que foi esta uma das influências de CL sobre Ortiz.
15. Sergi, 1889.
16. Carta de Sighele a Tarde, em Gallini (1983, p. 305).
17. Gallini, 1983, p. 117.
18. Eu me pergunto se a fotografia e o cinema também não contribuíram para a crise do positivismo como dogma científico, fazendo com que o comportamento humano se tornasse menos natural, sempre um artefato, mesmo quando se apresenta como real e fiel ao olhar. A observação formal de um ser humano não diz tudo sobre sua essência, e sua essência pode estar oculta em sua representação fotográfica. Vale a pena refletir sobre isso.
19. Sarfatti, 1926.
20. Sobre a importância do esoterismo na Itália do final do século XIX, consulte Gian Mario Cazzaniga (2010).
21. Pense na relevância, especialmente na Alemanha e no Império austro-húngaro, mas também na França, na Holanda e nos países escandinavos, dos novos movimentos, de fato esotéricos, centrados na busca de uma nova pureza corporal, artística e – às vezes – até mesmo a pureza racial, como o naturismo e o nudismo, o gnosticismo, o vegetarianismo, o movimento contra a vivissecção, o antialcoolismo, a "descoberta" do hinduísmo e do budismo. Essa pesquisa atravessa movimentos socialistas, sionistas e hipernacionalistas, mostrando como até mesmo tensões políticas opostas podem, em certos momentos, recorrer às mesmas fontes. Para uma análise esplêndida desses movimentos e do uso comum, por exemplo, da noção de degeneração, do sionismo inicial de Theodor Herzl e Max Nordau, bem como do racismo antissemita de Richard Wagner, sua filha Eva e Houston Stewart Chamberlain no período entre 1870 e 1914, consulte Laarse, Labrie & Melching (1998).
22. Smith, 1998; Gellner, 2006; Hobsbawm, 1991.

[23] Gallini, 1998, p. 532.
[24] *Idem*, p. 534.
[25] *Idem*, p. 535; Sordi, 1980.
[26] Nani, 2006, p. 31.
[27] Por racialismo, entendo a crença na existência de raças, mesmo que hierarquicamente organizadas em raças superiores e menos evoluídas; por racismo, entendo as políticas e práticas centradas na discriminação entre raças supostamente diferentes. São dois fenômenos diferentes, mas limítrofes.
[28] *Idem*.
[29] Torgovnick, 1990, p. 201.
[30] Deve-se enfatizar o papel específico de Turim, a cidade a partir da qual opera CL. É uma cidade promovida a capital de um reino muito maior que o da Sardenha e que recebeu uma forte imigração das classes cultas, incluindo uma grande proporção de judeus e valdenses, sendo, portanto, um verdadeiro caldeirão desse mundo em transição.
[31] Gallini, 1998, p. 531.
[32] Gellner, 2006.
[33] E, na América Latina, eu diria que a busca frenética por um equilíbrio absoluto entre ordem e progresso.
[34] M. Corrêa, 2000, p. 53.
[35] Como mostra muito bem o livro editado por Gaia Giuliani (2015).
[36] Burgio, 1998a, p. 10.
[37] *Idem*, p. 19.
[38] Teti, 2013.
[39] Morris, 1999, pp. 11-30.
[40] Hoje, no Sul da Itália (*Mezzogiorno*) e no Nordeste do Brasil (D. Albuquerque, 1999), há uma nova tendência de estudar a região sem fazer do meridionalismo ou regionalismo nordestino, com menos generalizações e mais micro-histórias de áreas mais ou menos economicamente dinâmicas, em vez de continuar trabalhando por meio de uma adaptação das teorias inspiradas pela *Great Divide*. Na Itália, em 1985, surge o o Instituto de História e Ciências Sociais do Sul (Imes), que lançou a prestigiosa revista *Meridiana* e propõe uma abordagem que também lida com a "questão do Norte", em uma inversão que nos lembra o estudo do ocidentalismo de Edward Said.
[41] Quatrefages, 1871.
[42] Michele Nani (1995) explica, com meticulosa clareza, como a questão sulista, a questão colonial e a questão judaica criaram diálogos e narrativas que se tocavam e se influenciavam mutuamente, tanto positivamente, no sentido da emancipação, quanto negativamente, na prática do racismo.
[43] O discurso racial de Sergi em favor da linhagem mediterrânea, com influências semíticas, originou-se no debate sobre a degeneração entre franceses e prussianos, mas foi transportado para a Itália, também em um tom antigermânico, pela esquerda radical e pelos nacionalistas – um discurso que culminaria na Primeira Guerra Mundial (Pizzato, 2015). Todo discurso racial, pelo menos naqueles anos, é também um discurso nacional. Uma das razões pelas quais a teoria de Sergi é esquecida pelo fascismo, além de seu pacifismo, é essa ênfase nas origens africanas e semíticas de nossa linhagem (Tedesco, 2016), em franco contraste com o discurso da "defesa da raça" (Cassata, 2008), que, a partir da segunda metade da década de 1930, queria que fôssemos aliados naturais dos alemães. E CL conhece bem as teorias de Sergi.

44   Filesi, 1985.
45   No período que corresponde aproximadamente aos anos de 1870 a 1914, parte do grande esforço das elites intelectuais italianas é garantir que a nação seja transformada de um país que tradicionalmente recebia gerações de viajantes, especialmente do Norte da Europa, em seu *grand tour*, em um país que conhece o mundo, que também pode visitar outros países e ter suas próprias opiniões sobre os outros. Um país que não se limita apenas a receber viajantes estrangeiros, que quase invariavelmente o descrevem como um lugar e um povo decadente, de passado grandioso e presente medíocre. Estes últimos debruçam-se sobre as ruínas da Roma Antiga, como um exemplo gritante dos efeitos da degeneração: elas, que eram emblemas de grandeza e glória, são para os italianos de hoje apenas um lugar de onde se pode escavar mármore ou cal, e manter trapos ou gado. Em reação a essas acusações estrangeiras de ser um povo degenerado, essa elite intelectual argumenta que a Itália não deveria ser apenas um país do qual as pessoas emigram, mas também uma nação que viaja, conhece, hierarquiza e até mesmo – de acordo com uma parte dos nacionalistas – coloniza outros povos.
46   Deve-se enfatizar que, mesmo antes de pensar em eventuais colônias e até mesmo em um Império, a Itália e, antes dela, o Reino da Sardenha empreenderam uma série de ações destinadas a fazer com que o Estado se comportasse como as chamadas Grandes Nações. Isso incluiu a organização de grandes viagens e explorações; a coleta de artefatos para serem trazidos de volta à Itália e catalogados, estudados e exibidos; o desenvolvimento ou a facilitação de uma indústria local-global de literatura de viagem e, em seguida, as primeiras revistas que também tratavam de "fatos exóticos" com grande sucesso; a organização de exposições, *shows* e museus; a criação de um campo de estudos *ad hoc*, com associações, revistas e cadeiras. A historiadora italiana de antropologia Sandra Puccini publicou vários livros e artigos importantes sobre esse assunto (1981, 1999, 2012).
47   Wallerstein, 1990.
48   Villa, 1998, p. 408.
49   Mudimbe, 1988.
50   Pick, 1989; Simonazzi, 2013.
51   Laarse, Labrie & Melching, 1998.
52   Gallini, 1983.
53   Pick, 2005.
54   *Idem*, p. 221.
55   Além do livreto *L'uomo bianco e l'uomo di colore* – que é um de seus primeiros textos, preparado para uma série de palestras para não especialistas e, sem dúvida, o mais explicitamente racista –, ele escreveu um texto sobre os crânios de seis criminosos abissínios, um (publicado em duas versões) com Mario Carrara sobre a fisionomia e o caráter dos Dinka (1896) e um pequeno ensaio sobre crime e raça na Itália (1903b), também publicado em várias versões. O termo "raça" aparece em outros textos, mas quase como um equivalente de povo/pessoa ou nacionalidade – por exemplo, referindo-se a judeus, ciganos, sardos –, ou até mesmo de uma subcultura criminosa, como a tradição do abigeato na área de Nuoro ou a violência histórica na Conca d'Oro, onde a origem semítica do povo de Palermo o tornou mais propenso a crimes violentos, enquanto as antigas raízes helênicas da zona de Catania teriam estimulado uma cultura de fraude. Se, em geral, CL é caracterizado por uma falta de precisão terminológica, isso é ainda mais acentuado quando o termo é "raça(s)". Nas biografias ou notas biográficas sobre CL, em sua maioria póstumas, de Gina Lombroso ou de outros colaboradores e admiradores, como Roberto Michels e Hans Kurella, as palavras "raça" ou "negro" não aparecem. Em vez disso,

⁵⁶ a questão racial é muito mais enfatizada em reconstruções biográficas mais recentes, em geral publicadas próximo ao centenário de sua morte (Frigessi, 2003, pp. 360-387; Nani, 2009).
⁵⁶ M. Corrêa, 2000, p. 57.
⁵⁷ Além disso, Nina Rodrigues, em vez de se fixar em uma única escola, como a escola italiana, parecia ser movido por um certo ecletismo metodológico, extraído de várias fontes. Assim, em seus escritos, Nina Rodrigues citava – às vezes no mesmo artigo – não apenas CL, mas também seu cordial adversário, Lacassagne, e agradecia-lhes.
⁵⁸ Nani, 2009, p. 173.
⁵⁹ Cavalli-Sforza & Padoan, 2013.
⁶⁰ Nas ciências sociais, na virada dos séculos XIX e XX, a crença na existência de raças fazia parte de um hábito generalizado. O próprio Du Bois escreveu um ensaio com título eloquente em 1897, *The conservation of races*, que argumenta a favor do tratamento justo de todas as raças, incluindo a raça negra, em vez de defender a inexistência de diferentes raças humanas. A diferença entre racistas e antirracistas era sobre como as raças deveriam se relacionar entre elas, como uma determinada raça poderia progredir ou "melhorar", ou como interpretar a mistura entre raças, o cruzamento de raças, seja de forma negativa ou positiva (Appiah, 1989). Nesse sentido, é interessante ver os documentos apresentados no primeiro Congresso Universal de Raças, organizado na Universidade de Londres, em 1911 (Spiller, 1911), do qual o ensaio *The conservation of races* foi um dos textos preparatórios. Naquela época, Du Bois não negava a existência das chamadas grandes raças, mas argumentava a favor da grande raça negra ou abissínia: não superior às outras raças, mas também não inferior. A mesma coisa pode ser dita do outro organizador do Congresso, juntamente com Du Bois e Franz Boas, Jean Finot (nascido Finckelhaut). Ressalto que Finot, como editor da prestigiosa *Revue du Monde*, manteve uma correspondência abundante com CL e com Mario Carrara. Vale a pena mencionar que, aparentemente, foi o próprio Finot que pediu a CL que escrevesse um ensaio contra o antissemitismo. Entre os participantes do Congresso, cujo objetivo era encontrar soluções para os conflitos entre raças, especialmente no contexto colonial, estavam os brasileiros João Batista Lacerda e Roquete Pinto, que apresentaram um artigo mostrando como o Brasil estava resolvendo a questão do negro, não de forma dura como nos Estados Unidos, mas, ao contrário, por meio da miscigenação e, como ilustração, mostraram o grande quadro *A redenção de Cam*, do pintor espanhol Modesto Brocos. Enfatizo que Roquete Pinto e Lacerda acreditavam estar interpretando, em relação ao "problema racial", uma tese que era bastante progressista para aqueles anos (Seyferth, 1985).
⁶¹ Como que para confirmar o quanto o cânone da época era a crença na existência de raças, esse livro foi analisado de forma muito crítica por PM e José Ingenieros, que argumentavam que as raças, embora impuras e misturadas, apresentavam uma inegável hierarquia de desenvolvimento e sofisticação. PM escreve, na revista *Archivio per l'Antropologia e la Etnologia* (n. 26, pp. 303-310), uma dura crítica ao livro de Finot, que ele acusa de ser teológico: "Dizer que crânios, narizes e a cor da pele não importam, quebra uma porta aberta. Afirmar que todas as raças humanas podem se cruzar é corroborado pela mestiçagem na América Central e do Sul, mas também na Abissínia. Isso não quer dizer que não existam diferentes graus de desenvolvimento e inteligência nas várias raças, nem que haja harmonia congênita. Pelo contrário, o princípio de Cam é o que rege o comportamento entre as raças". Na verdade, a meu ver, ele entende "raça" como povo ou mesmo nação. Ingenieros (1906, pp. 9-40) também critica o livro de Finot, que ele resenhou para a *Nación* em 1905, como Nordau já havia feito. Ele basicamente o acusa de ingenuidade: as raças existem e, embora haja mil exceções, os negros são inferiores.

Não se deve ser tão duro com eles como no Sul dos Estados Unidos. Ele concorda com Finot que não há divisões substanciais dentro da raça branca, que a discussão sobre arianos e latinos ou braquicefálicos e dolicocefálicos não tem base científica e que os anglo-saxões não são, em si, uma raça superior. De fato, ele combina um forte racismo em relação aos negros e nativos, com uma oposição ao cruzamento entre brancos e negros, com uma atitude pró-latina, que um desconforto com as alegações de superioridade racial e cultural anglo-saxônicas. Ressalto que CL, ao contrário, escreveu uma resenha cheia de elogios publicada na *AP*, em 1905.

62   Dom Pedro II também se relacionava com Gobineau, como pode ser visto na longa correspondência publicada por Georges Raeders (1988). Nessa troca de cartas, o imperador defende repetidamente a mestiçagem em seu Brasil, apresentando-a mais como uma solução do que como um problema, de acordo com o que era, ao contrário, a opinião de Gobineau.

63   C. Lombroso, 2009.

64   Frigessi, 2003, p. 362.

65   *Idem*, p. 364.

66   Wilhelm Bleek (1827-1875), linguista e folclorista alemão e especialista nas línguas khoi-san, foi o primeiro a usar o termo "bantu" para definir uma família de idiomas.

67   C. Lombroso, 1871, p. 32.

68   Há bem poucas referências no livro, mas aqui CL parece se referir a uma opinião do francês Paul Broca. Sobre as complexidades e contradições das ideias racistas de CL, veja também Montaldo (2018b).

69   *Idem*, p. 15.

70   Rodler, 2012, p. x.

71   *Idem*, p. xi.

72   Gervasoni, 1997, p. 1.101.

73   Drago, 1890, pp. xxxviii-xxxix, [grifo nosso].

74   C. Lombroso, 1903a, pp. 29-32.

75   Deve-se enfatizar que a atitude positiva de CL em relação à mestiçagem talvez seja um dos aspectos mais importantes de seu pensamento que será silenciado quando, como veremos mais adiante, suas ideias forem usadas e reinterpretadas por muitos intelectuais latino-americanos que consideravam, pelo menos até 1910, a mestiçagem muito mais como um problema característico da América Latina do que como um atributo positivo e fortalecedor das populações latino-americanas (Echazábal, 1998).

76   Bulferetti, 1975, p. 386.

77   C. Lombroso, 1903a, p. 34.

78   *Idem*, p. 227.

79   Bulferetti, 1975, p. 363.

80   C. Lombroso, 1906, p. 141.

81   *Idem*, p. 225.

82   Nani, 2009.

83   Se compararmos CL com Nina Rodrigues, a preocupação com a raça é muito mais forte neste último. Nina Rodrigues, de fato, reinterpreta CL no contexto brasileiro. Para CL, a mestiçagem é uma solução; para Nina Rodrigues, é um problema.

84   *AP*, vol. XIV, 1894, p. 132.

85   Comunicação pessoal de Silvano Montaldo de 5 de fevereiro de 2019.

86   D'Antonio, 2001.

87   Frigessi, 1999, p. 258; D'Antonio, 2001.

88 C. Lombroso, 1894a, pp. 4-5.
89 Kurella, 1911.
90 Sobre a complexidade do pensamento de Lombroso em relação à questão judaica e ao sionismo, bem como a complexa relação entre o pensamento sionista, o nacionalismo da virada do século e o antissemitismo, consulte os escritos de Emanuele D'Antonio (2001, 2014).
91 Finzi, 2011, p. vii.
92 Alguns autores que se identificam com os *Jewish Studies* modernos tendem a ser severos com o assimilacionismo de CL, considerando-o como um caso de autonegação do judaísmo, uma atitude relativamente comum entre os intelectuais judeus emancipados no final do século XIX. Para Nancy Harrowitz, *L'antisemitismo e le scienze moderne* contribuiu mais para fortalecer o antissemitismo do que para combater a difamação dos judeus (Harrowitz, 1994). Paul Knepper (Knepper & Ystehede, 2013, p. 184) argumenta, de forma muito semelhante a Mosse, nada menos que as teorias de CL contribuíram para o desenvolvimento do colonialismo e do imperialismo. Discordo e considero esse tipo de generalização um exagero que não ajuda a entender a complexa relação de Lombroso com o judaísmo.
93 Finzi, 2001, p. xvi.
94 Não foi apenas por causa da questão racial que CL se tornou popular na América Latina, mas também por causa de seu caráter de polígrafo, que discutiremos mais adiante, por causa de seu projeto estético e morfológico em relação à criminologia e à definição do outro, que produz uma sensibilidade etnográfica particular, e por causa de sua capacidade de sugerir um método de interpretação do desconforto e do desvio produzidos pelo "progresso" das jovens nações latino-americanas.
95 Pick, 1989, p. 111.
96 Dickie, 1999a, 1999b.
97 Frigessi, 2003, pp. 390-394.
98 Mosse, 1992, p. 94.
99 Vale a pena observar que quem segue um caminho, eu diria, oposto ao de CL em relação à questão racial é PM, que foi formado no contexto do universalismo do Ressurgimento, mas que gradualmente mudou para o nacionalismo cristão. Nicola Labanca (2002) explica muito bem como a Conferência de Berlim, que é tanto um evento que marcou época quanto um fenômeno cultural, ajuda – por assim dizer – a racializar PM, que, juntamente com o geógrafo Negri, é enviado pelo governo italiano como observador. Ele retorna entusiasmado com o colonialismo e a missão colonial como um momento de regeneração da Itália. Seria interessante saber quais outros cientistas sociais estavam presentes na conferência e como eles participaram (Gavin & Betley, 1972). Além disso, depois de criticar por décadas o uso excessivo do termo "raça" e a noção da raça ariana, nos últimos anos de sua vida, PM critica duramente o humanismo antirracista do livro de Jean Finot sobre o preconceito de raça (Chiozzi, 2002).
100 Raditza, 1939.
101 Ferrero, 1897.
102 Ferrero, 1930.
103 Foi nesses anos que o protagonista cubano da galáxia Lombroso, Fernando Ortiz, publicou seu manifesto antirracista, *El engaño de las razas*. De acordo com alguns autores, a partir desse momento Ortiz abandonou os princípios da Escola Positiva; outros autores veem as influências dessa escola persistindo na fase seguinte da vida de Ortiz (Palmié, 2010). O mesmo acontece com Arthur Ramos, o grande epígono de Nina Rodrigues, que nos mesmos anos se afasta de um certo fisicalismo em sua antropologia e a torna mais propriamente cultural. Pode-se dizer

que, se, nos anos entre os séculos XIX e XX, a crença em raças era canônica, a antropologia era uma das mais importantes, por volta de 1930, nas ciências sociais; e, agora mais institucionalizadas, tornou-se canônico ser contra.

[104] Sobre a necessidade de desafricanizar as cidades brasileiras como forma de colocar em prática o *slogan* "Ordem e progresso", há uma grande tradição de pesquisa (veja, entre muitos autores, Borges, 1991, e W. Albuquerque, 2009).

[105] Hobsbawm, 1987.

[106] Torgovnick, 1990.

[107] Há outros contextos geográficos definidos um em oposição ao outro do ponto de vista social, cultural ou racial. Como muito bem mostra João Feres Júnior (2010), não pode haver a América Latina sem a América do Norte – não latina.

[108] Vale acrescentar que, embora Portugal e Itália tenham tentado, em vários momentos dos séculos XIX e XX, implementar projetos de povoamento das colônias africanas por meio do Estado e da iniciativa privada, houve muito mais emigrantes para as Américas e a Austrália; uma emigração mais ou menos espontânea ou até mesmo, em alguns momentos, como durante o fascismo ou a ditadura de Salazar em Portugal, uma emigração contra o Estado que atrapalhava o esforço para aumentar o número de baionetas e/ou colonos na África (Gonçalves, 2011).

[109] Rainero, 1971; Proglio, 2016.

[110] Mais escritos de Lombroso sobre o assunto podem ser encontrados na *Gazzetta del Popolo*, de 22 de março de 1899, em que ele se manifesta contra a expedição à China, e no livro *Il momento attuale* (1903a), que continua sendo a melhor antologia dos escritos políticos de Lombroso e contém reproduções de vários artigos de jornal sobre a China, a Abissínia, a África do Sul e a rivalidade com a Turquia, bem como o ensaio "L'industrialismo e l'imperialismo moderno". Infelizmente, a excelente coleção de escritos de CL organizada por Delia Frigessi (1989) não inclui uma entrada sobre "colonialismo" no Índice de assuntos. Há também alguma menção ao relacionamento de Lombroso com a África nos capítulos XVII e XVIII de sua biografia escrita por Bulferetti (1975).

[111] Lombroso & Carrara, 1895.

[112] Lombroso & Carrara, 1896, pp. 9-21.

[113] *Idem*, p. 23.

[114] *Idem*, p. 22.

[115] *Idem*, p. 24.

[116] Sobre a psiquiatria no contexto de meio século de colonialismo italiano, veja a interessante tese de doutorado de Scarfone (2014).

[117] Algumas informações sobre esse assunto podem ser encontradas em Perotti (1999, pp. 90-94).

[118] Nina Rodrigues, 1895.

[119] Girardi, 2016, pp. 41-44.

[120] *Idem*, p. 119.

[121] *Idem*, pp. 179-193.

[122] C. Lombroso, 1903a, p. 196.

[123] Thomaz, 2002; Girardet, 1987.

[124] Agradeço a Omar Thomaz por suas sugestões sobre esse assunto.

[125] C. Lombroso, 1903a, p. 250.

[126] *Idem*, p. 253.

[127] G. Lombroso, 1921, p. 331.

128 Veja as cartas de C. Mosca para G. Ferrero em apoio aos bôeres (Mongardini, 1980, pp. 109-110).
129 *Idem*, p. 258.
130 *Idem*, p. 277.
131 *Idem*, p. 260.
132 Ao enfatizar a mistura e a africanidade dos bôeres, CL distancia-se de seus contemporâneos teóricos do nacionalismo bôer, como Abraham de Kuyper e Paul Kruger, que enfatizavam certa pureza de sangue dos bôeres, pelo fato de serem um povo escolhido por Deus e um povo não apenas superior, mas o resultado de um desenvolvimento separado de outras raças.
133 C. Lombroso, 1903a, p. 279.
134 Juntando-se a uma petição em favor de uma confederação latino-americana organizada pela editora espanhola El Mundo Latino, CL declara: "É difícil expressar opiniões decisivas sobre questões dessa natureza. Portanto, não espere muito que uma opinião teórica possa ser facilmente traduzida em fatos. É claro, uma união dos Estados Unidos da América Latina tornaria poderosos os Estados muito débeis; aumentar sua autoridade impediria o surgimento das constantes ameaças de guerra que são, e continuarão sendo por muito tempo, a pestilência das Repúblicas latino-americanas. Acima de tudo, ela as protegeria da invasão e da influência orgulhosa e deprimente da América do Norte. Não devemos nos esquecer de como aconteceram a conquista das Filipinas e a semiconquista de Cuba. Quem sabe se o militarismo ditatorial decorre da degeneração do excesso de riqueza e poder desse povo e, com isso, da decadência. A tendência dos norte-americanos de americanizar toda a América do Norte é, de fato, um perigo para a América do Sul. Mas será que as Repúblicas gregas perceberam o perigo da invasão macedônica? E, tendo sido avisadas por Demóstenes, elas souberam como evitá-la? Não. Elas acreditavam que poderiam repelir o aço do conquistador, um a um, quando fosse a vez deles, e foram enganados, pois estavam desunidos e, um a um, enfraqueceram diante do inimigo comum, e sucumbiram. Isso pode acontecer com as Repúblicas latino-americanas, se com o tempo elas não se unirem de uma das três maneiras que você indicou" (C. Lombroso, 1906).
135 G. Lombroso, 1921, p. 331.
136 Imediatamente após a morte de Lombroso, em 1909, houve uma nova aceleração da política colonial italiana. Em 1911, celebra-se o 50º aniversário do Reino da Itália e teve início a guerra na Líbia. E Giolitti declara que "a Itália, como é hoje, não nos agrada" e que o derramamento de sangue é necessário para moldar a nação (Baioni & Brice, 2010, p. 150). Scipio Sighele (1911), argumentando que a crítica ao imperialismo se deve à derrota de Adua, e não ao fato em si (pense no que teria acontecido se tivéssemos vencido em Adua, diz Sighele), escreve a favor do imperialismo italiano, como uma forma de escapar dos limites impostos pela Áustria e por outras nações europeias à Itália, para ganhar mais prestígio internacional (opondo-se à micromania de inspiração suíça e aceitando que uma grande nação deve ser imperialista; os cidadãos italianos serão respeitados no mundo quando a bandeira italiana tiver o mesmo peso que a bandeira germânica ou britânica); e também, como Ferri havia dito anteriormente em sua arenga ao Parlamento em 22 de junho de 1909, para garantir uma saída "demográfica" para a superpopulação. Certo nacionalismo também está presente nas declarações de muitos anticolonialistas, também preocupados com o lugar da Itália entre os grandes, que é reduzido e deve ampliar-se, embora não colonizando outros povos, mas investindo em seu próprio país. O destino dos africanos, bem como seu direito de autodeterminação, não está no centro da questão: eles continuam sendo "mendigos" ou primitivos. É o próprio fato de terem sido

derrotados pelos primitivos em Dogali e depois em Adua que incomoda a todos, tanto os pró-colonialistas quanto os anticolonialistas!

137   C. Lombroso, 1903a, p. 164.
138   Girardi, 2016,
139   Rainero, 1971, p. 177.
140   As opiniões de figuras famosas da história do colonialismo na África, como Stanley, cujo artigo "La campagna abissina giudicata da Stanley" ["A campanha da Abissínia julgada por Stanley"] foi publicado na edição de 12 de março de 1896 do *Nuovo Secolo*, também pesaram nesse debate: "A derrota em Adua foi devida a escolhas precipitadas. Colonizar não é conquistar. A colonização não pode ser feita apenas com violência. É preciso ter infraestrutura. Linhas de trem, e não trilhos de mula. Colonização significa planejamento e investimento. Não se pode ter o azeite e as azeitonas".
141   C. Lombroso, 1903a, p. 188.
142   *Idem*, p. 343.
143   Bulferetti, 1975, p. 365.
144   C. Lombroso, 1903a.
145   *Idem*.
146   Bulferetti, 1975, p. 418; Girardi, 2016.
147   Teremos que esperar anos para que chegue um romance italiano anticolonial com Ennio Flaiano.
148   Burgers, 2011, p. 120.

CAPÍTULO 2

A galáxia Lombroso como home science *global*

O que eu chamo de galáxia Lombroso tem um núcleo "duro", no centro do qual estão as duas filhas, Gina e Paola. Ambas se casam com seus colaboradores. Gina casa-se com GF, que escreve, com CL, *La donna delinquente* [A mulher delinquente], cuja primeira edição foi publicada em 1880. Paola casa-se com Mario Carrara, o fisiologista que acompanhará a revista *AP* e o museu desde a morte de CL, em 1909, até sua saída do serviço em 1932, quando se recusou a jurar fidelidade ao fascismo. Paola ajuda Gina com as compilações biográficas de seu pai, mas é menos apaixonada pela redação de ensaios do que Gina; ela prefere histórias infantis populares e lança a nova revista infantil *Il Corriere dei Piccoli* [O Correio das Crianças], em que escreve sob o nome de Tia Mariù. Por um artigo considerado subversivo, ela é condenada a três meses de prisão durante o governo autoritário de Crispi. A sentença é comutada para uma espécie de prisão domiciliar graças à mobilização da família Lombroso, que reúne a solidariedade não apenas dos socialistas, mas também de Gaetano Mosca e parte da Casa Real. Isso mostra que se tratava de uma família e uma galáxia bastante bem articulada. Em torno dela se moviam dois colaboradores muito leais, até mesmo da revista: o jurista Enrico Ferri e o médico Salvatore Ottolenghi. Um pouco mais distante, encontramos também Raffaele Garofalo, de origem nobre e napolitana, politicamente conservador, que mais tarde se afastou para entrar na política, e o siciliano Alfredo Niceforo, também socialista. Scipio Sighele, o psiquiatra positivista Enrico Morselli e Giuseppe Sergi gravitavam em torno da revista, publicando regularmente nela. Essa era a *force de frappe* da Escola Positiva Italiana de Antropologia Criminal.[1] GF era um intelectual completo: ele começou com um diploma de direito, passou para história e filosofia política; tudo isso nos três campos da escrita:

não ficção acadêmica, jornalismo e literatura. GF manteve uma correspondência importante com vários intelectuais proeminentes, incluindo Georges Sorel, em um contato iniciado por CL, também sobre a questão do cesarismo, que seria uma tendência particularmente forte na raça latina.[2] GF também foi criticado pelo implacável Gramsci por seu "lorianismo" e por sua participação no que ele descreveu como "socialismo dos professores" (ou seja, um socialismo de tipo acadêmico, mas não relacionado à luta de classes), uma crítica, no entanto, dirigida a toda a Escola Positiva. Uma rápida análise da rede de contatos e dos círculos frequentados por GF mostra, de fato, como naqueles anos houve uma interação contínua entre intelectuais de direita e de esquerda, e um bom exemplo disso é sua amizade sincera com Gaetano Mosca,[3] com quem manteve uma densa correspondência.[4] Em última análise, tratava-se de círculos restritos para os quais o *habitus* de classe acabava por ser um filtro mais eficaz e quotidiano de filiação política:

> Os Rosselli e os Ferrero-Lombroso representam sem dúvida uma "aristocracia cultural", poliglota e móvel. Mas, sobretudo, é uma elite que também se sustenta na força de mulheres intelectuais que, durante o fascismo, conseguiram reunir em torno de si um grande grupo de exilados e montar uma rede internacional de assistência muito antes da promulgação das leis raciais no outono de 1938.[5]

"Ferrero é o último representante entre os vivos da grandeza e da decadência do século XIX [...]. Ao examinar a ruína da civilização antiga, Ferrero reúne os séculos III e XX como dois momentos na história da Europa cujos antigos princípios de autoridade estão falhando e entrando em colapso".[6] Seu livro de maior sucesso é *Grandezza e decadenza di Roma* [Grandeza e decadência de Roma], publicado em cinco volumes entre 1904 e 1907, que também influenciou grandes autores, como Joseph Conrad e James Joyce, e, como veremos mais adiante, permitiu que ele realizasse ciclos de palestras na França, na América do Sul e nos Estados Unidos:

> Ferrero viu esse mundo em plena atividade, no topo da pirâmide, em pleno triunfo do princípio quantitativo. Quando ele parecia invencível, seguro e estável como o granito, e quando a visão dessa vida brilhava na confiança cristalina de um futuro seguro. Pois bem, em seu retorno das duas Américas, onde a civilização moderna estava alcançando suas conquistas mais poderosas; em Paris, Londres e Berlim, de onde as esperanças de vitória ilimitada voavam em direção ao Novo Mundo, Ferrero, na solidão de sua intuição, descobria a fraqueza dos fundamentos sobre os quais se assentava a civilização do mais europeu dos séculos.[7]

Essa é a fina flor da cultura europeia! Ferrero foi quatro vezes indicado para o Prêmio Nobel de Literatura. Em 1924, sua candidatura chegou a ser apresentada pela Academia Brasileira de Letras em nome de Carlos Magalhães de Azeredo, embaixador do Brasil na Santa Sé. Em 1926, ele quase ganhou, mas Grazia Deledda venceu. Não é coincidência o fato de Mussolini nunca o ter submetido a medidas restritivas ou à prisão, apesar de tê-lo vigiado constantemente, por medo das repercussões na opinião pública. Quando GF tomou o caminho do exílio, ele conseguiu obter um visto por meio da intercessão do rei da Bélgica. O próprio Mussolini, além disso, declarava-se um ávido leitor das obras de Ferrero.

O museu criado pelo mestre tinha um lugar central na galáxia [Lombroso]. Portanto, é necessário um breve preâmbulo sobre o contexto dos museus do outro na Itália. Em comparação com as grandes potências, que iniciaram exposições universais já em 1851 (Londres), a Itália ficou para trás, com a única exposição universal de fato realizada em Turim, em 1911, por ocasião do cinquentenário do Reino.[8] Por exemplo, os museus de guerra, que tiveram grande impulso na Grã-Bretanha e na França, especialmente após a Primeira Guerra Mundial, permanecem ausentes ou quase ausentes na Itália, onde há, no máximo, museus militares. Em geral, a vida intelectual reflete a construção do Estado unitário e a criação de novas capitais (Turim, Florença e, finalmente, Roma). Na Itália, há muito menos esforços de centralização e muito mais dispersão, tanto em termos de museus quanto de exposições: isso parece ser uma consequência da tradição de muitas "cidades capitais", em vez de uma centralização acentuada como na grande maioria dos outros países europeus.[9]

Trata-se de um atraso não apenas no campo dos museus como um todo, mas também na institucionalização da antropologia como tal. As revistas e associações de antropologia são pequenos "potentados" com poucos recursos. É sempre útil e interessante estudar seus conselhos editoriais e índices. O *Archivio per l'Antropologia e la Etnologia* [Arquivo de Antropologia e Etnologia], uma revista fundada por PM em 1871, faz uso abundante de grandes nomes estrangeiros em seu conselho. Essa técnica já havia sido utilizada por PM com a fundação e consolidação da Società Italiana di Antropologia e Etnologia [Sociedade Italiana de Antropologia e Etnologia], também criada em 1871, que incluía várias figuras importantes na lista de seus membros honorários (Darwin, Broca, Quatrefages, Bertillon), ao lado de outros que nem sequer eram antropólogos autodidatas. Um caso interessante é o de Dom Pedro II, imperador do Brasil e frequentador dos círculos orientalistas (ele se interessava pelo sânscrito) e antropológicos florentinos.[10]

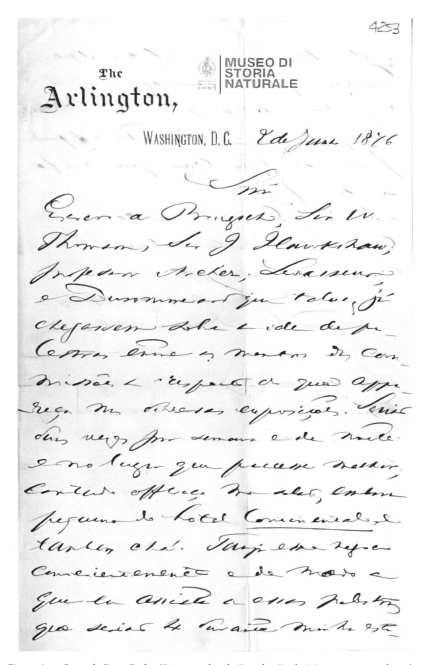

Figura 3a – Carta de Dom Pedro II, imperador do Brasil, a Paolo Mantegazza, conferindo-lhe a principal honraria do Império, a Ordem do Cruzeiro do Sul. Fonte: Correspondência de Paolo Mantegazza, n. 4.253, Arquivo de Papéis do Museu de Antropologia, SMA, Universidade de Florença.

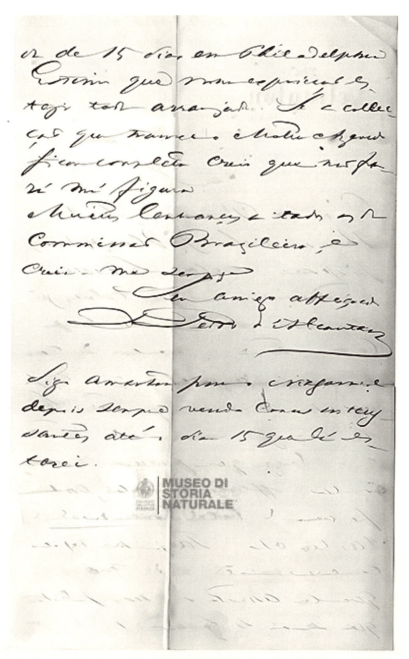

Figura 3b – Carta de Dom Pedro II, imperador do Brasil, a Paolo Mantegazza, conferindo-lhe a principal honraria do Império, a Ordem do Cruzeiro do Sul. Fonte: Correspondência de Paolo Mantegazza, n. 4.253, Arquivo de Papéis do Museu de Antropologia, SMA, Universidade de Florença.

Imediatamente depois, em 1880, surge a revista criada por CL, *AP*, que, ao contrário, tem poucos estrangeiros em seu conselho editorial, mas sempre demonstra uma grande abertura internacional, especialmente nas seções dedicadas a resenhas, crônicas de congressos e associações e revistas estrangeiras. Em 1912, a revista *Lares* foi fundada por Achille Loria em Roma, com o objetivo de estabelecer uma nova centralidade capitolina no campo que mais tarde seria chamado de disciplinas demoetnoantropológicas. Uma das revistas mais antigas é a *Archivio per lo Studio delle Tradizioni Popolari* [Arquivo para o Estudo das Tradições Populares], criada em 1880, em Palermo, por Giuseppe Pitrè. Essa revista, considerada uma revista local, especializada mais em folclore do que em antropologia, investiu muito mais em contatos internacionais do que as revistas de maior prestígio, como a criada por Loria em Roma, em uma tentativa de melhorar seu *status*, a intenção era mostrar que, além do projeto regionalista e sicilianista que representava, ela tratava de questões universais que afetavam vários países.[11]

Cada uma dessas revistas estava associada a um museu. Se havia concorrência entre as revistas, parece que havia ainda mais entre os poucos museus dedicados de alguma forma às disciplinas demoetnoantropológicas ou à celebração da jovem nação e, mais tarde, às colônias e ao colonialismo. Os primeiros podem ser considerados, usando a expressão de Benoît de L'Estoile,[12] como museus "dos outros", enquanto os segundos são museus "de nós mesmos". Os museus e exposições coloniais, mesmo na Itália, onde se desenvolverão relativamente pouco, são tanto museus dos outros quanto museus de nós mesmos, sobre ser italiano e o que seria a alma da nação. Nas duas ou três décadas seguintes à unificação, cria-se uma série de museus dedicados ao Ressurgimento, primeiramente no Norte, mas também no Centro da Itália. Não é coincidência que apenas um tenha sido fundado no Sul da Itália, em Palermo, em 1911, o que corresponde ao 50º aniversário dos Mil,[13] graças aos esforços do historiador Alfonso Sansone.[14]/[15] Além disso, em comparação com a Alemanha, França e Inglaterra (pense no Museu Imperial da Guerra), a Itália tem muito pouco em termos de museus de guerra; de fato apenas o Museu de Rovereto,[16] que é mais um local de homenagem aos mortos de guerra e que também abriga algumas salas coloniais.[17] O mesmo "atraso" ocorre no caso dos museus coloniais propriamente ditos: "por um sentimento nacional de respeito pelo patrimônio cultural dos outros, ou por uma indiferença ou descuido coletivo, entre os povos colonialistas, os italianos são aqueles que, em menor grau, aproveitaram sua posição de dominadores para enriquecer – honesta ou abusivamente – seus museus etnográficos".[18] Também em relação às colônias, não se pode falar de uma política ou um esforço museológico coordenado, mas sim de uma série de esforços individuais e, às vezes, institucionais, visando à coleta. Somente mais tarde, após o fato e com os objetos já na Itália, parte dessas coleções foram transformadas em galerias de museus ou absorvidas por coleções maiores preexistentes.

Um caminho semelhante é o do primeiro museu antropológico propriamente dito, fundado em Florença por PM, em 1869. O Museu de Antropologia é alimentado por coleções antigas, como a Specola Medicea, e as coleções encomendadas pela família Lorena, no comando do Grão-Ducado da Toscana, que reuniram importantes achados de todo o mundo, como materiais adquiridos pela última expedição de James Cook e vendidos a preços de pechincha pelos marinheiros que retornavam à Inglaterra (para compensar salários atrasados!). Ele também abriga material de algumas expedições antigas, como a da corveta *Magenta* em sua viagem ao redor do mundo (1866-1868). Em 1876, Luigi Pigorini fundou o Museu Nacional de Pré-História e Etnologia em Roma, que acabara de se tornar a capital. Ele levou muitos objetos do Museu de Antropologia de Florença, causando grande protesto.[19] Em 1909, Giuseppe Pitrè funda o Museu Etnográfico Siciliano. Em 1911, Lamberto Loria funda o Museu das Artes e Tradições Populares.[20]

Até mesmo os poucos museus de criminologia derivam de pequenas coleções. O Museu de Criminologia foi oficialmente inaugurado em Roma pelo ministro da Justiça, Rocco, em 1931, embora um núcleo inicial já existisse, desde o final do século XIX, como uma ferramenta para a formação da Academia de Polícia e, mais tarde, da polícia forense/científica. Em contraste com o que aconteceu com o Museu de Florença, a coleção inicial desse museu foi "reduzida" por Cesare Lombroso, que, com a autorização do ministro da Justiça, mas novamente causando grande protesto, conseguiu retirar muitos objetos e crânios, argumentando que era de interesse nacional manter uma coleção forte em Turim. Além desses museus propriamente ditos, houve, nos anos de 1880 a 1920, várias exposições nacionais e internacionais de psiquiatria e criminologia, como aquela realizada no Palácio das Belas Artes, em Roma, em 1885,[21] que exibiu objetos associados ao desvio e ao crime, em apoio a teses e pesquisas apresentadas em congressos. O Museu Cesare Lombroso é provavelmente o protótipo do museu do crime e foi criado naquele clima de Ressurgimento, caracterizado mais por um entusiasmo por grandes exposições – na Itália a primeira exposição nacional foi de fato realizada em Turim, em 1884 – do que por um processo planejado de musealização do outro.[22] O museu surge como um museu universitário, quase um laboratório de pesquisa, projetado inicialmente para visitas seletivas; fundado em 1876, ele representa tanto o ponto culminante quanto o ponto de partida da galáxia Lombroso: é sua síntese, ápice e corroboração. Como será visto no capítulo 3, é o Museu Cesare Lombroso que se estabelece como um modelo para vários museus antropológicos e/ou criminológicos na América Latina.

Oficina, museu, revista e sala de estar

Cesare Lombroso era um grande colecionador em um mundo de coleções e colecionadores com os quais mantinha um constante intercâmbio que lhe fornecia artefatos, fotos e objetos de várias regiões italianas e países. Aqui está o que sua filha Gina diz sobre isso:

> Um colecionador nato [...]. Em 1892, ele teve para sua coleção uma fortuna inesperada, ele soube de uma série de peças e modelos anatômicos e instrumentos prisionais, que Beltrani Scalia [ministro do Interior] havia coletado e armazenado na prisão Regina Coeli, com a ideia de mais tarde fazer um Museu Criminal [Lombroso levou tudo para Turim e três dias depois o ministro pediu demissão]. Daquele momento em diante, a coleção cresceu em proporções cúbicas, muitos viajantes começaram a lhe enviar crânios de selvagens de países distantes, o quartel-general da polícia deu-lhe todos os corpos de criminosos que ele considerava interessantes, assim como as outras prisões do Reino. Mas, se o material havia crescido, o espaço para abrigá-lo não havia.[23]

Agora, embora o espaço fosse pequeno e inadequado para um museu de verdade, graças ao seu caráter variado e excepcional, essa era uma coleção que atraía e recebia muitas visitas de acadêmicos, políticos, artistas, escritores e até mesmo curiosos. Posso imaginar que os visitantes começavam sua "peregrinação a Turim" no escritório do professor, depois passavam para o museu e, por fim, talvez não sempre, fossem convidados por CL para a Casa Lombroso.[24]

No gabinete de CL, havia uma combinação de positivismo e socialismo, tudo em doses moderadas e comedidas. De fato, é interessante que, com exceção de Garofalo, que mais tarde entrou para a política como conservador, todos os membros do núcleo duro da galáxia Lombroso tinham pelo menos simpatias socialistas. Niceforo, Sighele, Ferri e Gina colaboraram com a revista

Il Socialismo. Carrara e Ferrero também tinham simpatias socialistas ou, pelo menos, radicais. Ferri chegou a se tornar editor do jornal *Avanti!* em abril de 1903 e líder da corrente intransigente pró-Labriola e contra o chamado "ministrismo" de Turati. Trata-se, de fato, de um socialismo moderado, "dos professores", mais motivado pela necessidade de se destacar como líder intelectual do que por qualquer capacidade ou vontade de se identificar com as massas. No entanto, todos eles, ou quase todos, colaboram e são repetidamente citados na importante revista socialista *Critica Sociale*, especialmente nos anos entre 1900 e 1911, que antecedem a Guerra da Líbia e a Primeira Guerra Mundial. Frequentam o estúdio conservadores (iluminados e sempre cavalheiros), como Gaetano Mosca, e progressistas, como o sociólogo alemão Roberto Michels, o economista Luigi Einaudi e o socialista militante Arturo Labriola.

Depois, há a Casa Lombroso,[25] onde muitos ficam hospedados; outros vêm para almoçar e jantar, especialmente aos domingos. A casa, o estúdio e o museu relacionam-se entre si como vasos comunicantes.[26] No necrológio de CL, publicado em 1910, Humberto Costa, advogado nascido na Amazônia, formado em Recife e colaborador do psiquiatra Juliano Moreira, conta como ele e sua esposa foram recebidos ali, e como CL e sua família, em uma casa relativamente simples, recebiam calorosamente os hóspedes estrangeiros. Muito educados,[27] mas sem se darem muito ares.[28] Nina de Benedetti, esposa de CL e mãe de Gina e Paola, era a figura central na construção da atmosfera familiar de boas-vindas aos visitantes.[29] Nina teve uma educação secular e queria que fosse assim para suas filhas, Gina e Paola. De acordo com Babini, as duas foram, juntamente com Maria Montessori, as italianas mais proeminentes no cenário acadêmico da época, quase exclusivamente masculino. A mãe Nina, amante da música, atuou como secretária e transcritora de Caesar. As filhas cuidaram da divulgação do trabalho do pai, especialmente Gina, mas também foram capazes de trilhar seu próprio caminho e até mesmo de se tornarem feministas *ante litteram*, enquanto se dedicavam às suas famílias e a seus maridos (famosos). Paola casa-se com Mario Carrara, e Gina, com GF, ambos não judeus. Também nisso elas diferiam da tradição judaica. Na virada do século XIX para o XX, Gina realiza o que chamaríamos de pesquisa sociológica sobre a pobreza urbana e rural e colabora, como quase todos os membros da escola de CL, com jornais e revistas socialistas. Ela se destaca pela publicação de sua tese em Medicina, seu segundo diploma após o de Letras, cujo título provocativo é *I vantaggi della degenerazione* [As vantagens da degeneração] (1904). Ela combina o amor e a lealdade ao pai com um espírito independente e inconformista, inspirada em Anna Kuliscioff, companheira de Filippo Turati e *habituée* da Casa Lombroso. O próprio CL tende a concordar com os julgamentos de Kuliscioff, mesmo sobre o casamento e o pouco uso de festas de casamento. E é discretamente que Gina comemora seu casamento com GF.

Babini e Calloni definem a Nova Escola Positiva como um exemplo de ciência de família, algo diferente de um centro de pesquisa convencional, menos frio e anônimo.[30] Por *family science* ou *home science* entende-se um paradigma científico criado antes e talvez até mesmo contra a institucionalização das ciências sociais, e em torno de uma família e seus acólitos. Na *home science*, a autoridade científica constrói-se em formas centradas mais em relações de *status* do que em relações contratuais. Os mecanismos de reciprocidade eram essenciais, a lealdade exigida era absoluta, a crítica da periferia para o centro dificilmente era aceita, esperava-se magnanimidade e generosidade do vate e de seu círculo íntimo. Por um lado, ter uma rede que funcionasse e corroborasse as teses emanadas do centro era essencial para o prestígio do paradigma. Por outro, o uso de palavras duras, até mesmo insultos, contra os opositores era não apenas permissível, mas uma prática comum na época.[31] De fato, os oponentes eram frequentemente retratados como verdadeiros inimigos. A dureza dessas trocas de palavras é, no entanto, atenuada pela intimidade dos relacionamentos na rede, que, em vez de ser anônima, une pessoas geralmente de "boa família", entre as quais, apesar das grandes diferenças até mesmo políticas, afirma-se frequentemente uma forte solidariedade de classe. Isso pode ser visto, por exemplo, na rede de solidariedade mobilizada por CL quando sua filha Paola foi condenada a três meses de prisão, ganhando até mesmo o apoio de conservadores como Gaetano Mosca, ou, muito mais tarde, no caso da expulsão de Mario Carrara do magistério por ser um dos 12 professores que se recusaram a jurar fidelidade ao fascismo, ou no apoio às atividades antifascistas e antissemitas da dupla Ferrero-Lombroso na Suíça.

Interessante nesse sentido é o conteúdo do longo obituário de CL escrito por Roberto Michels na revista *AP*, em 1910. Vejamos isso em detalhes. Ele começa afirmando que, embora CL nunca tenha renunciado às pedras angulares de seu sistema, "Lombroso, cujo trabalho essencial consistiu na fenomenologia do indivíduo isolado e no exame das especialidades anatômicas e psicopáticas do homem solteiro, como o verdadeiro cientista que era, começou, sem demora e com intrepidez, a estudar os fenômenos sociais coletivos".[32] Em outras palavras, enquanto mantinha certo ecletismo teórico e insistia, de tempos em tempos e até o fim, na importância da raça na criminogênese sulista, CL passou de um discurso amplamente individual sobre o atavismo para um discurso amplamente coletivo sobre a degeneração. Em parte, devido à influência de seus jovens colaboradores Ferrero e Sighele, o atavismo para Lombroso tornou-se cada vez mais um fenômeno psicológico, verificável em formas e fenômenos culturais específicos, em vez de um fenômeno biológico e, portanto, verificável em corpos: quase um sinônimo de atraso ou grosseria.[33] Nesse processo, o conceito de raça também passa do biológico para o cultural, quase uma expressão do passado, de tradições e culturas antigas. Michels enfatiza que CL era um defensor dos oprimidos e isso também o levou a entender muitos comportamentos, tendo até mesmo escrito em um artigo, no *Avanti!*, em 1906: "É muito bom punir o regicídio, mas o liberticídio não é um crime igualmente grande, do qual muitos juízes se tornam cúmplices?". Mais uma vez, Michels[34] descreve a família Lombroso como "muito interessada em assuntos políticos e não escondia de forma alguma a simpatia pela jovem causa do proletariado internacional [...] afetada pelo altruísmo e patriotismo que considerava o socialismo a única salvação para a perigosa sorte da amada Itália". Para Michels, Lombroso é radical em sua oposição ao governo Giolitti e também anticlerical. Além disso, em Turim, a Casa Lombroso é talvez o salão intelectual mais importante da cidade. A gentileza e a afeição dos membros da família contribuem para a atmosfera de grande abertura para as muitas pessoas de fora, que regularmente passam seus dias lá, como nos almoços de domingo: "Nunca esquecerei os almoços intelectuais e as longas e belas noites". Muitas pessoas interessantes de vários países passam por lá: socialistas, sociólogos, altos funcionários, diplomatas, filantropos, orientalistas, teóricos antirracistas,[35] ganhadores do Prêmio Nobel da Paz,[36] educadores, industriais antiprotecionistas,[37] escritoras feministas,[38] nobres, socialistas-luteranos,[39] artistas e médicos. Uma mistura interessante, interclassista e cosmopolita que traduz bem a ideia do ambiente do que Gramsci chamava sarcasticamente de "socialismo de professores".

Resta saber se, em uma época de paradigmas em construção e instituições científicas ainda francamente fracas, isso que chamo de *home science* não foi, em última análise, a estratégia mais inteligente para conquistar seguidores. Gina diz na biografia de seu pai: "Ser diretor de uma escola, assim como de qualquer direção moral, econômica ou social, não é uma coisa fácil. Não só requer um gênio intuitivo supremo [...], mas também um grande amor pelos homens, uma grande generosidade e uma extraordinária modéstia".[40] E CL administrava tudo, sempre com pouco dinheiro, pessoalmente ou contratando colaboradores que sempre permaneceram leais a ele, mesmo depois de sua morte, como Ferri, Garofalo e Carrara: "Das páginas de seu diário, Lombroso, como o piloto do leme do navio, dirige os movimentos de sua escola".[41] E, como em qualquer *home science* que se preze, "'ai daqueles que ousarem tocar em seus íntimos'. Então Lombroso mudava de caráter. Ele, geralmente tão bom e brando em seus julgamentos, tornava-se então ferro e fogo. Ele não admitia críticas".[42] A revista *AP* era o principal veículo. Por exemplo, em um comentário anônimo, mas por trás do qual a caneta de CL é vislumbrada, diz-se que Lévy-Bruhl escreveu uma crítica de *L'uomo delinquente* [O homem delinquente] tão desleixada, que mostra que ele provavelmente nem tinha lido a obra. Também no mesmo estilo, um comentário anônimo, mas provavelmente de CL, dirigido a um texto publicado no número 22 da revista *Archivio per l'Antropologia e la Etnologia*: "Não vale a pena responder".

Eu diria que o documento mais completo e elaborado sobre a lógica interna e o *modus vivendi* dessa *home science* é a biografia de CL escrita por Gina e republicada várias vezes, com pequenas alterações e novos documentos adicionados a cada edição subsequente.[43] Aqui eu me limito à última edição de 1921. Ela foi escrita em um tom hagiográfico. Vejamos algumas frases:

> Por ter nascido em uma família rica, que não teve necessidade de criá-lo para buscar posições ou amizades, riquezas e honras, ele obterá as virtudes que são próprias dos aristocratas, essa autoconfiança, esse desprezo pela opinião pública [...]. [CL estuda com Paolo Marzolo, mas, por] natureza, por raça [CL é judeu], por educação, por sentimento, mestre e discípulo são bastante diferentes [...]. Por volta dos anos 1870 e 1880, uma falange de pessoas correu em sua direção [...], até mesmo das partes mais distantes do mundo, da Rússia, da Alemanha, da Índia, do Brasil, da Argentina [...]. Todos elegantes e impressionados com as duas pequenas celas na via Po ou no estúdio de casa [...]. Lombroso nunca estava sozinho, ele sempre queria ter nós jovens por perto, quando estava escrevendo [...]. Um discípulo apresentou-se espontaneamente, em 1906 [...]. Assim que se instalou em Turim, Ferri tornou-se irmão, amigo e até pai de Lombroso [...]. Sem nenhuma ajuda do governo ou amizade política, com falta de dinheiro [...]. Fundou uma escola, porque Lombroso não podia, como os antigos fundadores de ordens sagradas, abrir um convento [...]. Se Lombroso não pudesse abrir um convento [...], ele deveria ter pelo menos um jornal [...]. [...] A fundação do *Archivio* [Arquivo] foi talvez a maior alegria que Lombroso teve em sua vida [...]. Das páginas de seu diário, Lombroso, como o piloto no leme de seu navio, dirige os movimentos de sua escola [...]. Lombroso e Max Nordau, que vieram da mesma raça, compartilhavam muitas qualidades além de seu gênio, aquele dom acima de tudo, que consiste na necessidade quase mórbida de ajudar os outros.[44]

A galáxia Lombroso, portanto, também funcionava graças à revista *AP*. Já na segunda edição, os diretores da revista são o próprio CL, Garofalo e Ferri (em 1894, Garofalo sai não apenas por discordância, mas principalmente porque entra para a política); dois anos depois Morselli[45] entra na política. A revista também foi uma ferramenta importante para tecer e manter uma rede internacional em torno da Escola Positiva. A grande influência internacional de CL e de sua escola é elogiada, repetidamente e em vários comentários publicados, pelos próprios diretores da revista: por exemplo, referindo-se em 1889 a um texto de Costa Lima, do Rio de Janeiro, o revisor anônimo indica a grande influência da Escola Positiva "naquele país jovem e destinado a um grande futuro" (p. 463).

"Ferri e eu apoiamos um sistema no qual negamos enfaticamente o livre-arbítrio e a imortalidade da alma. Estamos [...] muito convencidos de que até mesmo a crença religiosa é o resultado de temperamento individual, hereditariedade, educação e do ambiente para acreditar que um fenômeno social tão importante possa ser combatido com sermões e livros." Nesse artigo de CL, publicado no volume XII da revista *AP*, 1891, na página 589, o espírito inspirador da revista aparece bem resumido. Todos os nomes mais importantes da Escola Positiva colaboram com a *AP*: Ferri, Garofalo, GF, Niceforo, Carrara, Sighele, Morselli, Sergi. Não são apenas os tópicos tratados por CL que são atraentes, mas também aqueles expostos por outros. Por exemplo, o texto de Sighele sobre a multidão delinquente foi um grande sucesso, como livro e como artigo de revista. Ele discutia psicologia, psiquiatria, sexologia, criminologia, direito, estrutura familiar, a personalidade das mulheres (era uma época de debates sobre o assunto e sufragistas). Por exemplo, em uma edição, no volume XIV, abordam-se tópicos tão diversos quanto *Gli spettri* [Os espectros] de Ibsen e a psiquiatria (CL), poemas eróticos de um brigante (bandido ou jagunço), tatuagens, mães imprudentes, estatísticas sobre a criminalidade e, é claro, craniologia. Na história da revista,[46] há mudanças importantes que correspondem a várias fases:

1) a primeira fase de construção, até 1885;
2) o surgimento da Escola Positiva, que durou até 1899. Nesse ano, o pesquisador brasileiro Motta, o jurista Vieira de Araújo e o psiquiatra Afrânio Peixoto são resenhados em duas páginas, em que é mencionada a grande popularidade da Escola Positiva na América Latina (p. 203). Já em 1889, no entanto, há referências ao Brasil, incluindo uma resenha muito interessante

de um livro de Aurelino Leal sobre prisões na Bahia – imundas em todos os sentidos. Parece um texto sobre a situação das prisões baianas hoje;

3) a partir de 1886, uma série de subtemas diferenciam-se. Aparecem a mediunidade e o magnetismo, os campos penal e psiquiátrico também apresentam diferenças geográficas – os latino-americanos quase sempre intervêm no campo penal ou da psiquiatria propriamente dita e nunca no campo da antropologia física, para o qual os autores de língua alemã contribuem em primeiro lugar;

4) após a morte de CL em 1909, Carrara assumiu a direção da revista e da cátedra. A rede de editores internacionais é mantida. De tempos em tempos, há também referências à África, e Lincoln Decastro, médico responsável pela saúde, é o correspondente de Adis Abeba. As pessoas continuam enviando fotos e documentos para a redação, também da América Latina;

5) com o advento do fascismo, uma tendência já evidente na administração da revista por Carrara foi reforçada, consistindo em transformá-la em uma revista de medicina forense com cada vez menos foco na antropologia. As relações com a América Latina enfraquecem-se, mas não desaparecem, e ainda em 1924 a revista publica um suplemento fotográfico relativamente visível com fotos da penitenciária-modelo do Carandiru, em São Paulo;

6) na última fase, após a morte de Carrara, os que dirigem a *AP* são médicos, antropólogos e criminologistas fascistas que a transformam em uma tribuna do racismo imperialista.[47]

Em cada edição, há uma seção de resumos comentados das principais revistas internacionais e de muitos livros. Desde o início, mas com mais intensidade a partir de 1895, a revista publica textos em até seis idiomas, enquanto outros aparecem ali indiretamente porque são traduzidos, como o russo e o holandês. O idioma principal continua sendo o italiano, mas o espanhol e o português aparecem bastante, especialmente entre os livros e revistas resenhados, embora menos do que o francês e o alemão, porém muito mais do que o inglês. Embora CL e os outros revisassem textos em espanhol e português, e esses dois idiomas estivessem em pé de igualdade com os outros, fica claro que há um lugar específico para os autores latino-americanos, menos central do que para os autores europeus, mas menos marginal do que eles teriam mais tarde nas revistas científicas francesas e inglesas, a partir da década de 1930.

A rede internacional: o exterior como uma brecha

Ao analisar a revista e a correspondência,[48] bem como fontes secundárias, podemos identificar o formato e a profundidade de uma grande rede internacional. Apesar das muitas lacunas na documentação dispersa de hoje, podemos perceber uma grande popularidade das ideias de Lombroso em sua época e também nos anos seguintes à sua morte. Estas são ideias que exercem uma atração, mesmo que ele desenvolva relativamente pouca disseminação direta. Na correspondência encontrada nos arquivos do Museu Cesare Lombroso em Turim, há cartas de Durkheim, Nordau, Herzl, Mosca, Michels, Sorel, Turati e muitos outros. A rede desenvolve-se a partir da Itália, onde os contatos são mais densos e contínuos, e onde ela inclui não apenas cientistas, mas também juristas e médicos como diretores de hospitais, prisões e asilos. Em seguida, há a rede europeia, que se adensa principalmente na França, na Alemanha,[49] na Espanha, na Holanda, em Portugal e na Rússia. Fora da Europa, a América Latina predomina, em particular a Argentina, Cuba, o México, o Brasil e o Peru; com referências ocasionais à América Central, ao Chile e à Colômbia. Há também contatos com diretores de instituições correcionais (que às vezes também são pesquisadores) nos Estados Unidos, na Índia e na Austrália, na África Francesa e, após 1910, na África Italiana.

Para entender a estrutura e a lógica da rede, as traduções e resenhas de Lombroso de livros e revistas da *AP* também são esclarecedoras. As obras de CL foram rapidamente traduzidas para o francês, depois para o espanhol e o português, para o alemão e só mais tarde para o inglês. Curiosamente, *La donna delinquente*, cuja primeira edição é de 1880, foi a primeira obra traduzida para esse idioma, já em 1895, enquanto *L'uomo delinquente* só teve sua primeira versão em inglês, em 1911, por Gina Lombroso – quase 30 anos após a tradução para o francês e o espanhol.[50] Nos países anglo-saxões, CL era mais popular entre os altos funcionários do sistema penitenciário do que entre os cientistas, enquanto foi precisamente nesses países que medidas eugênicas radicais, como esterilização ou castração, foram realmente implementadas: medidas contra as quais a Nova Escola Positiva Italiana manifestou-se repetidamente, mesmo nas páginas da *AP*. Pelo contrário, na América Latina, apesar do fervor do debate eugênico e das muitas propostas, até mesmo radicais, em termos de restrição e eliminação, quase nada foi de fato implementado. De acordo com Nancy Stepan, em seu estudo clássico sobre a eugênica na América Latina, se a eugênica com uma orientação fortemente positiva se opõe a medidas como a esterilização, isso se deve também à força, embora de inércia, do pensamento católico e da Igreja na região (Stepan, 1991). Uma certa indiferença na literatura anglo-saxônica em relação às contribuições de outros idiomas é um problema de longa data, desde o início da criminologia.[51]

A revista *AP* é, no entanto, um indicador fiel de um interesse crescente na América do Sul entre os autores da Escola Positiva, bem como um forte aumento nas colaborações de pesquisadores sul-americanos com a revista. Nos primeiros volumes, até o quinto, não há contribuições das Américas. Mas, a partir do volume XIV, a revista está repleta de resenhas de livros e periódicos sul-americanos. Muitas dessas resenhas também servem para elogiar a escola de Turim, que, no exterior e especialmente na América Latina, ganharia o reconhecimento que estava lutando para receber em seu país. Em uma resenha da *Revista General de Legislación y Jurisprudencia*, de Madri, julho-agosto de 1892, publicada no mesmo ano, presumivelmente por CL, lê-se: "Qualquer nação gostaria de ter a honra de ter dado o berço à nova escola de direito penal". O comentário de Ardu (certamente um pseudônimo) ao livro de memórias *Estudios de antropología criminal*, apresentado na Exposição Internacional de Chicago de 1893 pelos Drs. Martínez Baca e Vergara, de Puebla, México (*AP*, vol. XIV, p. 495).[52]

No entanto, não faltam críticas extremamente negativas, no tom quase cruel que era característico da escola de Turim. Vejamos um caso emblemático:

> Esta é uma edição de um livro que não merece nenhuma tradução. Eu gostaria de dizer que muitos daqueles que afirmam ditar sobre antropologia criminal nem sequer sabem o que é isso. [...] Ele cita várias obras nossas, mas não creio que ele nos tenha entendido (apesar dos muitos elogios que dispensaríamos porque nos desonram)".[53]

Outro bom indicador da intensidade dos contatos com a América do Sul, a Espanha e Portugal, além do estudo da correspondência e da revista *AP*, são os textos de Gina Lombroso sobre seu pai; em sua biografia, por exemplo, Gina menciona como contatos Salillas na Espanha, Matos em Portugal, Drago na Argentina e Nina Rodrigues no Brasil,[54] bem como o fato de que os reformadores do Porto e de Lisboa também seriam projetados de acordo com as orientações de CL. A criação de revistas e a organização de congressos na América do Sul, na Espanha e em Portugal também refletem uma forte influência de CL e de sua escola e mostram como a revista *AP* e os congressos da Escola Positiva se tornam um modelo. Esse é o caso da fundação, em 1885, do *Arquivo Brasileiro de Jurisprudência*, bem como da formação, em 1888, em Buenos Aires, da Sociedad de Antropología Jurídica, cujos inspiradores são Ramos Mejía e Antonio Piñeiro. Em 1888, em Madri, Ángel María Álvarez Taladriz e Cesare Silio fundam a *Revista de Antropologia Criminal* e, em Portugal, é fundada a Sociedade Carlos Ribeiro, à qual se junta, no ano seguinte, a *Revista de Ciências Naturais e Sociais*, publicada entre 1889 e 1898, seguida pela revista *Portugália*, publicada entre 1899 e 1908; ambas estão intimamente ligadas à *AP*.[55]

No mesmo período, questões associadas ao crime e às prisões foram tratadas em várias teses apresentadas na Escola Médico-Cirúrgica do Porto, citando Lombroso e a Escola Positiva com frequência.[56] Em 1889, o Congresso Jurídico de Lisboa apontou a Escola Positiva como uma linha de orientação. No Brasil, já em 1890, João Vieira de Araújo comentou o Código Penal Brasileiro de acordo com os ditames da nova ciência. Varejão[57] argumenta que foi, sem dúvida, Vieira de Araújo o primeiro acadêmico a introduzir a escola italiana de direito penal no Brasil, partindo da Faculdade de Direito do Recife, onde era professor, a escola italiana de direito penal que era dirigida por CL.

Vejamos agora uma pequena cronologia dessas influências lombrosianas, decorrentes também do fato de que CL, a partir de 1890, começou a escrever com certa regularidade em pelo menos dois jornais diários, *La Nación*, de Buenos Aires, e *L'Italia*, de Montevidéu.[58] Em 1891, no debate sobre o Código Argentino, há sugestões para incorporar propostas de CL, como reparações às vítimas e penas mais severas para reincidentes. Em 1892, a revista *Nueva Ciencia Jurídica* foi fundada em Madri. Em 1893, é realizado em Bruxelas o III Congresso de Antropologia Criminal: participam João Carlos Teixeira Brandão (diretor de Assistência aos Alienados no Rio de Janeiro), Don Hemmeleers (Paraguai), Manuel Munez (Peru), Ramón Macias (embaixador do México), entre outros. E, em 1894, a revista *La Nueva Escuela* foi fundada em Buenos Aires. Dois anos depois, realiza-se o Congresso de Antropologia Criminal em Amsterdã. Do Brasil vem Pedro de Araújo Beltrão e de Buenos Aires, Domingo Cabred (diretor do asilo *open door*). Salillas funda outro laboratório em Madri. No mesmo ano, a revista *AP* publica textos de Afrânio Peixoto (cujo nome é erroneamente grafado como Julio Afranio Reiscoto), M. B. Calmon du Pin e Almeida, do Brasil; e de Francisco de Vega, Miguel Rodríguez, Domingo Cabred, Ernesto Quesada, da Argentina. Finalmente, em 1906, o Congresso de Antropologia Criminal foi realizado em Turim, com a participação, entre muitos outros, de Francesco Falco, italiano, mas fundador de uma escola próspera em Cuba, e do Dr. Montané, professor de antropologia em Havana. Havia também representantes do México, de

Portugal, da Espanha e do Brasil. O próprio CL, em sua Introdução à tradução italiana do livro de Drago, afirma que, na Europa, foi na Espanha e em Portugal que a Escola Positiva foi mais ouvida.

A Espanha e Portugal são particularmente importantes nesse circuito internacional, tanto porque, em ambos os países, a Escola Positiva se impõe tanto no componente associado à psiquiatria quanto no direito, e porque representam pontes para o Brasil e para a América de língua espanhola. Foi na Espanha e em Portugal que foram feitas as primeiras traduções e organizadas as primeiras conferências internacionais em português e espanhol. Além disso, as relações entre a América Latina e os países ibéricos eram intensas naqueles anos, e ainda havia muitos filhos da burguesia crioula estudando ou passando pelo ambiente intelectual e acadêmico ibérico. Isso também era verdade para o Brasil, em relação a Portugal,[59] principalmente nos estudos jurídicos, e para Cuba, que só se tornou independente da Espanha em 1900. Fernando Ortiz, por exemplo, estudou na Espanha pouco antes e depois da Guerra da Independência de Cuba. Vários autores, como Maristany[60] e, mais recentemente, Campos e Huertas,[61] mostram como, já em 1880, e especialmente entre os cientistas de inspiração anticlerical, socialista ou anarquista, as ideias da Escola Positiva foram seguidas com interesse na Espanha, onde foram reinterpretadas, misturando-as com as influências da escola francesa de criminologia. Maristany[62] cita uma observação de Pio Baroja de que, naqueles anos, cada cidade da Espanha tinha seu próprio CL. Os nomes mais importantes foram Rafael Salillas, também descrito por Pio Baroja como o "pequeno Lombroso espanhol", e, mais tarde, Gregorio Marañón. A influência da Escola Positiva continuou a ser fortemente sentida na Espanha republicana – e anticlerical –, quando até Mario Carrara, já expulso da universidade italiana por não jurar fidelidade ao fascismo, foi convidado a dar palestras em 1936--1938.[63] Campos e Huertas[64] destacam como na Espanha, mais do que uma adoção acrítica das ideias de CL, entre 1880 e o final da década de 1930, houve uma apropriação parcial e eclética delas, frequentemente iniciada pelos partidos socialistas e anticlericais, mas também usada pelo regime de Franco: "Em um país como a Espanha, onde quase não há "Lombrosos", o trabalho de Lombroso foi disseminado e usado por várias razões. O italiano acabou triunfando de uma maneira muito diferente do que ele imaginava". O resultado desses intercâmbios foi que, por volta da década de 1920, existiam laboratórios de "criminologia biológica" não apenas em Portugal e na Espanha, mas também em Cuba e na Argentina, e que na década seguinte foram criados laboratórios desse tipo também no México e no Brasil. Em resumo, embora

CL não tenha viajado muito, ele estabeleceu uma ampla rede de correspondentes e admiradores. Isso ajudou a abrir caminho para que seus colaboradores viajassem para a América Latina, a Espanha e Portugal. Como veremos mais adiante, Gina Lombroso e GF estiveram na região como "os olhos e a boca de Lombroso", Enrico Ferri foi para lá duas vezes, Mario Carrara recebeu um convite para se estabelecer no México e depois, como já mencionado, para realizar um ciclo de palestras na Espanha republicana (para as quais ele foi autorizado a viajar para o exterior, apesar de ter perdido recentemente sua cátedra por se recusar a jurar fidelidade ao fascismo). Vários foram os sul-americanos que foram à Itália para visitar primeiro CL e seu museu, depois Enrico Ferri e sua Escola Positiva de direito e, finalmente, os cursos de criminalística criados por Ottolenghi.

Um olhar sobre Cuba, o México e a Argentina

O que Nina Rodrigues foi para o Brasil, ou seja, o primeiro etnógrafo "moderno" das culturas negras, Fernando Ortiz foi para Cuba.[65] Entre 1902 e 1906, Ortiz divulgou a criminologia positiva na revista *Azul y Rojo*, adaptando à situação cubana dois princípios lombrosianos, o atavismo e a propensão ao crime das raças primitivas. Ortiz e Nina Rodrigues tinham quase a mesma idade, mas os contatos com Lombroso e Ferri foram muito mais intensos para o primeiro, que a partir de 1903, por três anos, também foi conselheiro consular (ou *attaché* cultural) nos consulados cubanos em Marselha e Gênova (com apenas 23 anos, ele já era formado em direito). Ortiz iniciou sua carreira nas ciências sociais, como muitos na América Latina, como jurista. E ele usou a toga por muitos anos, contribuindo, sob a influência de Ferri, para a reformulação do Código Penal cubano em 1926.[66] Em Gênova, ele assiste a palestras do sociólogo Alfonso Asturaro e lê Croce e Labriola. Encontra Ferri em um café em Bolonha e torna-se um visitante frequente dele. De Gênova, ele visita CL em Turim, aparentemente com alguma regularidade, e publica três artigos na revista *AP*. E é em Turim que Ortiz conhece os escritos de Nina Rodrigues, graças ao próprio CL, que ele cita devidamente em seu *Los negros brujos*.[67] Nesse contexto, Ortiz também se tornou um grande articulador de contatos científicos, políticos e intelectuais entre a nova Cuba, independente e positivista, e a Itália Pós-Ressurgimento. Entre os dois países, ele argumenta, há muito tempo existia um "flerte", testemunhado pela grande presença de italianos como voluntários nas tropas da independência.[68] O Ressurgimento, acrescenta Ortiz, é um ideal reinterpretado em Cuba. De fato, há paralelos óbvios entre Fernando Ortiz e Nina Rodrigues: ambos eram positivistas, ligados à escola de CL e excelentes etnógrafos. De fato, antropólogos *ante litteram*. A principal diferença, eu diria, é a duração da vida deles. Nina Rodrigues morreu cedo, aos 45 anos, e Ortiz, aos 87 anos. O primeiro não teve tempo de cair em si, por exemplo, sobre sua crença na existência de raças humanas, enquanto o segundo foi capaz de mudar sua posição de acordo com os tempos. Ele começou como racialista, e seu *Los negros brujos* tinha um ótimo Prefácio de CL, mas em 1944, quatro anos após a publicação de *Contrapunteo cubano del tabaco y el azúcar* (que, em sua versão em inglês, tinha uma Introdução de Malinowski), ele publicou um importante ensaio contra o racismo: *El engaño de las razas*. Uma vida longa permitiu que ele percorresse quase toda a gênese do pensamento racial, desde seu surgimento até seu descrédito no contexto científico. É preciso lembrar que tanto Nina Rodrigues quanto Ortiz beberam, especialmente nos primeiros anos de suas atividades de pesquisa, da mesma fonte da biblioteca colonial para a catalogação das culturas africanas, com tipos superiores e inferiores. Para ambos, os africanos, na época chamados de "sudaneses", eram considerados culturalmente apolíneos, como intérpretes das formas mais cultas e sofisticadas de culturas africanas, enquanto os "bantu" representavam as culturas africanas do tipo dionisíaco e, portanto, menos desenvolvidas.

Como já mencionado, Ortiz foi conselheiro consular da jovem República cubana em Marselha e Gênova. Durante os três anos que passou lá, além de visitar a casa de Lombroso em Turim, ele se familiarizou com as ciências sociais na Itália. De fato, *Los negros brujos* foi escrito em Gênova, e as muitas referências a autores italianos atestam isso. CL pede-lhe textos e ele publicou três ensaios na revista *AP*. Ortiz também se familiariza com o mundo do espiritismo italiano, justamente nos últimos anos das atividades de CL, aqueles em que o velho Lombroso, para desespero de sua família, se aproxima ainda mais do espiritismo e da "etnografia das almas".[69] A Cuba republicana e positivista está entre os países latino-americanos que mais se interessaram pela escola italiana de antropologia criminológica e tentaram colocar em prática certas medidas em asilos e prisões. Os contatos entre os cubanos e as ciências sociais italianas são, no entanto, ainda mais antigos e remontam à rede criada por PM, que incluía o médico ítalo-cubano Francesco Falco, que mais tarde se tornou o contato da Escola Positiva em Cuba.

No México, já no final do século XIX, a Biblioteca Sociológica Internacional traduz e publica Mantegazza, Ferri, Colajanni e Sergi. Logo depois, Ferrero,

Loria e De Amicis também são traduzidos, e depois Sighele. Em 1940, foi publicada a biografia de CL escrita por Gina, com uma Introdução do conhecido penalista J. A. Ceniceros (que havia colaborado com Ferri no novo Código Penal do Distrito Federal Mexicano de 1929). Pareto, Mosca, Salvemini e, novamente em 1968, Niceforo também foram traduzidos. Em sua antologia sobre as influências italianas nas ciências sociais mexicanas, Mariella Berra (1991) mostra que o primeiro criminologista científico mexicano foi Rafael de Zayas, com sua *Fisiología del crimen. Estudio jurídico-sociológico* (1886), e Francisco Martínez Baca e Manuel Vergara, autores do *Estudios de antropología criminal* (1892), também pertencem à tradição lombrosiana. Um detalhe interessante é que, para esses pesquisadores mexicanos, um paralelo entre o México e a Itália era constituído pelas suas respectivas populações "problemáticas": para os mexicanos, as populações do Sul da Itália eram muito semelhantes à sua população indígena, em termos de comportamento e, talvez, indolência. Dos países latino-americanos, a Argentina é, sem dúvida, o primeiro a criar fortes contatos com a produção intelectual e a pesquisa na Itália. Esses contatos são mantidos e fortalecidos ao longo do tempo, especialmente até a Segunda Guerra Mundial. Acima de tudo, o ambiente em Buenos Aires é muito propenso a receber ideias, símbolos e até objetos de arte italianos. A partir de 1890, cria-se um autêntico mercado de objetos de arte da Itália ou produzidos na Argentina por italianos e em estilos reconhecidos como italianos.[70] Nesse sentido, a recepção das ideias da galáxia Lombroso na Argentina ocorre em um ambiente muito mais saturado de italianos e "italianidade" do que em Cuba, no México ou no Brasil, onde as relações com a Itália, com exceção parcial de São Paulo, eram de um tipo diferente, mais romântico do que real. Há também uma antiga presença italiana no campo intelectual. Veja, por exemplo, a revista *Joven Argentina*, inspirada na *Giovine Italia* de Mazzini e na rede internacional que se estendia ao seu redor. Um dos campos de estudo mais orientados para a Itália foi a antropologia criminal. O pioneiro foi Francisco Ramos Mejía, autor de *Historia de la evolución argentina* e *El federalismo argentino*. Ele também estudou o suicídio, inspirado por Morselli (um autor que, além de CL, também inspirou Durkheim), e fundou com Antonio Piñeiro, já em 1888, em Buenos Aires, uma Sociedad de Antropología Jurídica sobre o Homem Delinquente. Logo CL estabeleceu contatos sólidos não apenas com ele, mas também com José María Ramos Mejía, N. Pineo e L. Drago.[71] Na Introdução à tradução de *I criminali-nati* [Criminosos natos] de Drago (1890), Lombroso refere-se a J. M. Mejía como um dos maiores alienistas do mundo. Muitas citações das obras desses autores argentinos podem ser encontradas nas obras de CL, bem como na revista *AP*.[72] Em alguns casos, porém, há erros de transcrição de títulos e/ou sobrenomes, especialmente quando se trata de volumes de Lombroso publicados fora do idioma original. Não raramente, essas referências a autores estrangeiros, como era comum em Lombroso, faziam parte de um projeto real para confirmar a força e a difusão internacional de suas teorias ou serviam para indicar sua propagação para outros países, em vez de serem o resultado de um trabalho cuidadoso de análise ou pesquisa comparativa.[73]

A força da presença italiana, dentro de uma influência europeia mais ampla, obviamente também está associada à imigração. Caimari[74] diz: "Na Argentina, a recepção da antropologia criminal não pode ser separada do contexto geral da época, composto de imigração maciça, explosão urbana, aumento da criminalidade e consequente preocupação generalizada com a identidade dos 'novos delinquentes'". É um contexto que também gera novas possibilidades para o desenvolvimento de redes e trajetórias intelectuais transnacionais, muitas vezes de alta complexidade.

Um exemplo dessa complexidade das trajetórias dos intelectuais latino-americanos e da influência da escola italiana sobre eles é o caso de José Ingenieros (1877-1925), considerado por muitos como o pai da moderna sociologia argentina. Nascido como Giuseppe Ingegneri em Palermo, cidade que deu seu nome a uma rua, e mudou-se para Buenos Aires ainda criança, com seu pai intelectual de simpatias socialistas. Em sua intensa mas relativamente curta carreira profissional (morreu relativamente jovem), ele abraçou o positivismo, o racialismo hegemônico, a Escola Positiva, o "socialismo dos professores" e, finalmente, o anarquismo e até mesmo o comunismo e a celebração de uma cultura inerentemente romântica específica da América Latina. De hipernacionalista e defensor de um certo socialismo nacionalista e corporativista, e até mesmo do "imperialismo" argentino em relação à região (em sua opinião, todas as nações querem ser imperialistas em um determinado momento de seu desenvolvimento, e isso leva à paz, e não à guerra; o Brasil poderia lutar por um papel na região, mas estava em desvantagem étnica), ele se tornou adepto de um discurso de solidariedade latino-americana, anti-imperialista e antirracista. Ele tentou combinar o biologismo de Spencer com a sociologia econômica de Loria. Estava convencido de que os chamados países jovens, como a Argentina e a Austrália, onde a grande maioria da população era de origem europeia, tomariam o lugar dos países decadentes do Velho Mundo. Ele era um neuropatologista interessado, com ímpeto nacionalista, na composição social da Argentina que estava lidando com problemas que na Itália seriam reconhecidos na chamada "questão social", mas que na Argentina não tinham essa configuração. Em 1898, funda com o anarquista italiano Pietro Gori, exilado da Itália e estabelecido em Buenos Aires por quatro anos (Rotondo, 2014), a revista *La Semana Médica*, posteriormente transformada em *Archivos de Psiquiatría y Criminología* (uma clara referência à revista de CL), que dirige até 1913, na qual Afrânio Peixoto e Nina Rodrigues publicam alguns artigos.[75] De 1904 a 1911, José Ingenieros dirige a Sala de Observación de Alienados de la Policía de la Capital Federal. Mais tarde, funda a *Revista de Filosofía* e a editora La Cultura Argentina. Morre em 1925, lamentado por muitos, inclusive por Morselli, que ele dizia ser seu melhor amigo na Itália.[76] Seu último texto é uma ode a José Vasconcelos e suas ideias de uma raça cósmica latino-americana.

Além do México, de Cuba e da Argentina, a rede e as ideias de CL e da Escola Positiva também chegaram a outros países, como a Colômbia, o Peru e a Bolívia, países mencionados com certa regularidade na revista *AP*, mas também na revista *Archivio per l'Antropologia e la Etnologia* de PM. Nesses países também, o debate nas elites intelectuais sobre a "qualidade" das pessoas, especialmente dos nativos, é muito forte nos anos entre 1880 e 1920. O fato de CL ter mencionado em seus escritos anteriores sobre raça, especialmente *L'uomo bianco e l'uomo di colore*, os traços atávicos nas "raças inferiores", citando o caso da Bolívia e do Peru, sem dúvida contribuiu para alimentar o interesse em suas teorias. Um exemplo nesse sentido podem ser as observações realizadas pelo médico Abraham Rodríguez na penitenciária de Lima, que estabeleceram uma associação entre o conceito de criminoso nato e as deformações plagiocefálicas frequentes em criminosos indígenas.[77] O desenvolvimento das ideias de CL e sua reinterpretação nos países andinos e centro-americanos mereceriam uma pesquisa específica e aprofundada. Essas reinterpretações, por sua vez, foram importantes para o debate sobre as qualidades das populações latino-americanas e das influências indígenas que continuou a se acirrar nesses países até a década de 1930, inspirado por vários autores, principalmente José Ingenieros, intérprete até quase o final de sua vida de uma leitura pessimista das qualidades nativas dos povos latino-americanos, e o mexicano Juan Vasconcelos, intérprete de uma leitura positiva da presença indígena.[78]

No Brasil

Se na Argentina os intercâmbios se iniciam por volta de 1885, com Drago e Ramos Mejía, é a partir de 1894 que há evidências concretas de intercâmbios entre intelectuais brasileiros e a Escola Positiva. Castiglione,[79] analisando a revista *AP*, elabora uma genealogia das influências lombrosianas no Brasil: elas começariam com João Vieira de Araújo e Tobias Barreto, da Faculdade de Direito do Recife, o primeiro um verdadeiro seguidor da Escola Positiva, o segundo admirador, mas de posições críticas da ciência de CL, cujo estilo hiperbólico ele considera típico de quando os médicos "invadem campos de estudo de outros". Viriam depois Clóvis Beviláqua, A. J. de Macedo Soares, V. A. de Melo Franco, Alcântara Machado, Raimundo Nina Rodrigues, Viveiros de Castro, Roberto Lyra, Cândido Mota, Moniz Sodré, Leonídio Ribeiro ("entre todos os médicos do país, é o mais eficiente divulgador da Escola Positiva, tendo recebido o Prêmio Lombroso da Accademia di Medicina d'Italia")[80] e, finalmente, Afrânio Peixoto ("que não nega uma predisposição biológica para o crime; ele apenas discute se foi capaz de identificar a natureza dessa predisposição").[81] Há também dois autores baianos cujos livros são resenhados na revista *AP*:[82] Manoel Bernardo Calmon du Pin e Almeida, *Degenerados criminosos*, de 1898, que foi resumido e apreciado por Marro, e Antônio Ribeiro Gonçalves, *Menores delinquentes*, de 1907, que foi resenhado em detalhes[83] por Agosti.[84] Também na *AP*, Mario Carrara analisa duas publicações sobre o Brasil, de Viveiros de Castro, *A nova escola penal*, de 1894,[85] e de G. Bruni, *O suicídio na capital federal*.[86]

Koch-Ammassari[87] sustenta que Nina Rodrigues tem uma função central nesses intercâmbios, repete que ele foi chamado de "o apóstolo da antropologia criminal no Novo Mundo"[88] e continua afirmando que "Nina Rodrigues, o cientista forense e animador da escola baiana, colaborou com esse arquivo e dedicou seu trabalho, *As raças humanas e a responsabilidade penal no Brasil*, de 1894, a Lombroso, Garofalo, Ferri, Tarde e Lacassagne". De fato, além de Nina Rodrigues, havia muitos que citavam a Escola Positiva e se diziam seus herdeiros ou mesmo apóstolos dela. Até mesmo Aurelino de Araújo Leal, em *Germens do crime*, de 1896, também cita profusamente esses autores. Além de Euclides da Cunha, que é mais fiel a Tarde, Gumplowicz e Sighele, que ele cita repetidamente em seu clássico *Os sertões*, também são identificadas no volume *Raça e assimilação*, de Oliveira Viana, citações, entre outros, de Niceforo e Gini.

Lombroso já está presente na imprensa brasileira em 1892 e, a partir de 1900, as citações de seu nome e as referências à sua pesquisa aumentam. Um estudo das citações do nome de CL no *Jornal do Brasil* é eloquente. Os artigos de CL sobre a "guerra inútil" no Transvaal são traduzidos e publicados em 1900 (*Jornal do Brasil* de 7 de janeiro de 1900). No mesmo jornal, aparecem referências à sabedoria e à onisciência de CL, citadas e consultadas como se ele fosse um oráculo a quem se pode perguntar todo tipo de coisa: "seria melhor mandá-lo para o sábio Lombroso para que ele possa estudar esse caso esquecido de neurastenia"; ou "eu adoraria saber o que Lombroso diria nesse caso"; ou a seguinte legenda de *charge*, "há ladrões instruídos hoje em dia que discutem direito penal e citam Lombroso"; ou "Você já leu Lombroso?". Além disso, CL é muito citado na coluna Lo Spiritismo: Manual Científico e Popular [O Espiritismo: Manual Científico e Popular], em que está escrito que o Brasil cita a autoridade do "honrado materialista Cesare Lombroso", ou, em 17 de junho de 1901, "o comprometido israelita Lombroso", um "médico racionalista", um "arquimaterialista confesso", que teria reconhecido o fenômeno ao se converter ao espiritismo, mostrando o quão longe a escolha espírita do velho Lombroso havia chegado a ser conhecida e comentada na América Latina. Em 1901, vários artigos aparecem sobre o casamento de Gina com GF. E, em 2 de dezembro de 1901, comenta-se que CL é contra sentenças de morte cruéis e dolorosas, como a de choque elétrico. Ele propõe o uso de gases como o clorofórmio e o éter, que, ao contrário, causariam alucinações agradáveis. Isso não seria uma vingança contra a sociedade, mas um meio de suprimir um indivíduo perigoso, cuja descendência poderia, por sua vez, tornar-se um perigo para a sociedade. Em 11 de junho de 1902, o jornal comenta a eleição de uma minoria de socialistas intelectuais nas eleições municipais italianas, entre as quais a presença do professor Lombroso. Lembre-se de que no mesmo jornal havia uma seção regularmente dedicada a notícias da Itália, provavelmente destinada à grande comunidade italiana.

Em seu estudo aprofundado sobre as influências do positivismo italiano na formação das ciências sociais no Brasil, Koch-Ammassari[89] mostra como CL, PM e GF são os três autores italianos mais presentes – depois de Ferri e Loria – nas bibliotecas brasileiras onde realizou pesquisas (Faculdade de Letras e Filosofia da Universidade de São Paulo, Biblioteca Nacional, Casa Rui Barbosa e Universidade Federal de Pernambuco). Já conhecido por Sílvio Romero e Tobias Barreto,[90] mas também um dos primeiros a mencionar CL, é, no entanto, João Vieira de Araújo, em *Ensaios de direito penal* (1884), quem também é o primeiro a fazer referências detalhadas à obra *L'uomo delinquente*, de CL.⁹¹ É o mesmo autor, com o livro *A nova escola penal* (1894), que efetivamente divulga a escola italiana no Brasil, em *Ensaios de direito penal* e *A revisão do Código Penal*.⁹² Logo depois, é Nina Rodrigues quem trabalha diretamente com a escola italiana. Ele começa dedicando seu livro *As raças humanas* a CL e sua escola (mas também a Lacassagne); mais tarde, CL escreve um Prefácio (tímido) para seu primeiro livro propriamente dito, *As coletividades anormais*. Aurelino de Araújo, em *Germens do crime*, de 1896, retoma *As raças humanas* de Nina Rodrigues e cita profusamente a escola italiana. Tito Lívio de Castro faz o mesmo em seu *A mulher e a sociogenia* (1893), com Introdução de Sílvio Romero.⁹³ Afrânio Peixoto (médico), Oliveira Vianna (professor de história e direito penal) e Roquette-Pinto (médico, antropólogo) também conhecem bem a Escola Positiva Italiana. Por sua vez, Euclides da Cunha, autor do famoso *Os sertões* sobre a revolta de Canudos de 1896, inspirou-se no ensaio de Sighele sobre a multidão. Em geral, Achille Loria também era muito respeitado, talvez porque ele também, como Ferrero, representava uma interseção de positivismo e socialismo; uma vulgarização de Marx, como afirmava Gramsci.⁹⁴

Com relação a Nina Rodrigues, é importante ressaltar que Gina Lombroso o menciona duas vezes em sua biografia do pai,⁹⁵ mas não parece saber muito sobre ele ou se interessar pelos detalhes: ela diz que Ramos Mejía na Argentina, Salillas na Espanha e o advogado Nina Rodrigues no Brasil aplicam as novas ideias da cátedra em prisões, asilos e julgamentos criminais em seus países; mais adiante, diz que em 1886 Luigi del Drago (novamente um nome escrito errado) publicou um estudo profundo sobre criminosos natos, e Nina Rodriguez (e aqui o sobrenome está até mal escrito, com "z" no final), um estudo semelhante no Brasil.⁹⁶ Podemos nos perguntar se a força da conexão Nina Rodrigues-CL é enfatizada principalmente pelo lado brasileiro. Isso é possível, considerando o prestígio que o contato com o estúdio de CL proporcionava no Brasil e também considerando que, naqueles anos, as relações intelectuais entre a Europa e a América do Sul eram relativamente iguais. O mesmo procedimento de *calling names* (citando os nomes de colegas conhecidos para dar a si mesmo algum crédito) foi seguido 30 anos depois por Leonídio Ribeiro no campo das chamadas ciências policiais, um campo que, como veremos mais adiante, viu as influências de Lombroso continuarem por algum tempo. Houve, de fato, durante um longo período, um uso e abuso do nome de Lombroso, que se tornou até mesmo um símbolo de *status*.⁹⁷

A dualidade medicina-direito da escola italiana encontra terreno fértil no Brasil, onde também existia. No Brasil, até meados da década de 1930, não havia universidades propriamente ditas, apenas faculdades, especialmente de Direito e Medicina, bem como institutos politécnicos, muitas vezes pertencentes ao Exército. Desde o início do século, a antropologia existia em sua variante físico-biológica e apenas no Museu Nacional do Rio de Janeiro, onde o principal expoente era Roquette-Pinto, que, no entanto, começou a desenvolver também a pesquisa etnográfica, especialmente entre os povos indígenas. Para a sociologia, a situação foi semelhante. Começa-se a lecionar oficialmente somente em 1932, muito tarde, mesmo em comparação com o resto da América Latina. Entretanto, embora as ciências sociais ainda não existiam como disciplinas propriamente ditas, no período entre 1890 e a Primeira Guerra Mundial, a medicina era frequentemente definida como uma ciência social. A primeira cátedra de antropologia só é criada no final da década de 1930, já sob a égide da França e dos Estados Unidos, e é atribuída ao psiquiatra Arthur Ramos, uma figura exemplar na consolidação da antropologia cultural no Brasil, que citava Sergi e Labriola e foi o arquiteto da redescoberta das publicações de Nina Rodrigues e da transformação deste último no "primeiro etnógrafo" do Brasil. A criação da Cátedra de Antropologia atribuída a Ramos e, de modo mais geral, o processo que leva à formação e à institucionalização da antropologia nas nascentes universidades brasileiras corresponde à diminuição da influência da Escola Positiva Italiana. No estudo desses intercâmbios e trânsitos internacionais de ideias, é necessário perguntar quais sejam os canais de comunicação, qual seja o papel dos livros e periódicos, bibliotecas e livrarias, quais sejam os filtros institucionais do conhecimento científico. Além disso, é importante saber quem – em termos de histórico social, origem étnica e geográfica – entrava em contato com as ideias importadas e quem as defendia.[98] A complexidade do quadro de relações é ainda maior quando se considera que, da perspectiva latino-americana, as ideias não são apenas importadas, mas também exportadas, pelo menos para a Itália, a Espanha e Portugal, como no caso de Nina Rodrigues e da importante presença de autores latino-americanos na revista *AP*.[99] Portanto, não se trata de uma subalternidade absoluta do contexto intelectual latino-americano. De fato, assim como em outros países da região, como por exemplo na Bolívia, o estudo das citações mostra que muitas vezes são menções indiretas, de autores que, por exemplo, citavam CL.[100] Tratava-se, portanto, do conhecimento indireto, e não da leitura cuidadosa das obras de CL e de outros autores da Escola Positiva, o que parece indicar uma metodologia em relações internacionais inspirada mais por um certo ecletismo e "antropofagia" do que por uma subalternidade unidirecional. Além disso, como mostra Fernando de Azevedo em *Princípios de sociologia*, várias correntes de pensamento europeias foram recebidas e, de fato, adaptadas no Brasil, sempre inspiradas por um certo ecletismo. Ele destaca a influência de quatro diferentes orientações europeias na formação das ciências sociais no Brasil: o positivismo, o evolucionismo, a escola antropológica italiana e as teorias antropogeográficas.[101] Azevedo caracteriza a escola italiana como uma verdadeira escola de pensamento, com continuidade temporal e temática. De fato, as ideias positivistas espalhavam-se quase simultaneamente e de maneira substancialmente semelhante na Itália e no Brasil, e em ambos os países havia ecletismo[102] – outro aspecto que indica uma certa semelhança de contextos acadêmicos!

No Brasil, o projeto do ministro das Relações Exteriores da República, o famoso Barão Rio Branco, cuja biografia não foi poupada em tinta,[103] voltado para a promoção de uma imagem positiva do Brasil para a Europa e também para a América do Norte, certamente contribuiu não pouco para o sucesso da galáxia Lombroso. O objetivo era tanto melhorar a imagem do país, manchada pela escravidão até sua tardia Abolição em 1888, quanto influenciar positiva e seletivamente o grande processo migratório rumo ao Brasil, atraindo também técnicos e intelectuais. A criação da Academia Brasileira de Letras em 1889, também desejada por Rio Branco, passou a representar um importante instrumento: era uma estrutura, inspirada em sua congênere francesa, de celebração da intelectualidade nacional e sua promoção no exterior, por meio de viagens internacionais de "acadêmicos imortais" brasileiros, convites a intelectuais estrangeiros e criação da cadeira de membro correspondente, para a qual foram sempre escolhidos escritores, intelectuais, pensadores e pesquisadores estrangeiros de renome; basta pensar que o primeiro membro correspondente foi nada menos que Herbert Spencer.[104] Veremos no próximo capítulo como esse projeto de promover uma imagem positiva do Brasil no cenário internacional foi bem aproveitado por vários autores associados a CL, que assim obtiveram um público internacional muito mais difícil de alcançar no continente europeu, onde o ensino das ciências sociais e médicas já estava saturado pela produção de países centrais, como França, Inglaterra e Alemanha. De certa forma, a Itália, além de Portugal e da Espanha, tornou-se a ponte para um diálogo entre a elite intelectual brasileira e o "pensamento europeu".

Notas

1. Sobre a grande influência de Achille Loria entre positivistas e progressistas no Brasil, onde o movimento socialista tinha relativamente poucos seguidores entre os intelectuais em comparação com a Itália, consulte o meticuloso estudo de Marcela Varejão (1997).
2. Simonetti, 1972.
3. Mongardini, 1980.
4. Como acontece com muitos outros autores da Escola Positiva, há também para GF, nas últimas duas décadas, um novo interesse entre os pesquisadores. Desde 1993, o Conselho Nacional de Pesquisa italiano (CNR) tem financiado um grupo de pesquisa sobre ele, com o objetivo de produzir uma série de trabalhos, como Calloni & Cedroni (1997).
5. Calloni & Cedroni, 1997, p. 26.
6. Raditza, 1939, p. 13.
7. *Idem*, pp. 15-16.
8. Labanca, 1992, p. 35.
9. Para uma boa referência sobre essa discussão, veja Pogliano & Cassata (2011).
10. Lowndes, 2009.
11. Cirese, 1996.
12. L'Estoile, 2007.
13. Silvano Montaldo lembra que 1911 foi uma data acompanhada pela caravana garibaldina nacional, uma série de *shows* espetaculares, com figurantes vestidos e armados como em 1860--1861, a pé e a cavalo, em praças e grandes teatros em todo o país, que tiveram grande audiência (Cecchinato, 2007).
14. Baioni, 1994, pp. 178-185; Brancato, 1975, p. 23.
15. Gostaria de fazer uma observação aqui sobre o projeto de Alfonso Sansone (1853-1930), meu bisavô, que estava tão intimamente relacionado ao projeto de Pitrè de resgatar as tradições folclóricas sicilianas quanto ao regionalismo, desde a Exposição Nacional de 1891 em Palermo até a consolidação do fascismo. Em um contexto de debate sobre a italianidade, ou mesmo a europeidade ou brancura, dos sicilianos – um debate internacional aguçado pelo assassinato do policial ítalo-americano Joe Petrosino pela máfia em Palermo –, um grupo de intelectuais sicilianos, homens de letras e políticos, com Alfonso Sansone e Giuseppe Pitrè na linha de frente, desenvolve uma série de ações: cria o Museu de Storia Patria, o único no Sul da Itália, para mostrar como os sicilianos, em vez de serem objetos, contribuíram para o Ressurgimento e a Unificação da Itália; ele destaca o esforço pelo país, mas também a sicilianidade de grandes figuras da ilha, como Francesco Crispi, que vinha da minoria albanesa; celebra e divulga a riqueza das tradições populares sicilianas e também da cultura e da literatura sicilianas, para mostrar tanto a diferença dos sicilianos em relação aos italianos no continente, bem como seu grau de desenvolvimento e civilização, que devia muito ao passado árabe e que faria dos sicilianos um povo semita, mas não africano. Portanto, não foi coincidência que a arquitetura dos pavilhões da Exposição Nacional de 1891 em Palermo, projetada pelo arquiteto Basile, tenha feito homenagem e referência às influências árabes na cultura siciliana – em um movimento verdadeiramente contracultural se pensarmos em como, naqueles anos, na Europa continental e especialmente na França, o mundo árabe era representado como o oposto do Ocidente, arcaico e motivo de "atraso".
16. Baioni, 1994, p. 173.
17. Labanca, 1992, pp. 123-142.

18 Grottanelli, *apud idem*, p. 48.
19 Nobili, 1990.
20 Em 2016, o Museu Etnográfico Pré-Histórico "Luigi Pigorini", o Museu das Artes e Tradições Populares, o Museu da Idade Média Antiga e o Museu de Arte Oriental "Giuseppe Tucci" foram fundidos para formar o novo Museu das Civilizações, em um processo que, em minha opinião, lembra a formação do Museu das Artes Primárias, 15 anos antes, em Paris.
21 Knepper, 2018, p. 10.
22 Em quase todos os museus italianos que lidavam com populações na época, a questão da "raça" estava presente. Nesse sentido, havia três áreas ou tipos de coleções: museus do crime; museus africanos ou coloniais (mais presentes no Norte da Itália), especialmente no Piemonte (Pennacini, 1999); museus de anatomia ou genética (Universidade de Turim e Universidade de Roma).
23 G. Lombroso, 1921, p. 323.
24 Para obter uma descrição detalhada dos vários aspectos do Museu Cesare Lombroso, consulte o excelente volume editado por Silvano Montaldo e Paolo Tappero (2009b).
25 D'Orsi, 2009.
26 É interessante ver como o clima da Casa Lombroso lembra o da Casa Ortiz em Havana, à qual Miguel Barnet (1998) refere-se como uma "casa-templo": um pequeno e agradável palácio no qual a Fundação Fernando Ortiz funciona desde 1998, onde durante décadas foram elaborados projetos de lei e de pesquisa, foram feitas políticas, foram recebidos visitantes ilustres e também foi realizado um salão. Podemos imaginar que muito do que Ortiz aprendeu em Turim com CL em termos de *home science* pode ter sido útil para ele quando, recém-casado, estabeleceu sua casa-templo em Havana.
27 H. Costa, 1910, pp. 31-37.
28 Costa foi convidado em 1906 para a comemoração do 50º aniversário da carreira de CL em Turim, que contou com a presença de vários brasileiros, incluindo Juliano Moreira.
29 Babini, 2007; Dolza, 1991.
30 Calloni, 2003; Babini, 2007.
31 Houve um exemplo famoso disso no Brasil, na dura troca de opiniões e insultos genuínos (até mesmo raciais, com o primeiro chamando o segundo de "mestiço feio") entre Sílvio Romero e José Veríssimo, ambos admiradores *sui generis* da Escola Positiva.
32 Michels, 1910, p. 353.
33 Frigessi, 2003, p. 364.
34 Michels, 1910, p. 356.
35 Jean Finot, judeu nascido em Finckelhaut, na Polônia, que se tornou francês, é o autor da importante obra *Le préjugé des races* (1906) e um dos principais organizadores do Congresso Internacional de Raças realizado em Londres, em 1911, juntamente com William Du Bois e com o apoio de Franz Boas (consulte o capítulo 1, nota de rodapé 19; Spiller, 1911; Souza & Santos, 2012). De 1910 até sua morte em 1922, ele foi membro correspondente da prestigiosa Academia Brasileira de Letras, sucedendo Herbert Spencer, que ocupou o cargo de 1898 a 1902. Como veremos mais adiante, Guglielmo Ferrero também se tornaria um "imortal" dessa academia, sucedendo Giosuè Carducci. Após a morte de Ferrero, nenhum outro italiano nunca mais foi convidado como membro correspondente da Academia.
36 Teodoro Moneta, a quem foi concedido em 1907.
37 Edoardo Giretti.
38 A sueca Ellen Key. Lembre-se de que Anna Kuliscioff, nascida Rozenštein na Rússia e também judia, companheira de Filippo Turati, frequentava a casa e teve grande influência intelectualmente

e também em termos de estilo de vida e visões de relações de gênero em suas irmãs Paola e Gina Lombroso.

39 O holandês Ferdinand Domela Nieuwenhuis, na residência de quem o anarquista Pietro Gori se refugiou por volta de 1906, em um de seus exílios.

40 G. Lombroso, 1921, p. 217.

41 *Idem*, p. 254.

42 *Idem*, p. 393.

43 De acordo com o hábito do próprio CL de publicar edições sucessivas modificando e aumentando a quantidade de texto da versão anterior, mas mantendo quase sempre o mesmo título.

44 *Idem, passim*.

45 É interessante notar como muitos de nossos personagens se tornam senadores do Reino: Michele Amari (já senador em 1861 e sem relações com Lombroso), PM, Ferri e Garofalo.

46 Que, de fato, deixou de ser publicada em 1938, para ser retomada após a guerra, como uma revista exclusivamente de antropologia forense e com recursos provenientes de companhias de seguro.

47 Agradeço a Silvano Montaldo por me lembrar dessa última, e mais triste, fase da revista.

48 Em 2018, foi lançada a plataforma <www.lombrosoproject.unito.it>, que, pela primeira vez, reúne em um único *site* cópias digitais da correspondência de Cesare Lombroso, cujos originais se encontram em arquivos de todo o mundo.

49 O estudo dessa correspondência confirma o que Michels, no obituário mencionado acima, conclui sobre o relacionamento entre CL e a Alemanha. Por um lado, CL tinha medo da Alemanha, especialmente de seu nacionalismo e das muitas teorias que sugeriam a superioridade dos loiros e dos "arianos", e na política preferia a França e a Inglaterra. Por outro, ele sempre reconheceu a importância da cultura alemã em sua educação. Isso também fica evidente pela intensidade de contatos com autores vienenses, muitos deles judeus. Há, por exemplo, uma conexão entre CL, Max Nordau e Otto Weininger. O conceito de degeneração, sexualizado em Weininger, está presente em tantos artistas e intelectuais vienenses, incluindo Stefan Zweig, que tentou se regenerar de tantas ideias e coisas em um novo país como o Brasil, fracassando. Suicidou-se com sua esposa Lotte em Petrópolis, em 23 de fevereiro de 1942, deixando uma famosa carta na qual pedia desculpas ao Brasil pelo gesto. Nos anos 1890-1900, Nordau e Freud assistiram juntos às palestras de Jean-Marie Charcot sobre decadência na clínica Salpêtrière, em Paris. Weininger escreveu *Geschlecht und Charakter* e ficou famoso. E ambos fizeram seus doutorados com Charcot sobre histeria. Richard von Krafft-Ebing foi outro psiquiatra interessado na degeneração e na relação entre ela e a sexualidade, como bem mostra seu livro mais famoso, *Psychopathia sexualis*. A Viena de antes da Grande Guerra foi atravessada por movimentos artísticos, como o Jung-Wien, inspirado por uma *Gefühlskultur*. Contra essa tendência de "confundir coisas", bem como sentidos e sentimentos, como em Gustav Klimt, Egon Schiele e Oskar Kokoschka, uma série de intelectuais, incluindo Zweig, Musil, Schönberg, Wittgenstein, D. H. Lorenz, Kafka e Joyce, sentiram-se atraídos pela busca de uma pureza moral, alimentada por linhas claras, e repudiavam a decadência "católica" dos Habsburgos (Oosterhuis, 1998; Laarse, 1998; Schwegman, 1998). A questão da identidade está em jogo em todos eles. As respostas variam. Freud, também convencido de que a psique é algo formado atavicamente, desenvolve a ideia de uma identidade que tem raízes em nosso passado, mas que é criada em um contexto relacional. Evidentemente, é uma rede que conhece o pensamento de CL, entende-o em seu seio e mostra como as ideias da Escola Positiva estavam no centro

50 Rafter & Ystehede, 2009, p. 281.
51 A Nova Escola Positiva levou muito tempo para ser traduzida nos países de língua inglesa, e o mesmo aplica-se à *liberation criminology* que nos é contemporânea e forte tanto na América Latina quanto na Itália (Melossi, Sozzo & Sparks, 2011, p. 6).
52 Na mesma edição do volume XIV, Juan Vucetich, diretor da polícia científica argentina, declarou que as impressões digitais também indicam certos comportamentos de um criminoso nato: "Observei que os criminosos cujo polegar direito tem a figura classificada com a letra Y são quase todos sanguinários e aqueles com a letra S são ladrões" (p. 132). Aparentemente insatisfeito com o brilhantismo de sua descoberta sobre o caráter único das impressões digitais, algo que o fez se tornar, juntamente com Alphonse Bertillon na França, o inventor do método de identificação policial centrado nas impressões digitais (Giuliano, 2011), Vucetich sentiu, portanto, a necessidade de ir além, descobrindo não apenas o indivíduo, mas também um tipo de comportamento: ele acreditava que as marcas corporais, além de estabelecer com precisão a identidade de um indivíduo, também poderiam revelar pistas sobre a psique e o comportamento.
53 Resenha de Lombroso sobre o livro *Antropología y derecho* (Madri, 1893), atribuído por ele a Manuel Torres Campos, mas na verdade traduzido por ele e com um Apêndice sobre antropologia criminal (o autor era na verdade o português João Jacinto Tavares de Medeiros); *AP*, vol. XIV, 1893, p. 599.
54 G. Lombroso, 1921, p. 253.
55 Uma análise dessas revistas mostra que, desde o início, elas mantêm contato com antropólogos e institutos em Portugal. E é, muitas vezes, graças a colegas portugueses que são feitos contatos da Itália com colegas no Brasil. Vejamos alguns exemplos. No volume 1 da revista *Archivi per lo Studio delle Tradizioni Popolari* (editor Giuseppe Pitrè, publicado em Palermo), encontramos um texto em português, "Fabua da India Portuguesa (Goa)", e várias resenhas cheias de elogios de duas revistas portuguesas, *Revista Científica da Universidade do Porto* e *Anais das Tradições Populares Portuguesas* (ambas de 1882). Na revista *Archivi per l'Antropologia e l'Etnologia* (diretor PM, fundada em 1876), a tradução para o português e a publicação em Portugal de várias obras de PM são repetidamente celebradas. Na revista *AP* (diretor CL, diretor-adjunto Enrico Ferri), o foco no contexto português está fortemente presente: Em 1889, é publicada uma resenha de Alfredo Luiz Lopes, "Estudo estatístico da criminalidade em Portugal, Lisboa"; alguns anos mais tarde, em 1897-1898, é celebrada a criação dos *Arquivos de Jurisprudência Médica em Antropologia* por Teixeira Brandão; e em 1903 é elogiada a tradução portuguesa do livro *Manual de sociologia geral* de Enrico Morselli (1852-1929). No decorrer dessa pesquisa, encontrei várias outras referências a Portugal: 1) em Portugal, a chamada "Geração de 1895" redefine e moderniza as políticas coloniais. Seu expoente mais importante foi António Enes, segundo o qual as leis tinham de ser adaptadas ao estado de evolução das sociedades em que eram aplicadas. Em geral, os historiadores de Portugal sugerem que Enes, e também o governador de Moçambique, De Albuquerque, foram inspirados pelo *indirect rule* do Império britânico. Eu defendo que eles também se inspiraram na Escola Positiva Italiana de criminologia e direito, para a qual é o criminoso, e não o crime, que deve ser analisado e julgado e, em um julgamento, mais do que a universalidade da lei, o estudo do contexto em que o criminoso viveu e onde o crime ocorreu deve pesar. 2) Em sua primeira e única viagem à Europa, Nina Rodrigues, antes de viajar para Lyon e Turim, participou do XV Congresso Internacional de Medicina em Lisboa, em abril de 1906. E foi em Lisboa que ele foi diagnosticado com a doença que o

⁵⁶ mataria pouco tempo depois. 3) Um outro exemplo da continuidade das influências da Escola Positiva sobre a "policiologia" até a década de 1930, na América do Sul e em Portugal, é dado pelo fato de que no Congresso Nacional de Identificação de 1934, no Rio de Janeiro, havia dois delegados internacionais, ambos portugueses, Luis Reyna Almandes e António Mendes Correia, este último um antropólogo da Universidade do Porto, que mais tarde se tornaria o mais conhecido antropólogo português (M. Corrêa, 2000, p. 251).

⁵⁶ Certamente, Gina Lombroso exagera ao enfatizar certa onipresença de Lombroso e sua escola. Muitas das referências dadas por Gina também são aproximadas ou imprecisas. Isso, no entanto, não significa que a influência de CL na Espanha e em Portugal não tenha sido muito forte. Para o caso português, o melhor texto e mais detalhado é a tese de doutorado de Patrícia Matos (2012). Para a Espanha, ver Maristany (1973).

⁵⁷ Varejão, 2005, p. 415.

⁵⁸ Recalcitrante no início, CL concorda em receber pagamento por essas colaborações. Afinal, muitos de seus colaboradores complementavam o salário relativamente pequeno que recebiam como professores em universidades italianas, com colaborações em jornais italianos e estrangeiros, palestras pagas e cursos ministrados em universidades estrangeiras.

⁵⁹ Como já mencionado, em Portugal também houve um uso da Escola Positiva na definição de um estatuto legal e diferenciado para os súditos africanos, e parece que António Enes (1848-1901) manteve uma correspondência com a Escola Positiva.

⁶⁰ Maristany, 1973.

⁶¹ Campos & Huertas, 2013.

⁶² Maristany, 1973.

⁶³ É interessante que Carrara tenha conseguido permissão para sair da Itália para dar essas conferências, aparentemente até graças à intercessão do próprio Mussolini. Veja a correspondência no fundo Mario Carrara, nos arquivos do Museu Cesare Lombroso da Universidade de Turim.

⁶⁴ Campos & Huertas, 2013, p. 321.

⁶⁵ Palmié, 2002, 2010.

⁶⁶ Basso & Olgiati, 1989, p. 42; Orovio & Mulero, 2005.

⁶⁷ De certa forma, CL é o primeiro promotor de uma perspectiva transnacional sobre as expressões religiosas e culturais negras no Novo Mundo; um papel que mais tarde seria desenvolvido e detalhado por antropólogos culturais norte-americanos e franceses, cujo pioneiro foi Melville Herskovits, seguido por Roger Bastide, Pierre Verger e outros. Paradoxalmente, aos olhos desses antropólogos culturais, a partir da década de 1940, o nexo lombrosiano entre Ortiz e Nina Rodrigues era de pouco interesse e o próprio CL era considerado apenas um criminalista antiquado.

⁶⁸ Ortiz, 1909, 1917.

⁶⁹ Como CL, e talvez até mesmo inspirado por ele, Ortiz aventura-se no espiritismo e no positivismo espírita, nos quais há almas mais ou menos desenvolvidas que o veem como um elemento alternativo ou moderador da noção de atavismo (consulte Basso & Olgiati, 1989; Bronfman, 2002, 2004; Font & Quiroz, 2005; Díaz-Quiñones, 2016, pp. 204-225). Um primeiro estudo da correspondência entre Ortiz e a Escola Positiva, parte dela em italiano, abrangendo o período de 1907 a 1917, realizado no mês de julho de 2023, na coleção de manuscritos de Ortiz na Biblioteca Nacional José Martí e na Biblioteca da Faculdade de Letras da Universidade de Havana, revelou pistas interessantes sobre seus primeiros anos como etnógrafo, criminologista, jurista, higienista e entusiasta do espiritismo.

⁷⁰ Baldassarre, 2007.

71 Barbano, Barbé & Olivieri, 1992, p. 409.
72 Deve-se acrescentar que, na revista *Criminologia Moderna* (1898-1901), dirigida por Pietro Gori, e, mais tarde, na revista *Archivos de Psiquiatría y Criminología* (1903-1923), dirigida por José Ingenieros, publicavam regularmente todos os principais adeptos da Escola Positiva.
73 Eugenia Scarzanella (1998) mostra como a figura do "*lunfardo*" (um termo que descreve tanto o dialeto quanto os habitantes de Buenos Aires e sua província, especialmente a classe baixa) representa, com sua companheira, a prostituta crioula, o exemplo clássico de alguém que não se integra à economia, mas apenas ao modelo de consumo. Para uma visão mais ampla da imigração italiana para a Argentina naqueles anos, consulte também Scarzanella (1999). Com relação à história da questão racial na Argentina, veja o trabalho de Julia Rodríguez (2006). É interessante notar que, nos mesmos anos, criaram-se duas figuras "a serem temidas" na imprensa popular: em Buenos Aires, o "*lunfardo*", de origem italiana, e, no Rio de Janeiro, o "malandro", em sua maioria de origem africana; ambos eram personificados por homens sem emprego fixo, muito presentes na vida noturna, bem vestidos e irônicos com a polícia.
74 Caimari, 2009, p. 196.
75 Sobre essa revista, ver Mailhe (2016). Afrânio Peixoto visita o Museu de La Plata e o laboratório de Vucetich em 1904, outros pesquisadores brasileiros farão isso logo em seguida.
76 Para conhecer suas obras completas, consulte Ingenieros (1940), e, para sua bibliografia, Roig (1973); e, sobretudo, a mais recente e excelente nova biografia (Plotkin, 2021).
77 Aguirre, 2005; Caimari, 2009.
78 Casaús Arzú, 2008.
79 Castiglione, 1962.
80 *Idem*, p. 290.
81 *Idem*, p. 285.
82 AP, vol. XXI, 1900, pp. 137-138.
83 AP, vol. XXVIII, 1907, pp. 602-603.
84 No mesmo livro, diz-se de Ortiz, citando as últimas linhas da tradução portuguesa de *A filosofia penal dos espíritos* (trad. Imbassahy, s.d., pp. 227-228): "Enquanto o evolucionismo é um princípio da ciência, o lombrosianismo, em sua afirmação fundamental, será uma verdade, uma exigência da civilização".
85 De acordo com Koch-Ammassari (1992), o livro de Viveiros de Castro, *A nova escola penal*, publicado em 1913, foi essencial para divulgar e vulgarizar a escola italiana de antropologia criminal no Brasil.
86 Veja a referência a Viveiros de Castro em Braga-Pinto (2014).
87 Koch-Ammassari, 1992, p. 199.
88 O termo "apóstolo" é recorrente quando nos referimos a Nina Rodrigues. Por exemplo, os editores da *Revista Brasileira de Criminologia* (2, 1948, p. 45) escreveram: "Nina Rodrigues foi considerado por Lombroso como o apóstolo da Antropologia Criminal no Novo Mundo".
89 *Idem*, pp. 180, 191-193.
90 De acordo com Vamireh Chacon (1977), Barreto é o primeiro no Brasil a citar Marx, mas também Lombroso. Em 1884, Tobias Barreto cita *L'uomo delinquente* em seu livro *Menores e loucos em direito criminal*.
91 De acordo com Koch-Ammassari (1992, p. 224), entretanto, o primeiro a citar Lombroso (*L'uomo delinquente*, 1876) no Brasil é A. H. de Souza Bandeira em "A questão penitenciária no Brasil", *Revista Brasileira* (I, III, 1890, pp. 299-309). Veja também José Veríssimo, "O positivismo no Brasil", *Revista Brasileira* (I, IV, 1895, pp. 297-309).

92 *Revista Acadêmica da Faculdade de Direito do Recife* (VII, 1897, pp. 3-42). Sobre a história da Faculdade de Direito do Recife, consulte Veiga (1981).
93 Embora isso, Vamireh Chacon (1977, p. 187) ressalta que, na Escola de Recife, a sociologia italiana nunca alcança o prestígio da sociologia alemã.
94 Varejão, 1997.
95 G. Lombroso, 1921, pp. 211, 253.
96 Na página 378, Gina refere-se à cidade onde Nina Rodrigues trabalhava como San Salvador... Vale lembrar que na revista *AP* os sobrenomes estrangeiros, e não apenas latino-americanos, eram frequentemente escritos de forma errônea (por exemplo, Afrânio Peixoto, na página 379 do mesmo livro de Gina, está escrito Reiscoto), assim como as traduções eram apressadas; talvez fosse também o preço de lidar com tantos idiomas sem uma estrutura editorial adequada nem tradutores profissionais.
97 Leonídio Ribeiro participa do I Congresso Afro-Brasileiro de 1934 com um estudo sobre 33 criminosos negros. Isso, combinado com o fato de que um dos primeiros textos de Lévi-Strauss, e quase certamente o primeiro em português, aparece na edição de 1935 da revista que Ribeiro edita, sugere que, entre a antropologia criminal ou antropologia forense e a antropologia cultural, houve, naqueles anos, mais intercâmbios do que podemos imaginar hoje.
98 Koch-Ammassari, 1992, p. 4.
99 *Idem*, p. 215.
100 *Idem*, p. 145.
101 Azevedo, 1939, p. 166.
102 Koch-Ammassari, 1992, p. 170.
103 Villafañe, 2012.
104 Após sua morte, e com um intervalo de oito anos, Finot tomou a cadeira de Spencer. O antigo diretor dos arquivos da Academia Brasileira de Letras, historiador José Murillo de Carvalho, informou-me em uma entrevista, em 12 de abril de 2016, que esses membros correspondentes tinham mais que nada uma posição honorária, davam brilho à Academia.

CAPÍTULO 3

Encontros e desencontros na América do Sul

Já foi mencionado que os dois chamados pais fundadores da antropologia italiana, PM e CL, estavam fortemente orientados, diretamente ou não, para a América do Sul. PM viveu e viajou para lá, durante anos, no início de sua carreira.[1] Mantegazza conheceu Garibaldi em 1856, antes de sua primeira viagem à América Latina. O encontro com Garibaldi, que havia retornado recentemente da América do Sul para a Itália em uma aventura, certamente foi um dos motivos do interesse de Mantegazza por essa parte do mundo. Ele viajou com um passaporte austríaco, pois sua cidade natal, Pavia, onde Mantegazza havia estudado medicina naqueles anos, ainda fazia parte do Reino Lombardo-Veneziano. A correspondência preservada no Museu de Antropologia e Etnologia da Universidade de Florença mostra que Mantegazza se correspondia e lia em vários idiomas, além do italiano, especialmente francês, alemão e espanhol. Em sua primeira viagem, que também seria a mais longa, pois passou quatro anos na Argentina, viajando também para o Paraguai, a Bolívia e o Brasil, ele saiu de Pavia como médico e retornou como antropólogo. Dois anos depois, Mantegazza retorna à América do Sul. Posteriormente, ele publica um diário de sua viagem, além de discuti-la em vários textos publicados entre 1868 e 1894. Comparadas com as de outros antropólogos de sua época, as viagens de PM à América Latina e a outras partes do mundo não são particularmente aventureiras ou perigosas.[2] São, no entanto, viagens relativamente longas, seguidas de socialização com as elites intelectuais da região. Assim, já na primeira viagem, PM estabelece-se em Salta, no Norte da Argentina, onde recebe autorização do governo para exercer a profissão de médico e conhece e casa-se com Jacoba, filha de uma importante família *salteña*, tendo filhos com ela.

É interessante ver quais redes PM cria com a América Latina e, nesse sentido, é decisivo observar quem escreve ou é citado na importante revista que ele fundou em 1878, *Archivio per l'Antropologia e la Etnologia*. Além de pesquisador e divulgador, PM é um político, o que lhe permite obter e manter apoio, inclusive para a Sociedade Italiana de Antropologia, o Museu de Antropologia e Etnologia e a revista. Um bom exemplo disso é seu relacionamento com Dom Pedro II, com quem manteve um contato próximo por um bom período. Em 2014 foi-me dito pelas curadoras que Dom Pedro II visitou o museu em Florença e se associou à Sociedade Italiana de Antropologia, da qual foi membro honorário até sua morte. Provavelmente em retribuição a isso, PM foi agraciado com a honra imperial da Ordem da Rosa, posteriormente extinta em 1890 com a Proclamação da República. Outro exemplo é o fato de o conselho consultivo da revista incluir pessoas, como José Veríssimo, que mais tarde seriam importantes nas viagens de colegas da Escola Positiva. De certa forma, PM preparou o caminho para futuras visitas de expoentes da Escola Positiva, bem como para a penetração das ideias e dos escritos de autores italianos nas ciências sociais da América Latina.

PM inova no método, eu diria, principalmente em dois sentidos: linguagem etnográfica e sexualmente explícita (que lhe atrairá sucesso e críticas) e uso da fotografia como parte do método etnográfico: ele será o primeiro presidente da Sociedade Italiana de Fotografia em 1889.[3] Em termos temáticos, ele combina, quase de forma canônica, certa etnografia racializante entre os povos indígenas, em escritos que são mais diários de viagem do que exemplos de etnografia propriamente dita, com pesquisas meticulosas e pioneiras sobre tópicos que eram absolutamente novos na época: etnografia da intoxicação e das substâncias psicotrópicas (especialmente a folha de coca)[4] e sexualidade dos gaúchos.[5] Embora as viagens de PM já tenham sido estudadas em detalhes por Sandra Puccini[6] e outros historiadores, muito pouco foram estudadas até agora as viagens dos expoentes da Escola Positiva na América do Sul. Abordarei isso a seguir.

Guglielmo Ferrero e Gina Lombroso

Mesmo sem nunca ter pisado na América Latina, CL contribuiu indiretamente para o sucesso das viagens de seus colaboradores, estabelecendo fortes contatos com intelectuais da região, também lendo com avidez em espanhol e português, e estimulando Ferri e sua filha Gina, juntamente com seu genro GF, para conhecer a América Latina. Vejamos agora como eram essas viagens, que, em minha opinião, revelam um certo tipo de relacionamento bastante igualitário e uma identidade de pontos de vista que não seria mais sentida em épocas posteriores entre a Itália e a América do Sul. A descrição a seguir é baseada em uma variedade de fontes. Gina publicou rapidamente em forma de livro, posteriormente traduzido para vários idiomas, seu diário de viagem pela Argentina, pelo Uruguai e pelo Brasil.[7] Há também correspondência dela e de GF com importantes intelectuais brasileiros e argentinos, espalhada em arquivos em Turim (Museu Cesare Lombroso), Florença (Arquivo Vieusseux) e Nova York (Rare Book and Manuscript Library, Universidade Columbia). A situação de Ferri é diferente porque não há nenhum vestígio hoje na Itália da correspondência que ele deve ter mantido com colegas latino-americanos (na verdade, não há quase nenhum vestígio da correspondência de Ferri). As viagens de Ferri, entretanto, provocaram fortes debates e houve repercussões na imprensa e em periódicos no campo do direito e da criminologia. Portanto, estamos lidando aqui com uma reconstrução feita em uma base irregular e, infelizmente, cheia de lacunas. A série de palestras de Gina Lombroso e GF e, um pouco mais tarde, de Enrico Ferri, lançam luz sobre o tipo de contato e recepção que se desenvolveu após mais de duas décadas de trocas de correspondência e projetos editoriais. Essas viagens destacam uma "fase específica" das relações internacionais entre a América do Sul e a Itália – muitas vezes com a participação de intelectuais espanhóis e portugueses – centrada na construção dos conceitos de "raça", degeneração, atavismo e ascensão ou decadência de um povo – temas centrais naquele período. Com base em pesquisas realizadas na Itália, bem como no Brasil e na Argentina, e também nos arquivos da Universidade Columbia, em Nova York, esforço-me em reconstruir o momento, o clima político e o debate suscitado pela visita de GF e sua esposa Gina Lombroso, e as duas viagens de Enrico Ferri.

Os contatos do casal Ferrero-Lombroso com a América do Sul haviam começado anos atrás, graças a uma série de projetos editoriais que passaram pela revista *AP*. Gina era uma das pessoas mais ativas da equipe editorial e, como já mencionado, a revista também era um importante centro de traduções e publicações do e para o espanhol e português, e CL e Ferri começaram a colaborar com revistas e jornais na América do Sul, especialmente na Argentina e no Brasil, e depois também na Espanha. Já em 1899, Guglielmo Ferrero colaborava com o principal jornal diário da Argentina, *La Nación*: ele publicará cerca de cem artigos lá, que representarão uma importante fonte de informações sobre a Europa para os leitores.[8] Lembremos que todos os colaboradores da Escola Positiva também eram periodistas, uma ocorrência normal para os acadêmicos da época, principalmente aqueles com tendências socialistas. Além disso, Ferrero, que ainda jovem havia escrito, com CL, *La donna delinquente*[9] [A mulher delinquente], chegou à América Latina precedido pela fama de sua obra *Ascesa e decadenza di Roma* [Grandeza e decadência de Roma], publicada em cinco volumes de 1902 a 1907, que foi imediatamente traduzida para vários idiomas. GF já havia publicado obras importantes, incluindo *Il militarismo. Dieci conferenze* [Militarismo. Dez palestras] (1898), que foi em grande parte uma reação ao debate sobre a derrota em Adua, e *L'Europa giovane. Studi e viaggi nei paesi del Nord* [Europa jovem. Estudos e viagens nos países do Norte] (1897). O último é o resultado de uma viagem que lembra a viagem de De Amicis à Holanda; em vez de ser "uma verdadeira apologia do industrialismo", como diz Lorella Cedroni,[10] esse livro antecipa uma série de preocupações e interesses pelo cesarismo e pela decadência das nações e civilizações, que estarão presentes em toda a obra posterior de Ferrero e que influenciarão sua percepção das Américas – com uma América do Norte "racional" e quantitativa e uma América do Sul e Latina "sentimental" e qualitativa. De fato, parece haver naqueles anos quase uma sinergia entre o debate que Ferrero propõe entre uma Europa jovem e uma velha e aquele que inspira e motiva o modernismo latino-americano, um movimento organizado em torno de uma polarização simbólica entre uma América hiper-racional no Norte e uma América sentimental no Sul. Além disso, Ferrero já era conhecido na América do Sul, especialmente na Argentina, bem como por sua colaboração com o jornal *La Nación*, também por sua ligação com CL, a revista *AP* e outras revistas, como a socialista *Critica Sociale*. Gina era conhecida por ser filha de CL e sua secretária e editora-chefe de fato da revista *AP*, da qual cuidava tanto da correspondência como das resenhas de publicações estrangeiras; lembremos que a seção La Rivista delle Riviste [A Revista das Revistas] ocupava uma parte importante da *AP*, cerca de um terço.[11] Em 29 de novembro de 1906, como descrito em seu livro *Le génie latin et le monde moderne*,[12] GF conhece, durante uma de suas séries de palestras no Collège de France em Paris, Emilio Mitre, filho do general Bartolomé Mitre e proprietário do *La Nación*, que o havia ouvido falar sobre seu livro *Ascesa e decadenza di Roma*. Mitre convida-o para ir à Argentina e Ferrero aceita: "Nunca pensei que receberia um convite desses, do proprietário de um dos melhores jornais do mundo, para finalmente conhecer a Argentina, um país que atrai tantos italianos há meio século, quando eu estava falando sobre a necrópole da Roma Antiga!". Ele também aceita de bom grado porque havia acabado de decidir se afastar da política ativa e havia interrompido sua colaboração com o jornal *Il Secolo*, que o havia decepcionado por causa de um certo "falso radicalismo".[13] Em suas anotações e em sua autobiografia inédita, Gina escreve sobre esse convite, que a proposta incluía viagem e acomodação pagas, além de uma porcentagem sobre as entradas da conferência. Era uma novidade. Não havia conferências desse tipo em Buenos Aires, e ainda por cima em italiano. E, mesmo que não desse certo com Mitre,

> [...] papai tinha amigos bons e leais na Argentina que teriam nos ajudado. Quantos de seus discípulos fizeram fortuna com apenas uma de suas recomendações! Acredito que a Argentina, a primeira do mundo, adotou as ideias de papai. Em seu código, os asilos foram estabelecidos por Domenig Cabred, seu discípulo e com seus projetos de asilo. Havia em Buenos Aires uma Penitenciária Nacional feita de acordo com suas diretrizes, uma série de argentinos e brasileiros tinham ido estudar na casa de papai [...]; papai estava feliz em nos ver partir para aquelas terras que eram tão amigáveis para ele.[14]

E acrescentava, com relação a Ferrero, que "a Itália não pode suportar seus melhores filhos. Até mesmo papai sempre conviveu com essa indiferença de seus colegas". Por que, então, não aceitar esse convite?

Em 7 de junho de 1907, GF embarca no Porto de Gênova, com sua esposa, no navio a vapor *Cordova*.[15] No dia seguinte, às 18 horas, fazem escala em Barcelona, onde o cônsul brasileiro embarca no vapor com uma mensagem do Barão do Rio Branco, ministro das Relações Exteriores do Brasil, convidando-os a parar no Rio de Janeiro.[16] Eles só podem ficar algumas horas na viagem de ida, mas concordam de bom grado em ficar dois meses na volta.[17] Em 24 de junho, às 17 horas, eles chegam à Baía de Guanabara, que os impressiona por sua beleza. Eles são recebidos por um pequeno barco a vapor cheio de pessoas. É uma grande delegação da Academia Brasileira de Letras que vem para recebê-los e levá-los em um passeio de carro pela cidade. Eles fazem isso em alta velocidade, correndo ao longo do mar e sobre as montanhas que cercam o Rio de Janeiro, em meio à floresta que o atravessa e aos suntuosos palácios ali escondidos. Depois de uma hora e meia de corrida de carros, eles chegam ao Palácio do Itamaraty, sede do Ministério das Relações Exteriores, para um jantar de gala em sua homenagem. Em um salão resplandecente de luz, é servido um esplêndido jantar:

No qual, além dos mais suculentos pratos da culinária francesa, os *chefs* da casa acrescentaram vários pratos da culinária brasileira. Lembro-me do palmito e do bacuri. Jantamos, brindamos e voltamos a bordo, não sem antes ter combinado com o Barão do Rio Branco, Graça Aranha, autor do famoso romance *Canaã*, na época secretário do ministro, e Machado de Assis, o grande escritor, que na época era o presidente da Academia Brasileira de Letras, que na minha volta, por quase dois meses, eu daria aqui as mesmas palestras que dei em Buenos Aires e visitaria o país.[18]

O encontro com Machado de Assis, em cuja residência farão várias visitas em seu retorno, e com seu cicerone Graça Aranha, a quem o Barão do Rio Branco pediu que organizasse a visita, deixa-os felizes. Antes da meia-noite, eles são conduzidos, atônitos com a recepção, de volta ao navio a vapor, que parte imediatamente para Buenos Aires. Ferrero não conseguiu mais dormir naquela primeira noite americana. Ele nunca pensou que sua pesquisa sobre a Roma Antiga tivesse aberto tantas portas para o Novo Mundo. No entanto, em muitas ocasiões durante suas viagens pelas Américas, seus pensamentos voltaram-se para a Roma Antiga, comparando as civilizações antigas com as novas.[19] Ele havia chegado à América sem saber quase nada sobre o país, exceto os estereótipos europeus que faziam dela a terra das grandes e rápidas fortunas, dos negócios e da riqueza bruta, que faria de contra altar a uma Europa cultora da beleza e do refinamento. O continente americano seria mais materialista, pois para cada atividade haveria uma recompensa monetária, enquanto na Europa a maioria das atividades seria realizada por motivos ideais e não monetários. Na América, haveria menos barreiras tradicionais de *status* e isso, acrescenta Ferrero em várias entrevistas a jornais de São Paulo, também é visto nas formas de cortesia, que aqui são muito mais fluidas e menos formais do que na Europa. Por outro lado, nada é feito na América sem um pouco de exagero, mas isso está relacionado ao fato de que a energia, a ousadia e a iniciativa são peculiares à América, assim como a velhice é própria da Europa. A pergunta que Ferrero faz é se a vida "espaçosa" dos americanos, ou o "estilo americano", seria possível em um continente tão densamente povoado como a Europa.

E aqui ele chega a uma cidade, nos trópicos das Américas, que o faz lembrar do Oriente, da Índia ou, mais apropriadamente, de Bagdá (*sic*!), onde lhe é servido um excelente jantar que combina dois mundos e durante o qual os convidados demonstram refinamento e erudição que nada tem a invejar do Sena. "Será que estou sonhando ou é uma realidade?", pergunta-se Ferrero.[20] Em 27 de junho, eles chegam a Buenos Aires e também são recebidos no porto por uma multidão, onde quatro meses de intensa atividade os aguardam, com visitas a hospitais, asilos, prisões, fábricas e fazendas. Aqui está como Gina descreve a viagem em seu livro *Lo sboccio di una vita* [O desabrochar de uma vida], dedicado ao seu filho Leo, que morreu prematuramente em um acidente de carro, no Novo México, em 1933:[21]

> Primeira viagem: Levei conosco, para me ajudar a manter o Leo, uma senhora inglesa muito inteligente que sabe espanhol, francês e italiano muito bem, Ethel Barnett. Leo dá-se bem com ela, imediatamente que o ama intensamente e faz todas as suas vontades [...]. Ethel e eu estamos enjoadas, Leo está muito bem e sobe e desce do barco com Bastiano, o criado [...]. Primeiras aventuras: Paramos em San Vicente, onde o barco fazia escala. Enquanto estávamos dentro do prédio dos correios, uma fila de moreninhos com burros persuadiu Leo a segui-los pela ilha [...]. Em seguida, fomos descansar no único jardim da ilha, ao pé de um grande coqueiro. Um negro sobe na árvore e traz-nos alguns cocos. Enquanto isso, os moreninhos brincam de mergulhar em uma piscina no jardim. Leo diverte-se muito com isso. Outra coisa que o diverte imensamente são as festas no navio a vapor, quando passamos pela linha do equador. Manobras falsas, colocação de barcos no mar, apitos, almoço, cantoria etc. [...]. Chegamos a Buenos Aires em um dia lindo. Há uma enorme multidão no porto, esperando por nós. Muitas delegações de senhores e senhoras embarcam no *Cordova* para nos festejar e nos presentear com flores [...]. Leo diverte-se muito, quando a multidão nos persegue até o hotel e nos aplaude.[22]

> Em Buenos Aires, eles nos recebem como soberanos. Milhares de pessoas esperam-nos no porto, na chegada, e acompanham-nos até o hotel que Mitre havia reservado perto do *Nación*. Recebemos convites do Chile e do Peru, mas não temos tempo. Propostas de trabalho para Guillermo também chegam das Américas e da Europa. As conferências eram tão populares quanto em Paris. O sucesso na América do Sul levou Roosevelt a nos convidar para os Estados Unidos, no ano seguinte. O sucesso deu-se tanto entre os intelectuais e a classe média "sábia" quanto na comunidade italiana, feliz em ouvir sobre isso nos jornais, mas dessa vez não de forma negativa (rascunhos da autobiografia inédita de Gina Lombroso, Arquivo Vieussieux).

> Fazemos visitas às escolas. Leo interpreta o príncipe herdeiro de maneira impecável. Ele examina os cadernos e cumprimenta as crianças e os professores com seriedade. Como ele vê seu pai fazer [...]. O governo concede-nos um trem especial para visitar o interior da Argentina. Vamos para Rosário, Córdoba, Tucumán, Santiago del Estero e para Mendoza [...]. Leo diverte-se com as festas que eles nos dão, que sempre terminam com flores e cantos.[23]

Em 19 de agosto, eles visitam uma fazenda perto de Buenos Aires. Na capital, eles se hospedam no Hotel Royal, Calle Sarmiento, número 782, onde recebem cartas de congratulações e cartões de visita, fotografias, pedidos de autógrafos, pedidos para que intercedam junto às autoridades italianas e/ou argentinas em favor de italianos desafortunados (como o caso de Zannetti, que foi injustamente considerado louco), panfletos e livros, até mesmo do Chile.[24] Ferrero deu nove palestras, oito das quais foram publicadas no *La Nación* de 1º a 31 de julho de 1907. As palestras foram realizadas no prestigioso Teatro Odeon e foram um grande sucesso tanto para o público quanto para os críticos. Gina acompanhou seu marido, mas também deu suas próprias palestras para a Associação de Mulheres Italianas e para várias organizações relacionadas à psiquiatria. Ela visitou detidamente o asilo *open door* – isso mesmo – em Buenos Aires, um exemplo de inovação para a época, e mais tarde tecerá elogios a ele em vários artigos publicados na revista *AP*. Eles também visitam hospitais, escolas e prisões. Foi CL quem pediu a Gina que fizesse isso e preparasse um relatório para ele. O que mais os surpreende e impressiona é a Penitenciária Nacional em Buenos Aires, dirigida pelo Dr. Balvé, onde, em 1907, pediu para José Ingenieros coordenar seu famoso Instituto de Criminologia e que até imprimia uma revista para os detentos.[25] Ao chegarem, são surpreendidos por uma bela palestra sobre a América pré--colombiana oferecida por um presidiário (uxoricida e epiléptico). Ele havia entrado na penitenciária analfabeto oito anos antes e agora era o melhor exemplo de como uma prisão poderia regenerar, e não apenas punir. Gina e Ferrero tiveram uma impressão tão positiva dele, que fizeram dele o tema de dois longos artigos publicados respectivamente no *Avanti!* (20 de novembro de 1907) e no *Figaro* (4 de fevereiro de 1908). Eles elogiaram seu trabalho (forçado) como terapia, bem como todo o conjunto de regras que recompensava a boa ação e a generosidade com reduções substanciais na punição. Balvé habilmente aproveita esses comentários elogiosos e republica-os em espanhol, em um panfleto impresso pelos próprios presidiários.[26] O objetivo do panfleto é fazer com que o público argentino leia o que é escrito de forma positiva, na Europa, sobre a Penitenciária. Parece que receber bem o casal Ferrero-Lombroso acabou valendo a pena em termos de *impression management*: Gina e Ferrero tornaram-se grandes divulgadores – na Itália e na França, mas também em outros países europeus – das maravilhas da América menos conhecida na imprensa europeia, a do Sul.[27] O governo fornece ao casal um vagão de trem no qual eles visitam Rosário, Córdoba e Tucumán, onde também conhecem muitas comunidades italianas grandes. Em vários casos, eram comunidades que não tinham tido contato com a Itália por 10 ou 20 anos, onde as pessoas estavam se esquecendo do italiano e eram sensíveis aos estereótipos negativos associados aos italianos na Argentina. Em parte, por esse motivo, diz Gina em sua autobiografia incompleta, eles se sentiam orgulhosos de participar de conferências nas quais o retrato de CL se erguia ao lado do de Garibaldi. Eles retornam ao Rio de Janeiro na madrugada do dia 23 de setembro. Nas primeiras páginas do *Jornal do Brasil* de 24 de setembro de 1907, lemos que eles são recebidos na chegada do vapor *Umbria*, vindo de Buenos Aires, por uma lancha da Academia Brasileira de Letras, tendo a bordo, entre outros, Machado de Assis, Graça Aranha, Souza Bandeira, José Veríssimo e Mário de Alencar. Há também um comitê de boas-vindas do Grande Oriente do Brasil.[28] O casal recebe a imprensa a bordo e imediatamente se entregam a uma comparação entre Buenos Aires e o Rio de Janeiro: a primeira planejada e quase monótona, mas muito bem organizada, a segunda mais bonita e irregular, imersa na natureza, que mais do que a Europa lembraria a Índia (onde o casal nunca esteve, por sinal...). Eles elogiam os serviços públicos da Argentina, mas detestam a obsessão de copiar tudo o que é europeu. Às 10 horas da manhã, eles desembarcam e, em três carros fornecidos pelo ministro das Relações Exteriores, o casal é escoltado até o Hotel Alexandra, onde fica hospedado por 20 dias, até 12 de outubro. O hotel fica aos pés do Corcovado, "onde há um grande jardim que faz fronteira com a floresta virgem".[29]/[30] Desde o início, Gina demonstra familiaridade com Machado, cujos dois livros ela diz ter lido, e faz amizade com a Sra. Aranha, que a acompanha pelo Rio de Janeiro. Eles passam um dia com Graça Aranha, na praia de Icaraí.[31] Na cidade, eles visitam o pequeno, mas importante, centro espírita Templo da Humanidade, na rua Benjamin Constant, onde têm uma conversa interessante sobre vários tópicos com o sacerdote-chefe Teixeira Mendes.[32] Eles também frequentam assiduamente a famosa Livraria Garnier, talvez a principal "ágora" da cidade, pelo menos para a elite intelectual.[33] Ferrero deu seis palestras para a Academia Brasileira de Letras, três em francês e três em italiano ("língua bela e cantante", nas palavras de Machado). Cinco dessas palestras ocorrem no Palacete Monroe. A primeira, "Cultura latina na atualidade", é realizada na mesma Academia, em 26 de setembro, em italiano. O texto será então traduzido para o francês em um panfleto da Académie Française (que retomou o texto em português que havia sido publicado na íntegra no *Jornal do Comércio*).

Em 25 de outubro de 1907, o casal parte de trem do Rio de Janeiro para Minas Gerais, em um vagão reservado, acompanhado por Graça Aranha (conforme noticiado por *O Estado de S. Paulo* em 25 de outubro de 1907). Eles percorrerão cerca de 10 mil quilômetros de trem. Mas sobre esse turbilhão de atividades paira o que Ferrero chama de "um demônio": o progresso americano, que todos querem mostrar a ele a todo custo. A palavra "progresso" é abusada em toda parte, especialmente na Argentina, onde "novo", "maior", "mais rápido" são equivalentes a progresso; uma atitude que se opõe à "lentidão" da Europa. Pelo contrário, Ferrero zomba, a velocidade sul-americana é uma questão de juventude, assim como o corpo de um bebê dobra de peso em seis meses, enquanto o homem adulto quase não cresce mais. Rapidamente, Ferrero convence-se de que, na América Latina, o progresso representa uma espécie de religião nacional na qual se deve acreditar. Mais tarde, Ferrero descobrirá que o Brasil é menos agitado e centralizado do que a Argentina. Para ele, o Rio de Janeiro é a cidade menos agitada das Américas entre as que ele conheceu. A única onde as pessoas caminham, não correm. Lá, as pessoas vivem à sombra de jardins, entre o mar e as montanhas. Em Buenos Aires, diz ele, vivíamos entre 1 milhão de homens de ação; no Rio de Janeiro, vivíamos em uma sociedade composta quase exclusivamente de literatos, intelectuais, juristas, historiadores, filósofos, na grande maioria funcionários do estado e da Academia.[34]

Figura 4 – Palacete Monroe no Rio de Janeiro. Fonte: Arquivo Municipal do Rio de Janeiro.

No início de outubro, eles deixam o Rio de Janeiro e vão para São Paulo, onde chegam em um domingo. Como no Rio de Janeiro, as primeiras páginas dos principais jornais da cidade e do estado estão repletas de notícias sobre sua visita a São Paulo: *O Estado de S. Paulo, Correio Paulistano, Diário Popular* e *Comércio de S. Paulo*. O *Diário Popular* anuncia em 20 de setembro que, numa reunião na Câmara de Comércio Italiana, formou-se um comitê para receber GF em São Paulo, com membros ilustres da comunidade italiana e de outras nacionalidades. O mesmo jornal anuncia em 3 de outubro que GF chegará a São Paulo, no dia 14 do mesmo mês, para lá permanecer por 12 dias, e que está interessado em visitar uma fazenda de café, provavelmente a Santa Gertrudes, de propriedade do Sr. Conde de Prates. O casal chega em um trem especial, viajando durante o dia e no primeiro vagão, para melhor apreciar a paisagem, juntamente com Graça Aranha, Olavo Bilac e Afonso Arinos (*Diário Popular*, 12 de outubro de 1907). A colônia italiana e todos os interessados são convidados a receber o casal em sua chegada à Estação do Norte, em São Paulo. Cerca de 5 mil pessoas estarão presentes, com o governador do estado de São Paulo, Washington Luís, na primeira fila. Há até uma disputa pelos convites, distribuídos com parcimônia, especialmente entre italianos, em vez de intelectuais e estudantes, como o casal teria preferido. Em seu diário, Gina Lombroso descreve a chegada a São Paulo em termos mais barrocos:

> Era um delírio, um frenesi. Vinte mil, 30 mil italianos tinham vindo ao nosso encontro [...]. Cada um de nós foi erguido a peso, colocado em grandes Carruagens de Estado, em meio à multidão que gritava e nos cobria de flores, que evocava em nós tudo o que lhes lembrávamos da Itália, das cidades, dos heróis patrióticos [...], o nome, acima de tudo, de Cesare Lombroso. Quando as celebrações de meu pai aconteceram em Turim [em 1906], uma carta coletiva chegou da América do Sul em nome dos emigrantes italianos que haviam sido reconhecidos pelo bem que sua glória lhes havia feito, o último refúgio atrás do qual eles puderam orgulhosamente erguer suas cabeças. Na América do Sul, em todos os lugares, a legislação foi modificada de acordo com as teorias de meu pai, e o nome de Lombroso tornou--se tão familiar entre essas pessoas quanto o de Garibaldi e Mazzini, os outros deuses protetores do nome da Itália.[35]

No dia 16, Gina escreve:

> Estamos em São Paulo há pouco tempo, mas já temos vários amigos que estão comemorando o aniversário do Leo. Ele está encantado com o Brasil. Aqui em

São Paulo, ele se diverte principalmente andando a cavalo, atravessando as matas, indo às fazendas, visitando muita gente, elogiando as senhoras, os professores, as crianças, os camponeses que falam italiano e morrem de rir ao ver um pequeno italiano. De volta ao Rio de Janeiro. [O Leo] gosta da festa de cores que está sempre na estrada: os negros vestidos de branco, os vendedores ambulantes com cestas penduradas em uma longa vara no ombro etc. Nós o deixamos com a Barnet, quando vamos passar uma semana em Belo Horizonte.[36]

O *Comércio de S. Paulo* de 18 de outubro de 1907 escreve que o casal estaria hospedado, a partir daquele dia, na casa de campo do Gama, na avenida Paulista, e que a visita a São Paulo será organizada (e paga) pelo governo do Estado de São Paulo. Nos dias 16 e 17, Ferrero visita, novamente de trem especial e acompanhado de sua esposa e seu filho, Jundiaí e Campinas, onde foi recebido por uma multidão e pelos notáveis locais. Ele também foi a Santa Cruz das Palmeiras, onde visitou a Fazenda Santa Veridiana. Ao mesmo tempo, recebeu um convite por telegrama da comunidade italiana de Ribeirão Preto, que, no entanto, não pôde aceitar devido à falta de tempo. Em seu retorno a São Paulo, ele fará uma palestra magna na Faculdade de Direito, onde seria apresentado pelo jurista Pedro Lessa. Em 20 de outubro, ele dará uma palestra no Teatro Polytheama (onde todas as outras palestras seriam realizadas), seguida de uma festa dançante no palacete dos Pinotti Gamba, também na região central da avenida Paulista. Uma das conferências mais concorridas é a sobre o tema "A missão da raça latina".

No dia 23, é realizado um banquete para cem pessoas no Rotisserie Steenway/Sportsman, que fazia parte do hotel mais luxuoso da cidade. Três ou quatro discursos são feitos lá, um deles por Pedro Lessa. Em seguida, o casal é escoltado até a Estação do Norte, onde embarcam no trem especial que os levará de volta ao Rio de Janeiro. Do Rio de Janeiro, seguirão para Minas Gerais, sempre de trem, para conhecer o mundo da mineração. Eles embarcam para a Itália, por volta de 20 de novembro de 1907. Na viagem de volta, passam por Olinda e Recife, repleta de construções decadentes, e assistem a uma dança de bumba meu boi. Eles também passam por São Vicente, no arquipélago de Cabo Verde, onde fazem uma escala. Lá eles visitam as ruas animadas e levam Leo em um passeio de burro.

As opiniões de Gina em seu diário de viagem, publicado apenas um ano após seu retorno em forma de livro, são iluminantes. Aqui eu me concentro no Brasil e, em particular, nas relações raciais, nas consequências da escravidão e nas "qualidades" de seu povo, porque isso destaca tanto como as ideias da escola de Lombroso foram adaptadas e transformadas no Brasil, quanto a importância do tipo de recepção que o casal recebeu – de diplomatas, intelectuais estabelecidos e homens de letras, fazendeiros e expoentes das várias correntes da comunidade italiana – para os julgamentos muito positivos sobre esse país e seu futuro. Ressalto que no diário, bem como nas anotações encontradas nos arquivos, não há menção a Nina Rodrigues, nem aos temas tratados por ele nos artigos publicados na revista *AP* (criminalidade entre negros, ritos de possessão e degenerescência entre mestiços).[37] De fato, o que mais impressiona o leitor é o elogio ao Brasil mestiço, bem como os julgamentos extremamente positivos sobre o caráter e o temperamento dos negros, considerados, em muitos aspectos, superiores aos brancos, ou "melhores", bem como as considerações sobre a centralidade dos negros na colonização agrícola,[38] a suposta relativa suavidade da escravidão no Brasil em comparação com os Estados Unidos e os elogios feitos ao Barão do Rio Branco e ao imperador Dom Pedro II. Tudo indica que Gina se inspirou nas opiniões expressas por fazendeiros e industriais escolhidos pelos organizadores, com os quais conviveu durante meses e que também hospedavam o casal com frequência, mas também na leitura das obras de Graça Aranha (especialmente *Canaã*), José Veríssimo (sobretudo o terceiro volume dos *Estudos da literatura brasileira* e a segunda edição de *Homens e coisas estrangeiras*, de 1905) e Machado de Assis, bem como nos convívios diários com esses três autores. Os comentários de Veríssimo, muito afinados com o clássico romance *Ariel*, do uruguaio Rodó,[39] sobre as diferenças entre latino-americanos e norte-americanos são inspiradores tanto para Gina quanto para Guglielmo: os norte-americanos devem ser respeitados e até admirados, mas não se consegue amá-los. E Veríssimo[40] mostra uma atitude, eu diria, não apenas bem informada, mas madura sobre autores como CL e Max Nordau, que ele define como o autor alemão mais conhecido no Brasil. Ele os admira, mas não concorda com tudo o que eles escrevem, e Gina tem consciência disso. Veríssimo refere-se em várias partes ao estrondoso sucesso do ciclo de palestras de Ferrero no Brasil, descrito como um triunfo de público e crítica: "A estada em nosso país do eminente historiador e publicista italiano Guglielmo Ferrero e suas sábias e luminosas palestras aqui tiveram a virtude de agitar beneficamente nossa vida intelectual".[41] O que se lê nas páginas das crônicas de Veríssimo é que esse sucesso não se deveu apenas aos esforços da Academia Brasileira de Letras, como diriam mais tarde vários detratores de Ferrero e o próprio Veríssimo, mas também aos temas abordados por Ferrero, que despertaram grande interesse. Veríssimo mostra com clareza como o debate europeu e especialmente italiano sobre arianos e latinos era interessante para uma leitura crítica dos Estados Unidos e de sua cultura a partir da América do Sul, e como os escritos de GF sobre a decadência do Império romano eram uma ferramenta válida para pensar o presente da América do Sul, com seus novos cesarismos, colonialismos e corrupções. Cesare, diz Veríssimo,[42] seria hoje um grande capitalista nos Estados Unidos ou um grande empresário de mineração no Sul da África. Ele acrescenta: "Certamente Ferrero (escrevendo sobre Cesare) estava pensando em Cecil Rhodes". A ênfase de Ferrero na existência, se não de uma raça, pelo menos de uma cultura latina estimulou a imaginação política de Veríssimo: "O Sr. Ferrero pertence hoje a um número crescente de espíritos nos povos latinos que levantam a bandeira da raça e da cultura latina e pregam sua restauração".[43] Além disso, Veríssimo acrescenta que não acredita na existência de uma raça latina, que nunca existiu, e sugere que se fale de "povos latinos".[44]/[45]

Vamos agora dar uma olhada em algumas partes do diário de viagem de Gina:

> Em nenhum país do mundo eu vi um céu como o do Rio de Janeiro [...]. Como é lindo! Como é lindo! Há lugares onde a gente gostaria de morar, mas no mar da Guanabara a gente quase quer morrer, ficar sempre unido a essa natureza tão cheia de encanto para se tornar um átomo dela [...]. Nesse bairro, predominam os negros, especialmente as negras, com o longo xale vermelho ou violeta sobre o vestido branco engomado, o lenço amarrado como um turbante na cabeça, que revela os longos brincos de ouro e colares de vidro. Esse Rio de Janeiro popular não tem nada em comum com o Rio de Janeiro moderno [...] das largas avenidas [...], entre as quais brilha o imaculado Palacete Monroe [...]. Tudo é colorido, animado, cheio de luzes, sons e gritos. As ruas estão transbordando de homens e veículos de todas as formas e cores [...]. A natureza exuberante seduz e assusta: depois de algumas horas, uma floresta da qual não se vê nem o começo nem o fim não é mais impressionante, é humilhante [...]. As relações raciais e a grande presença de negros deixam uma impressão profunda, bastante positiva: a fazenda, tal como está constituída agora, está destinada a desaparecer. Fértil e economicamente engenhosa quando se tratava de usar os braços dos escravos negros, bons, pacientes, mas ignorantes e indolentes, e, quando o Brasil tinha quase o monopólio do café, ela não é mais assim agora que o café diminuiu de valor e o fazendeiro deve usar os braços dos brancos, trabalhadores e inteligentes, mas de maiores pretensões [...]. O homem branco traz para a América a experiência de muitos séculos, ele saberia como inovar e variar as culturas antigas [...], mas ele precisa do estímulo de seu próprio interesse pessoal.[46]

No diário, há até um capítulo intitulado "A questão dos negros":

Os primeiros colonizadores do Brasil foram, portanto, brancos vindos dos países mais cultos e civilizados da velha Europa. Mas esses brancos não teriam tido sucesso em nada se não tivessem encontrado colaboradores ativos da classe baixa. Estes eram os africanos. A exploração agrícola do Brasil não teria sido possível sem a ajuda dos negros da África. Os aborígenes, homens inteligentes e moralmente capazes de formar uma grande civilização, eram muito poucos e muito indolentes para fazer prosperar as novas fazendas. Naquela época, não havia brancos suficientes para a Europa. Portanto, a América ainda seria um deserto se não tivesse encontrado o negro que, com seu braço, a valorizou. Os negros não chegaram lá espontaneamente, eles foram importados como escravos. Erroneamente, nós, com a mais vaga ideia de escravidão, marcamos essa emigração forçada com os nomes mais infames. Quando foi que a emigração foi voluntária? [...] Os africanos não apenas não pioraram, mas certamente melhoraram suas condições ao se mudarem para o Brasil, que lhes ofereceu um clima igualmente quente e uma terra muito mais fértil do que a deles. Sim, eles eram escravos, mas deixaram de ser governados por clãs e príncipes, muitas vezes pobres e cruéis, para o domínio de senhores que precisavam de seu braço, que não os desprezavam, que não desdenhavam adotar as crianças nascidas da união com suas mulheres e, muitas vezes, até mesmo união com elas por meio de casamento legal, que as nutriam e as treinavam em uma arte civilizada. As fases terríveis da escravidão eram certamente a invasão e a viagem [...]. Mas, uma vez vendido e passado para as mãos do senhor final, o escravo tornava-se um homem novamente e ficava sob o domínio das leis comuns como os demais cidadãos. O senhor não podia destituir uma família de escravos, vender separadamente a esposa ou o marido ou os filhos menores. Os negros tinham seus santos nas igrejas, suas associações, suas festividades, a do Rei do Congo e a da Chegada, importantes para mostrar como haviam preservado suas tradições; eles podiam ser proprietários e se redimir com suas economias. Muitas vezes eram libertados por vontade de seu senhor, cujo nome continuavam a carregar; continuavam a pagar tributo a seus chefes que haviam caído na escravidão com eles [...]. Nunca houve no Brasil o desprezo que ainda hoje existe na América do Norte, o que explica o fato de que a escravidão perdurou no Brasil até cerca de 20 anos atrás, e foi abolida não por causa de revoltas de escravos, mas por razões econômicas. [...]. As condições dos escravos eram basicamente muito mais semelhantes às dos trabalhadores [...]. Os brancos adotaram dos negros com os quais estavam em contato constante muitos costumes, muitas indústrias, muitas culturas (jogos, esportes, a culinária e a agricultura são em grande parte africanas) [...]. Embora a posição respectiva de servos e patrões aparentemente favorecesse a divisão das duas raças, no Brasil houve desde logo uma mistura quase completa entre brancos e negros, auxiliada pelo fato de que a migração branca predominantemente masculina precisava de mulheres, um excelente veículo de fusão. Os laços familiares acostumaram os brancos não apenas a amar os negros, mas também a apreciá-los; e agora se encontram, em escolas, casas, laboratórios, hospitais, professores, médicos, engenheiros brancos e mulatos misturados sem nenhuma desigualdade de tratamento [...]. Dom Pedro (cuja memória todos amam e reverenciam no Brasil, mesmo os republicanos mais calorosos) apreciou muito essa completa mistura e tolerância recíproca, felizmente iniciada na época dos conquistadores portugueses, que teve um excelente efeito no Brasil [...]. Não hesito em dizer que a influência do negro foi muitas vezes melhor do que a do branco que o substituiu antigamente nas outras colônias americanas [...]; se o negro teve do branco o branqueamento de sua própria raça e adquiriu um maior perfeccionismo, o elemento africano deu ao branco a adaptação ao clima e um precioso enxerto de qualidades que estavam se extinguindo no branco – imaginação, coração, paciência. O elemento africano exerceu sobre o brasileiro a influência que o elemento indígena teve na China; amoleceu um pouco o branco, mas chamou-o de volta às alegrias dos sentidos do amor, da visão e da audição [...]. Pois parece que os negros são bons, doces, afetuosos, amantes da família e das crianças muito mais do que os brancos. Os negros também seriam importantes intelectualmente: [...] apesar da zona tórrida em que vive, o brasileiro do Norte é mais intelectual, mais místico, mais filosófico, mais alegre, mais generoso, mais emotivo, mais apaixonado do que o brasileiro do Sul. Muito provavelmente ele deve essas qualidades ao negro, em parte por causa de seus dons, em parte porque ele tornou possível, por meio de seu trabalho, que pensadores europeus, portugueses, holandeses e franceses se estabelecessem e propagassem suas pesquisas.[47]

Em suma, uma das melhores coisas do Brasil seria a mestiçagem, que melhoraria tanto os negros (embranquecendo-os) quanto os brancos (enegrecendo-os). Percebe-se facilmente a intensidade do debate sobre a Abolição da Escravidão e suas consequências na elite intelectual brasileira e a importância de essa elite transformar a forte presença de negros e traços africanos na cultura cotidiana de um ônus em um bônus para o país como um todo. Essa preocupação com a chamada africanidade da cultura popular na vida cotidiana do Brasil continua forte até hoje. A visita do casal receberá muitos elogios, mas também críticas ácidas dirigidas especialmente ao livro de Gina:[48]

> Tanto a Academia Brasileira de Letras e o governo estão agora em dívida com um grande serviço prestado ao Brasil [por GF] [...]. A ação de tais homens é muito superior à da diplomacia [...], a mais poderosa disseminação do conhecimento correto de nosso país. Ele já nos conhece e conhece a evolução do Brasil. Ele poderá representar-nos muito bem na Europa (*Diário Popular*, 14 de outubro de 1907).

Em relação ao anticlericalismo de Ferrero, a imprensa estava obviamente dividida e, em 25 de outubro, o diário *Comércio de S. Paulo* escreveu que a imprensa católica de São Paulo, por meio do outro jornal, *São Paulo*, estava atacando Ferrero e suas teses, embora ele se mantivesse muito discreto em relação ao catolicismo (ao contrário do ministro das Relações Exteriores dos Estados Unidos, Root, que estava promovendo o protestantismo na América do Sul, naquele momento). Mesmo na comunidade italiana, a visita do casal foi um grande sucesso. Mais cético foi o *Deutsche Zeitung* de 1º de novembro de 1907, que declarou: "Hoje em dia, o Estado não poupa esforços, mas nós nos tornamos bastante céticos e, antes de tudo, queremos ver o que eles servem na mesa antes de elevar nossas odes ao cozinheiro". O semanário alemão também critica a forte ênfase de GF na "raça latina", cuja existência é questionada.

Crucial para o sucesso da viagem foi o comprometimento da Academia Brasileira de Letras. Seis meses antes de receber um convite de Machado de Assis para dar uma série de palestras no Rio de Janeiro, Ferrero havia sido eleito membro correspondente na cadeira 16, que havia sido de Giosuè Carducci e agora pertence a Leslie Bethell.[49] Como pode ser deduzido da documentação nos arquivos da Academia Brasileira de Letras, a instituição organizou e pagou por tudo: o banquete de boas-vindas com o discurso de Machado,[50] os almoços e as viagens durante a estada de quase dois meses no Brasil, o Hotel Alexandra, onde o casal se hospedou, as pessoas que serviram de guia e as despesas feitas por Graça Aranha, o aluguel de poltronas, a impressão de 500 convites, o pessoal do Palacete Monroe, a excursão de trem a Minas Gerais, a doação da coleção completa e encadernada da revista do Instituto Histórico e Geográfico Brasileiro.[51] Todas as despesas são escrupulosamente documentadas por Machado, em sua qualidade de presidente da Academia Brasileira de Letras. Para as palestras realizadas no Palacete Monroe, a Academia alugou 50 dúzias de cadeiras, gastando 1.500.000 réis. Por meio da Livraria Garnier, no dia 7 de novembro, a Academia compra a versão francesa de *Grandeur et décadence de Rome*. Uma orquestra com 30 "professores" é contratada para o banquete de 31 de outubro no Hotel Alexandra, ao preço de 900.000 réis. Foram publicados artigos em todos os principais jornais do estado (*Tribuna, Notícia, Paiz, Gazeta, Diário* e *Jornal do Brasil*) escritos por membros da Academia, muitos dos quais colaboravam regularmente para vários jornais.

> Por iniciativa do Rio Branco, conforme me informaram Graça Aranha e Souza Bandeira, convidei G. Ferrero para proferir oito conferências aqui, ao preço total de 40.000 francos.[52] Carta entregue a Ferrero em Gênova pelo cunhado de Bandeira. O convite é feito em nome da Academia Brasileira de Letras. As despesas serão cobertas pelo Ministério das Loterias e Transportes.[53]

No mesmo arquivo estão duas cartas enviadas por Graça Aranha a Veríssimo, que demonstram o entusiasmo com a vinda de GF e o quanto seu trabalho era valorizado. No Arquivo Vieusseux, em Florença, encontramos parte da correspondência entre o casal e os importantes intelectuais brasileiros, Veríssimo, Graça Aranha, Machado de Assis e outros. Em uma carta em francês, datada de 4 de dezembro de 1910, enviada pela Sra. Graça Aranha para Gina, lemos ainda: "Se vocês acabaram de descobrir o Brasil, vocês já o conquistaram". Os elogios não demoraram a chegar também de GF. Em suas cartas para Graça Aranha e Machado enviadas de Buenos Aires, o Rio de Janeiro é descrito como a capital cultural ou o principal centro de alta cultura da América do Sul. Ele acrescenta que, para uma comunidade de sábios como a Academia Brasileira de Letras, talvez fosse melhor repetir as palestras já dadas no Collège de France, em Paris, do que aquelas, para um público preparado, mas não intelectual, que ele acabara de apresentar em Buenos Aires. Ao tocar nessas teclas sensíveis, talvez GF soubesse o quanto era importante para os colegas brasileiros se sentirem parte de uma cidade culturalmente mais relevante do que Buenos Aires e para que a Academia Brasileira de Letras se sentisse de alguma forma superior ao público burguês e culto de Buenos Aires!

GF declara, no jornal *O Estado de S. Paulo* de 21 de outubro de 1907, que no Brasil ele deu um total de 28 palestras, participou de 24 banquetes e recebeu 25 brindes. No mesmo dia, o jornal anunciou que a "classe alta" de São Paulo convidou Ferrero para um banquete no qual, em meio à decoração, ao uso habilidoso de lâmpadas elétricas e à música da orquestra do maestro Rocchi, foi servido um cardápio estritamente em francês. Não faltam grandes vinhos – "Madère, Chablis, Meursault, Bordeaux, Château Lafite, Château Pape Clément 1898, Château Durfort 1898" –, licores e charutos, sopas e vários pratos, inclusive timbale "à Verdi" (*O Estado de S. Paulo*, 21 de outubro de 1907).

No mesmo longo artigo, a visita de GF é uma oportunidade para celebrar a harmonia entre os vários grupos étnicos de São Paulo e entre os nativos e os que imigraram para lá. Nessa grande cidade não haveria noções preconcebidas: esse aspecto de São Paulo configuraria uma melhoria social que coloca a sociedade brasileira na vanguarda das sociedades europeias mais cultas. Essa longa viagem às duas Américas foi decisiva para o trabalho de Ferrero: lá ele encontrou o que dizia ser

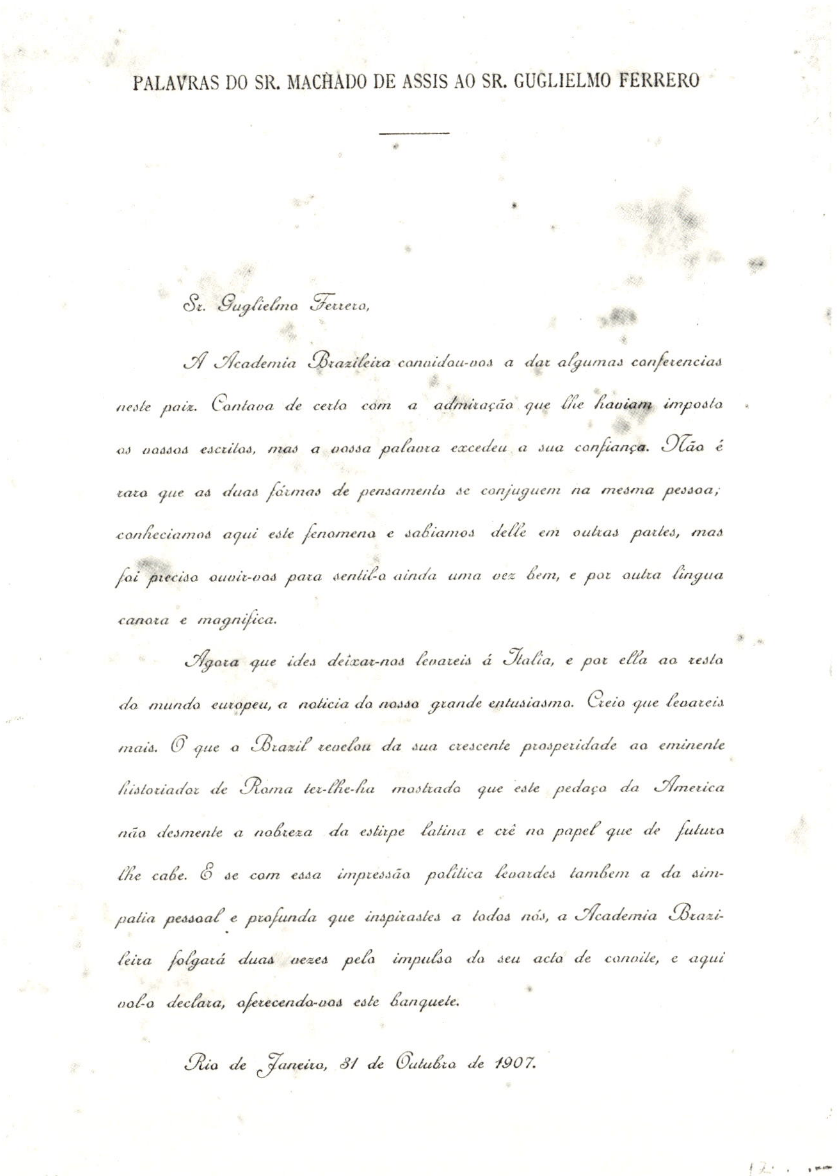

PALAVRAS DO SR. MACHADO DE ASSIS AO SR. GUGLIELMO FERRERO

Sr. Guglielmo Ferrero,

A Academia Brazileira convidou-vos a dar algumas conferencias neste paiz. Contava de certo com a admiração que lhe haviam imposto os vossos escritos, mas a vossa palavra excedeu a sua confiança. Não é raro que as duas fôrmas de pensamento se conjuguem na mesma pessoa; conheciamos aqui este fenomeno e sabiamos delle em outras partes, mas foi preciso ouvir-vos para sentil-o ainda uma vez bem, e por outra lingua canora e magnifica.

Agora que ides deixar-nos levareis á Italia, e por ella ao resto do mundo europeu, a noticia do nosso grande entusiasmo. Creio que levareis mais. O que o Brazil revelou da sua crescente prosperidade ao eminente historiador de Roma ter-lhe-ha mostrado que este pedaço da America não desmente a nobreza da estirpe latina e crê no papel que de futuro lhe cabe. E se com essa impressão politica levardes tambem a da simpatia pessoal e profunda que inspirastes a todos nós, a Academia Brazileira folgará duas vezes pelo impulso do seu acto de convite, e aqui vol-o declara, oferecendo-vos este banquete.

Rio de Janeiro, 31 de Outubro de 1907.

Figura 5 – Discurso de Machado de Assis em homenagem a Guglielmo Ferrero, 31 de outubro de 1907. Fonte: Fundo Machado de Assis, Arquivo da Academia Brasileira de Letras, Rio de Janeiro.

> [...] uma espécie de nova religião, mais viva que o cristianismo, embora destinada a durar menos [...]: a religião do progresso [...]. Todos os americanos do Norte e do Sul entendiam o progresso como o aumento rápido e contínuo da riqueza, do bem-estar, do luxo, do poder, do conhecimento e da ciência: todas as coisas que os romanos definiam como corrupção [...]. Comparando o espetáculo diante de meus olhos com a imagem das civilizações antigas, que eu havia estudado até então, percebi, em certo momento, que eram duas sociedades diferentes e senti que poderia definir uma como qualitativa e a outra como quantitativa. As civilizações antigas eram qualitativas, e a moderna era uma civilização quantitativa.[54]

Em outro texto sobre o historiador Ibn Khaldun, GF havia identificado o progresso e a decadência como opostos no ciclo de desenvolvimento de uma civilização: não haveria progresso sem decadência (e, como diria Gina, não haveria gênio sem loucura). As Américas seriam, portanto, quase um oposto da velha Europa. Nesse aspecto, o casal Ferrero-Lombroso seguiria o *leitmotiv* de muitos viajantes estrangeiros para a América do Sul, no século XIX. Um motivo, aliás, também usado alguns anos antes por José Enrique Rodó em sua primeira obra que imediatamente se tornou um clássico, *Ariel* (1900). Rodó é um dos primeiros autores que já podem ser definidos como modernistas a celebrar uma América do Sul que é culturalmente diferente da América do Norte, porque é qualitativa e não quantitativa, latina de fato; que também se opõe fortemente à "nortemania" – a obsessão vertical com tudo aquilo oriundo do Norte – das elites intelectuais da região e ao que é anunciado como um novo imperialismo dos Estados Unidos, manifestado pelas consequências da Guerra Hispano-Americana de 1898-1900, com a ocupação norte-americana de Cuba e Porto Rico. Nesse sentido, a retórica e o discurso da GF apelaram para um sentimento que já estava vivo em boa parte dos intelectuais sul-americanos, como, por exemplo, em José Veríssimo, que de cicerone se tornou amigo do casal.

Em contraste com Gina, que publica seu diário de viagem[55] imediatamente após seu retorno, Ferrero não publica algo equivalente, mas suas reflexões acumuladas formariam parte integrante de pelo menos dois livros: *On écrit trop de livres d'impressions sur le deux Ameriques et cette literature a fini avec raison pour fatiguer le public* [Escrevemos demais livros com impressões sobre as duas Américas e essa literatura acabou, com razão, cansando o público]. Portanto, ele prefere escrever dois livros comparando as impressões do Novo Mundo com as do Velho Mundo: *Fra i due mondi: una riflessione sulle nazioni giovani delle Americhe* (1913), também rapidamente publicado em alemão, inglês e francês, e *Le génie latin* (1917).[56] Aqui está um trecho:

Emilio Mitre, Barão do Rio Branco e Theodore Roosevelt, esses três nomes que tenho o dever de escrever na primeira página de meu livro. E em três lembranças indeléveis em minha mente [...]. A primeira, Paris e a véspera do dia em que eu deveria concluir o curso no Collège de France [...], a noite de 23 de novembro de 1906: quando Emilio Mitre veio me ver e, com uma simplicidade amável, me convidou para fazer a longa viagem da Argentina em seu nome e em nome do *La Nación*, o grande jornal de Buenos Aires. Depois, na noite de 24 de junho de 1907: quando o Barão do Rio Branco, ministro das Relações Exteriores da Confederação do Brasil, mandou um representante eleito da Academia Brasileira, liderado por José Graça Aranha, para nos encontrar, minha senhora e eu, na bela baía do Rio de Janeiro, onde o *Cordova* fez uma parada, para nos dar as honras da cidade e nos convidar a visitar o Brasil em nosso retorno. Finalmente, o dia em fevereiro de 1908, quando – a terceira surpresa do Novo Mundo, não menos bem-vinda que as duas primeiras – chegou até mim, com as nobres palavras do Barão Mayor des Planches, o convite de Theodore Roosevelt.[57]

Ele prevê que haverá uma americanização da Europa, onde os valores do Novo Mundo, dedicados ao culto da quantidade e da novidade, se imporão sobre seu oposto, um Velho Mundo dedicado à qualidade e à tradição.[58] Portanto, haverá uma tensão crescente entre o progresso e a arte, e entre os novos ricos e as hierarquias tradicionais. As Américas seriam dominadas pelos novos ricos, e o Velho Mundo, pelas hierarquias tradicionais. O culto ao progresso e o desejo de rivalizar com o odiado irmão mais velho do Norte, os Estados Unidos, levam todos, até mesmo os intelectuais e literatos mais próximos a ele, diz Ferrero, a um culto, sem muito senso crítico, ao progresso, à transformação urbana, à luta contra as doenças tropicais e à industrialização. Na Europa, ao contrário, haveria um excesso de senso crítico, o que leva ao cinismo e à perda da fé no progresso de um país.[59] "Demais latim e filosofia na Europa, muito pouco nas Américas.":[60] essa frase poderosa resume o argumento comparativo de Ferrero. À oposição entre Velho e Novo Mundo, Ferrero antecipava, já em seus primeiros escritos, aquela entre a raça germânica (e inglesa), com sua civilização centrada no trabalho, e o "cesarismo" das civilizações latinas, em que uma pequena elite urbana, que administra muito, mas trabalha pouco, explora o trabalho de outros, especialmente nas áreas rurais. Essa segunda e mais antiga oposição será revivida após sua primeira visita aos Estados Unidos e ainda mais depois de sua segunda, em 1931. Se as Américas eram, portanto, o Novo Mundo, nelas havia uma oposição entre um Norte dominado pela raça germânica e um Sul onde o cesarismo ainda estava presente, embora eles ansiassem por uma sociedade centrada no progresso.

Para os europeus, especialmente os latinos, as Américas ainda seriam um lugar para a realização de sonhos e projetos que não teriam mais saída no Velho Mundo: "Os europeus viram o antigo cultivo da Europa novamente no solo virgem da América".⁶¹ É evidente que esses são temas e tipos de interpretações polarizadas que seduziram as elites político-intelectuais da América do Sul, especialmente naqueles anos de um genuíno culto ao progresso:

> Observe os Estados Unidos espalhando-se pelo México e pelo Canadá, e pelo Leste até as Filipinas. Observem como a França está se saindo com suas colônias! Ela deixa seus longos olhos demorarem-se sobre elas, mas, como um amante tímido, não ousa tocá-las [...]. A França está se despovoando, enquanto os Estados Unidos absorveram um milhão de homens da Europa e da Ásia e encontraram trabalho para eles.⁶²

O fato de estar sob a égide de CL foi, sem dúvida, decisivo para o grande sucesso, também em termos de público, das palestras de Gina e Guglielmo. Como Gina disse várias vezes em seu livro-diário da viagem, os dois são como os olhos de CL e beneficiam-se de sua fama. O sucesso das palestras de GF na Argentina e no Brasil certamente contribuiu para sua reputação como *conférencier* e fez com que ele fosse imediatamente convidado pelo presidente dos Estados Unidos, Theodore Roosevelt, quase no final de seu mandato, para dar suas palestras sobre o Império romano até mesmo na Casa Branca, em 1911.⁶³/⁶⁴ Em Nova York, ele também recebeu um diploma *honoris causa* da Universidade Columbia.⁶⁵

Os escritos de GF e Gina Lombroso sobre a América do Sul, no entanto, permanecem em algum lugar entre impressões de viagem, considerações canônicas para a época sobre a evolução linear do desenvolvimento e, no livro de 1917 – em meio à Guerra Mundial –, o renascimento da discussão sobre as diferenças entre latinos e arianos. No entanto, é interessante observar que, na época, a Europa era comparada à América como um todo, sem uma forte divisão entre América do Sul e América do Norte. A viagem do casal mostra um contexto em que as relações com a Europa eram muito menos desiguais do que seriam duas décadas depois: são a Argentina e o Brasil que primeiro descobrem, traduzem e convidam GF após seu sucesso na França. Os Estados Unidos vieram em seguida e serviram para corroborar uma série de imagens e estereótipos sobre as Américas.⁶⁶

A influência de GF na América Latina foi mais marcante nos campos da história, filosofia política e literatura. Rodriguez⁶⁷ mostra como as ideias de GF atraíram as elites intelectuais latino-americanas: a América do Sul parecia um continente com amplas possibilidades de pesquisa empírica, mais livre de amarras legais, um laboratório para ideias jovens e ousadas. GF continuará a escrever em vários jornais argentinos e brasileiros, até o final da década de 1930, especialmente no *La Nación* e no *Jornal do Comércio*. E após sua morte, em 1942, durante seu exílio em Genebra, Leonídio Ribeiro escreverá um longo e elogioso obituário para o mesmo *Jornal do Comércio*.

É interessante notar a relação dos quadros da Academia Brasileira de Letras, que muitas vezes atuaram na diplomacia brasileira com a Itália e os italianos. Vejamos o caso de Graça Aranha, que viveu na Itália por dois anos (1905-1906) e que em sua juventude foi amigo íntimo de José Veríssimo.[68] Entrou para a Academia a convite de Joaquim Nabuco, antes mesmo de publicar seu primeiro livro. Quando finalmente cumpre sua primeira missão na Europa com Nabuco, Graça Aranha define-se como anarquista e simpatiza com Dreyfus, participando da campanha de Zola e dos socialistas por sua libertação. José Veríssimo é definido por ele como socialista, anarcossocialista, pró-Dreyfus, culto e até um pouco aristocrático: portanto, não é coincidência que sejam os dois que atuem como cicerones do casal Ferrero-Lombroso.[69] GF torna-se amigo de Graça Aranha em 1903, em Londres,[70] onde acompanha o rei da Itália, como historiador, na conferência de paz que estabeleceria as fronteiras entre o Brasil e a Guiana Inglesa.[71] As relações entre a família Graça Aranha e a família Ferrero-Lombroso são próximas e afetuosas. Maria Graça Aranha escreve a GL em uma carta enviada de Petrópolis, em 16 de outubro de 1907:

> Minha cara senhora, fiquei encantada com seus afetuosos despachos de São Paulo, que recebi hoje. Temos acompanhado sua viagem graças aos telegramas detalhados. E para nós é uma imensa satisfação que tenha gostado tanto de sua viagem a São Paulo. No Rio de Janeiro, sua ausência é muito sentida, pela cidade acostumada a tantos convidados ilustres, pelos amigos e, especialmente, por meu marido e eu, que já estávamos acostumados a essa convivência amigável. Gina e Guglielmo Ferrero não são apenas os descobridores do novo Brasil, mas também seus conquistadores [...]. Saudações afetuosas.

E, em uma carta de Graça Aranha para Gina, enviada de Paris em 4 de setembro de 1910, lemos: "Querida senhora e amiga, sua carta chegou-nos ontem de manhã, como um raio de sol!". Em 1909, Graça Aranha visita GF na Itália, hospedando-se em sua casa no lago Maggiore.[72] O trabalho de Ferrero sobre as civilizações e as Américas, onde o Norte seria influenciado por civilizações (Inglaterra e Alemanha), é seguido por Graça Aranha por muitos anos.⁷³ Os dois continuam amigos e mais tarde Graça Aranha visita GF em Paris.⁷⁴ Em setembro de 1920, foi lançada a versão em inglês de *Canaã*, em uma edição norte-americana, com o Prefácio do próprio GF,⁷⁵ que define a obra como o melhor romance americano sobre imigração.⁷⁶ Apesar dessa amizade com GF e da relativa familiaridade com a produção intelectual italiana, as opiniões sobre os italianos e sua cultura cotidiana são muito baixas, como mostram várias cartas de Graça Aranha a Veríssimo, escritas de Roma, onde Graça Aranha viveu em 1905-1906 (encontradas nos arquivos da Academia Brasileira de Letras e na Casa Rui Barbosa). Em consonância com as opiniões de diplomatas britânicos e franceses, ele argumenta que os italianos seriam um povo extravagante ou *nice and funny*, acostumado a se adaptar e negociar regras em vez de seguir a lei. Além disso, os italianos seriam dotados de um rei ignorante e de uma conhecida "perfídia racial" que os faria sempre oscilar entre a busca de transações (econômicas) e combinações (políticas).⁷⁷ Os milhões de italianos que emigraram para o Brasil naqueles anos, sem dúvida, contribuíram para reforçar essa ideia clássica: os italianos foram grandes e ricos no passado, mas hoje são pobres, degenerados e/ou decadentes.⁷⁸

A maneira como GF e Gina Lombroso são recebidos na América do Sul mostra uma situação complexa: eles são recebidos de braços abertos, tomados como modelos, mas também criticados ou até mesmo execrados. Eles se tornam parte de várias agendas políticas. Eles são defendidos pela parte mais conservadora da colônia italiana, representada pela Sociedade Dante Alighieri, mas também são considerados seus tutores por grupos socialistas, maçons e grupos de espíritas. Eles são procurados por italianos humildes e pobres, doentes mentais e prisioneiros que imploram sua atenção. No entanto, eles também foram criticados, especialmente na Argentina, pelos preços excessivamente altos dos ingressos para a conferência, que acabaram permitindo que apenas as pessoas mais ricas participassem. Além disso, houve um debate acalorado em várias ocasiões sobre a visita do casal: primeiro, após a publicação do diário de viagem de Gina, *Nell'America Meridionale*, um verdadeiro *instant book* publicado em 1908, que foi descrito como superficial pela imprensa, especialmente no Brasil;⁷⁹ mais tarde, em 1913, quando foi publicada a obra *Fra i due mondi* [Entre dois mundos]; e novamente quando foi publicada a correspondência de Machado de Assis, em 1938, na qual se pode ver o esforço, inclusive financeiro, da Academia Brasileira de Letras para garantir sua vinda. No final da década de 1930, essas críticas alinharam-se ao novo nacionalismo neutralista, que criticava a atitude supostamente antipatriótica de Rio Branco com sua iniciativa diplomática de promover o Brasil na Europa, entre 1890 e 1910, ironicamente chamada de "Embaixada de Ouro". Tudo isso em meio a uma acirrada polêmica que se instalou no Brasil, entre 1938 e 1941, e dividiu a opinião pública brasileira entre neutralistas e intervencionistas.[80]

Figura 6 – *Charge* humorística da revista *O Malho*, n. 264, 1907.

Examinaremos a seguir duas viagens de outro membro do núcleo duro da Escola Positivista, Enrico Ferri, cuja influência na região se deu, em primeiro lugar, nas áreas de direito e criminologia.

Enrico Ferri

"A viagem do Dr. Ferri foi um sucesso magnífico. Imagine o sucesso que seria uma visita do Mestre à Argentina!" (carta de Emilio Mitre a CL, 12 de setembro de 1908, Arquivo do Museu Cesare Lombroso.)

O jornal *O Estado de S. Paulo* anuncia, em 21 de outubro de 1908, que na mesma noite, no Teatro Polytheama, Enrico Ferri dará uma palestra científica intitulada "Mulher: o que é e o que será". Ferri, diz o jornal, não falará do ponto de vista pessoal do homem, mas "falará sobre a mulher de acordo com os resultados da psicologia científica e da observação social na Europa e na América".

Um grande orador versátil, "um orador extraordinário, talento em ação",[81] ou, como diz Mack Smith,[82] "um charlatão político: bonito, eloquente e vaidoso". O próprio Pick descreve-o como o *bulldog* de CL, pelo menos até 1890. Vincenzo Accattatis, em sua Introdução à reimpressão do que talvez seja o livro mais famoso de Enrico Ferri, *Sociologia criminale* [Sociologia criminal], de 1892, diz:

> Ferri é um político que desfruta, além de muita hostilidade pessoal, também de muita simpatia: 1) a burguesia gosta dele porque fala do criminoso nato, porque é malthusiano, porque prega a necessidade de repressão severa; 2) serve aos socialistas, na época da tempestade de Crispi [Francesco Crispi foi o primeiro ministro de um governo particularmente autoritário], não apenas por causa de seus discursos em julgamentos políticos, mas também porque, como um advogado habilidoso, ele consegue preparar defesas ideológicas do tipo *Socialismo e scienza positiva*.[83]

Em 1896, ele funda uma revista para estudos jurídicos chamada *La Scuola Positiva* e, posteriormente, uma escola de direito penal aplicado em Roma, da qual a revista se torna o órgão oficial, a Scuola di Applicazione Giuridico--Criminale na Real Universidade de Roma. A escola atrai pesquisadores de toda a Itália e do exterior, até mesmo da América do Sul.[84] Esta tripla militância – socialista, no direito e na escola de antropologia positiva –, combinada com o fato de ser parlamentar, abre espaços internacionais para ele, especialmente na América do Sul (mas também há interesse em suas ideias na Turquia de Atatürk e certamente em outros países, especialmente aqueles que mais tarde adotaram o Código Rocco como base de seu direito penal).[85]

Cheio de contradições, Ferri, em 1903, manifesta-se contra o militarismo e é denunciado pela Marinha por desacato a um funcionário público, enquanto em 1912, contra a vontade do Partido Socialista, vota a favor da anexação da Líbia à Itália e, em 1916, vai contra a guerra. Nos últimos anos de sua vida, troca a esquerda socialista pelo apoio entusiástico ao fascismo, juntamente com vários anarcossindicalistas e socialistas fundamentalistas. Em 1922, adere ao fascismo, elogia Mussolini em dois textos (*Il fascismo in Italia* e *Mussolini uomo di Stato*) e este o nomeia senador. Ele morre pouco tempo depois, em 1929. Essas contradições políticas, mas também seu tipo de oratória e seu pronunciado ecletismo, fizeram com que Gramsci não gostasse dele, que o identificava como um típico expoente do lorianismo e o acusava de ser aproximativo e pouco rigoroso no uso da teoria, relatando a declaração de Ferri a seus alunos para que lessem Achille Loria, mas não Marx, porque deste último ele afirma não ter entendido nada.

Enrico Ferri visita a América do Sul duas vezes, em 1908 e em 1910, visitando a Argentina, o Uruguai, o Chile e o Brasil. Thorsten Sellin[86] relata que, durante a primeira viagem, Ferri deu até 80 palestras em 110 dias; segundo outros, foram 80 em apenas 90 dias,[87] com ciclos sobre a maioria dos assuntos (Ferri declara, em uma de suas notas, que durante a sua vida deu 6 mil palestras sobre pelo menos 40 tópicos diferentes).[88] A primeira viagem foi organizada por um empresário para um público de pessoas curiosas, e não acadêmicas.[89] Nos jornais, o evento foi anunciado como uma série de palestras científicas e literárias. Aqui está a lista de tópicos entre os quais Ferri mais tarde escolheria as palestras a serem realizadas no Brasil:

> 1. Ciência e vida no século XX; 2. Delinquentes na arte; 3. A epopeia da independência sul-americana vista do outro lado do Atlântico; 4. Espiritismo – com projeções; 5. A psicologia de Garibaldi; 6. Wagner e o homem de gênio; 7. A Itália contemporânea; 8. O homem no ano 2000; 9. O enigma da vida – com projeções; 10. Paris e a França contemporânea; 11. Os grandes navegadores depois de Colombo – com projeções; 12. Pio X; 13. Alguns criminosos famosos: os Apaches, a Camorra, Máfia, Musolino – com projeções; 14. Pão e Amor; 15; Guerra e trabalho; 16. A conquista da felicidade; 17. A mulher como ela é e como ela deve ser; 18. A arte de educar nossos filhos; 19. Selvagens e delinquentes – com projeções; 20. O presente e o futuro da justiça criminal; 21. A máquina a vapor – com projeções; 22. Um flagelo social: o alcoolismo – com projeções; 23.

O livre-arbítrio. Vontade é poder. Vício e virtude; 24. História natural da humanidade – com projeções; 25. Crime e a questão social; 26. Revolução social e evolução econômica; 27. Montecitorio: impressões e lembranças do Parlamento italiano.[90]

No final, os tópicos das 12 palestras eram variados: "Itália; Espiritismo; Pio X; Pátria e Humanidade; Pão e Amor; A Igreja e a Mulher; A Psicologia de Garibaldi; O Café; Do Micróbio ao Homem; A Mulher: o que é e o que será; Wagner e o Homem de Gênio; Educar as Crianças" (*O Estado de S. Paulo*, 11 de novembro de 1908).

A viagem é anunciada em periódicos cariocas, como a *Fon-Fon* e o *Correio Paulistano*, em que se diz que Ferri fará até 200 palestras, e é dada a notícia da mobilização dos ex-alunos da Faculdade de Direito de São Paulo, que, tendo ouvido da *Fon-Fon* sobre a visita de Enrico Ferri à América do Sul, exigem que ele venha a São Paulo, onde teria muitos admiradores. Em 7 de junho, Ferri embarca em Gênova, no navio a vapor *Principe di Udine*. Ao chegar ao Porto de Santos, as imagens foram filmadas, o que era excepcional na época, e o filme foi exibido como uma grande novidade no principal cinema de São Paulo, em 2 de novembro de 1908 (*O Estado de S. Paulo*, 2 de novembro de 1908). Foi sua primeira viagem à América do Sul. Dois anos depois, ele retornou, dessa vez convidado pelas universidades.[91] Há textos de duas de suas palestras, ambas dirigidas a um grande público e altamente aclamadas, realizadas no Círculo de Operários Italianos em Buenos Aires, em 30 de agosto de 1908, e na Faculdade de Direito de São Paulo, em 14 de novembro de 1908. Em Buenos Aires, ele apresenta um volume sobre a presença italiana na Exposição Internacional da mesma cidade. Lá, Ferri fica impressionado com o jardim zoológico, a Universidade de La Plata, a qualidade dos jornais e, assim como o casal Ferrero-Lombroso, com o magnífico e moderno asilo *open door*.[92]

Pouco depois de retornar da viagem, Ferri discursa no Parlamento Italiano sobre a importância da América Latina:

> A Itália é um grande exportador de homens mais do que de mercadorias [...]. Lá eles têm fé no futuro, enquanto, quando você volta para a Itália, você fica com o coração apertado porque os italianos não acreditam que as coisas possam melhorar. A raça e o idioma criam condições menos difíceis para nossos emigrantes na América do Sul [...]. Dinheiro inglês, trabalho italiano. A Inglaterra sempre soube fazer seus negócios muito bem[93] [...]. A antiga estrada consular de onde as pessoas partiam para conquistar o mundo é agora a ferrovia [...]. Nossa superpopulação, com 110 habitantes por quilômetro quadrado, torna a emigração uma necessidade.

Os Estados Unidos e a Austrália estão fechando suas portas, nossas colônias na África ainda não estão prontas, resta a América do Sul [...]. Na Argentina há um padrão de vida mais alto do que na Itália, e no Brasil há grandes oportunidades para nós [...]. Os italianos cultivavam as terras argentinas com um revólver na mão, caçando índios nas florestas.[94]

O discurso de Ferri destaca como a polaridade latino-ariana é importante em sua retórica – os latinos são a raça sentimental, os anglo-saxões, a racional – e como o êxodo migratório nos anos 1890-1910 teve uma forte influência no nacionalismo italiano, nos anos que antecederam a Primeira Guerra Mundial. Cunsolo (1993) mostra como a emigração em massa, a ansiedade pelas conquistas coloniais, o crescimento dos mercados e o nacionalismo estão interligados. Podemos acrescentar que, no caso desses intelectuais italianos, sua condição de subalternos e periféricos em relação à produção intelectual dos países europeus mais poderosos e de tradição imperial não os torna automaticamente antirracistas ou mesmo opositores ao princípio do colonialismo. O fato de se sentirem discriminados pelos britânicos, franceses e norte-americanos não é, por si só, um antídoto para a crença em hierarquias raciais que consideram os brancos – mesmo os "latinos" –, de qualquer forma, superiores aos não brancos:

> Esse fenômeno da emigração, embora determinado por leis naturais superiores a qualquer governo, pode e deve, no entanto, nas mãos de um governo moderno, ser um dos instrumentos da grande política internacional contemporânea que, como sabemos, mudou seu foco do espírito de conquista de território para o espírito de conquista do mercado [...]. Tenho plena consciência de que cada país, nessa conquista do mercado internacional, deve ter três campos de ação. Colônias de domínio direto, para nós, Eritreia e Benadir.[95] Mercados ocasionais, como conseguimos fazer na Turquia, após o boicote aos produtos austríacos depois dos conhecidos eventos nos Bálcãs. Em terceiro lugar, há os núcleos de italianos, que representam uma clientela formada naturalmente [...]. Para ir em busca de clientela na Eritreia e em Benadir, teríamos de esperar muito tempo até que o fenômeno da superprodução da população italiana pudesse ter seu escoamento adequado lá [...]. Os anglo-saxões têm, pelo menos até agora, quase que somente a obsessão pela conquista da riqueza e a vertigem da vida empresarial. Eles não deixam quase nada para a alma humana [...]. Bem, na América do Sul, sente-se essa atmosfera latina [...]. Por isso, penso que na América do Sul, por ter um tipo de civilização latina, a emigração italiana encontra condições menos difíceis, também por causa da raça e da língua. O nosso emigrante da Calábria, Basilicata e Sicília, que vive na América do Norte, depara-se com fortes raças anglo-saxônicas, depara-se com

uma língua que lhe é quase inacessível [...]. Na América do Sul, por outro lado, a raça é semelhante à nossa, de fato, os filhos do país que são descendentes de espanhóis e portugueses não têm mais força de vontade e força intelectual do que o povo italiano e, portanto, o povo italiano encontra-se em condições em que a luta pela existência se torna menos difícil e a língua é mais acessível [...]. Os italianos são da raça latina, assim como os espanhóis e portugueses, e trouxeram seu sentimentalismo para a América do Sul por mais de um século [...]. A raça e a língua são condições menos difíceis para nossa emigração para a América do Sul [...]. O americano do Sul não é um seguidor tão resoluto da doutrina de Monroe quanto o americano do Norte, por causa de sua própria condição, porque ele precisa de população.[96]

Essas opiniões mostram não só o quanto Ferri estava familiarizado com as teorias de Gumplowicz[97] – das quais CL e seus colaboradores falavam muito – sobre o progresso como resultado da competição entre "raças", mas também como a promoção de certa latinidade em uma chave pró-italiana e antianglo-saxônica não subvertia as hierarquias raciais hegemônicas, mas confirmava-as, tentando criar um espaço para os italianos em um contexto internacional em que as "raças" mais "férreas" (brancas) tinham mais poder. Como mostra a lista disponível nos arquivos de Turati, em 22 de maio de 1910 Ferri dá uma palestra sobre a República Argentina no Campidoglio, na presença do rei da Itália.

No Brasil e na Argentina, a viagem provoca entusiasmo não apenas na comunidade italiana. Os principais jornais da época estão repletos de notícias, inclusive nas primeiras páginas, como vemos no *Jornal do Comércio*, em *O Estado de S. Paulo* e no italiano *Fanfulla*. Jornais de outras comunidades de imigrantes, e havia muitos em São Paulo, como o semanário *Deutsche Zeitung für S. Paulo*, também fizeram uma ampla cobertura da visita. O *Deutsche Zeitung* de 31 de janeiro de 1908 anuncia, entre outras notícias, que o professor Enrico Ferri fará uma turnê de palestras no Brasil, na Argentina, no Uruguai, no Paraguai, no Chile e no Peru, e que, por esse contrato, ele receberá a "pequena soma" de 100 mil liras. A visita é anunciada pelo *Secolo* de São Paulo, outro importante jornal italiano, que publica entrevistas com Ferri nas quais a viagem é anunciada (que, no entanto, não chegará ao Peru, como anunciado inicialmente). Várias fontes indicam que a primeira turnê de palestras foi um grande sucesso.[98] Nos jornais, Ferri é anunciado como um campeão triunfante da ciência, um demolidor de preconceitos e convenções, chegando a realizar um seu antigo desejo, o estudo das civilizações sul-

-americanas, mas também para conhecer a outra Itália deste lado do Atlântico (*Diário Popular*, 2 de novembro de 1908).

Ferri chega a São Paulo em 7 de novembro de 1908.[99] As palestras são realizadas, como no caso de Ferrero, no Teatro Polytheama (provavelmente os organizadores são os mesmos). Ele também realizará conferências em Campinas, Ribeirão Preto e Amparo, retornando ao Rio de Janeiro em 16 de novembro. Como já mencionado, para Ferri houve verdadeiras ovações e um grande público na Faculdade de Direito de São Paulo (e a *Revista da Faculdade de Direito de São Paulo*, de 1909, é testemunha disso): "Incrível, a conferência [...]. A ideia é mágica e convincente, sua palavra encanta, choca, ensina, é o mestre da palavra como há tanto tempo escreve seus livros monumentais" (*Diário Popular*, 7 de novembro de 1908). Ele até mesmo recebe um telegrama de boas-vindas do presidente do Brasil, Afonso Pena, e suas palestras são comentadas positivamente no Parlamento, onde um discurso a seu favor chegou a ser proferido pelo deputado Irineu Machado.[100] Mais tarde, ao visitar o Teatro Colombo, ele é recebido com aplausos e quase é obrigado a falar. No Rio de Janeiro, o Barão do Rio Branco atribui a Graça Aranha a tarefa de cicerone de Ferri, como no caso de Ferrero. A Ordem dos Advogados do Rio de Janeiro confere-lhe o título de membro honorário. Uma constante de Ferri em suas declarações públicas é definir a ciência como a espada de Sansão, que corta o fio que sustenta o obscurantismo. Em 1º de dezembro, o Centro Socialista Internacional oferece a Ferri um banquete no Hotel Roma e, no Salão Gomes (antigo Steenway), ele profere a palestra "Cosa è e cosa sarà il socialismo" [O que é e o que será o socialismo] para uma plateia formada principalmente por trabalhadores, na qual reitera que o socialismo não é filantropia e repete o que havia dito na Argentina: ainda não há condições para um socialismo baseado na coletivização dos meios de produção porque na América do Sul ainda não houve desenvolvimento suficiente da propriedade individual (*Diário Popular*, 4 de dezembro de 1908).

No entanto, as palestras de Ferri também recebem duras críticas, algumas das quais oriundas, como veremos mais adiante, dos socialistas, especialmente na Argentina. Muito mais fortes, entretanto, foram as críticas da Igreja católica. Ferri tornou-se de fato um *casus belli* no contexto da forte polêmica da época que se opunha ao positivismo da República e à administração da assistência social pela Igreja.[101] A Igreja católica organiza um protesto – "não de rua, mas culto" – com uma série de contraconferências, nas quais o padre

João Gualberto do Amaral, conhecido professor de teologia moral e direito canônico no seminário local, cujo nome, na década de 1940, foi dado à rua em que se localiza a grande Universidade de São Paulo, em três palestras, apresenta sua polêmica e aclamada "Refutação a Ferri".[102] Ferri desencadeia a ira da cúria ao propagar não apenas o positivismo, mas também o socialismo, o materialismo e o ateísmo, e ao criticar o assistencialismo da Igreja, que, em sua opinião, não resolve os problemas sociais. Em 10 de novembro, no auditório do Liceu Coração de Jesus, o padre João Gualberto do Amaral profere uma de suas palestras em oposição a Ferri, "Uma lição a Ferri". Aparece para a palestra um grande público, também formado por associações católicas (*Diário Popular*, 14 de novembro de 1908). A última das três palestras é intitulada "A Igreja e a mulher segundo Ferri" (*Diário Popular*, 18 de novembro de 1908). No mesmo dia, Ferri dá uma palestra sobre Pio X. Padre Gualberto afirma que, ao contrário do que Ferri sustenta, há mulheres de gênio como Santa Teresa e Madame Curie, e não está de acordo com as novas descobertas científicas afirmar que o cérebro das mulheres é diferente: é interessante que o padre Gualberto invoque as descobertas da ciência moderna para atacar as posições positivistas-ateístas de Ferri. Como dois anos depois, no Chile (onde Ferri realizará conferências em Santiago e Valparaíso de 29 de setembro a 3 de outubro de 1910, incluindo "As maravilhas do século XIX" e "O homem delinquente"), a Igreja chega a ponto de proibir os católicos de participar de suas conferências (como escreve *O Estado de S. Paulo*). Em São Paulo, a Igreja, já irritada pela sua palestra de 1908 na Faculdade de Direito e por aquela dedicada a Jesus, boicota o ciclo de palestras que ele proferiu em 1910.

O *Deutsche Zeitung*, por sua vez, não aprecia a entrevista de Ferri no *Jornal do Comércio*, na qual ele argumenta que os italianos, especialmente os do Sul, seriam semelhantes aos brasileiros e, portanto, poderiam ser considerados os imigrantes ideais por parte dos próprios brasileiros. O jornal alemão também está surpreso pelo tom positivo com que Ferri descreve os italianos do Sul ou meridionais; em 26 de novembro de 1909, informa, com certa ironia, que Ferri, em uma entrevista ao *Secolo*, anunciou seu próximo livro sobre as Américas, a ser publicado em italiano, inglês, francês e alemão – o livro, de fato, nunca será escrito.

A visita provoca mais protestos, inclusive na comunidade italiana. Vejamos o artigo, provavelmente escrito pelo próprio Oreste Ristori, assinado "Uno sfruttato" ["Um explorado"], publicado no jornal anarquista *La Battaglia*, em 8 de agosto de 1909:

Reconhecemos que é inútil protestar contra os abusos e a sujeira dos quais somos vítimas diariamente, mas também não é ruim que das colunas do *La Battaglia* se divulgue o iníquo sistema de exploração dos patriotas ítalo-argentinos dos quais tão entusiasmado se mostrou em Buenos Aires o Sr. Enrico Ferri.

Os protestos também seriam ouvidos na Itália, como mostra o *Deutsche Zeitung* de 9 de julho de 1909: "Em uma reunião socialista em Milão, o professor Enrico Ferri foi atacado por um certo Storchi por suas declarações no Parlamento Italiano sobre o Brasil e a Argentina. Ferri reagiu e houve um tumulto, pelo qual a polícia foi chamada para restaurar a ordem". Lemos no *Deutsche Zeitung* de 30 de dezembro de 1910: "O professor Enrico Ferri, que acaba de retornar ao seu país, disse aos jornalistas que, se quisermos ser bem tratados, devemos declarar que a Argentina pertence aos argentinos e o Brasil, aos brasileiros". Ferri acrescentou que "a Alemanha e os Estados Unidos estão fazendo grandes esforços para conquistar os mercados sul-americanos, o que cria obstáculos para os acordos comerciais e de emigração entre os países latino-europeus e as Américas". O jornal acrescenta que Ferri foi atacado por socialistas radicais por defender o estado de exceção declarado na Argentina.

A série de palestras de Ferri também deu origem a confrontos verbais, como o que ele teve com o intelectual argentino Juan Justo, fundador do Partido Socialista Argentino, que, no meio de sua palestra no Teatro Odeon lotado, acusou Ferri de ceder demais à burguesia de Buenos Aires, que lhe pagava por suas palestras. De fato, Ferri, assim que chegou à Argentina, começou a declarar que naquele país não poderia haver socialismo, porque não havia proletariado industrial.[103] Não eram, de fato, eventos acadêmicos, mas palestras para um público amplo, típico do estilo de GF e dos franceses Clemenceau, Jaurès e Anatole France, convidados naqueles anos. Em sua primeira viagem, Ferri chegou a fazer cinco conferências por dia em Buenos Aires, sempre anunciadas nos jornais, em um total de 50 palestras, além das que deu em outras grandes cidades argentinas. Essa hiperatividade, combinada com o clamor causado por suas palestras, atraiu outras críticas. Além de Juan Justo, Ernesto Quesada, titular da primeira cadeira de sociologia na Argentina, de 1904 a 1924, na Faculdade de Filosofia e Letras da Universidade de Buenos Aires (e que um pouco mais tarde colaboraria com a revista *AP*), acusa-o de ser insincero, mesmo em um jantar em sua homenagem. E um jornalista italiano acusa-o de não falar sobre a miséria entre os imigrantes italianos (embora Ferri realmente fale bastante sobre isso em seu relatório ao Parlamento Italiano).

Giuseppe Bevione discute o "caso Ferri" em seu livro *L'Argentina*:

> [...] os *huespedes distinguidos* que a Argentina recebe em suas dezenas a cada inverno são os menos favorecidos para um exame exaustivo da condição do país. Quanto mais *distinguido* o hóspede, mais as dificuldades agravam-se [...]. A estadia do hóspede ilustre torna-se uma cerimônia sem descanso e sem fim. E Ferri é, sem dúvida, o mais ilustre dos convidados e tem tempo para ver as coisas boas, mas não as ruins. Em sua primeira visita, ele não esteve no Hotel degli Immigranti nem em um *conventillo* [um pátio dilapidado onde as famílias dos imigrantes italianos viviam durante os primeiros anos de sua estadia], e aparentemente não esteve lá na segunda visita. Ele pode ter tido o desejo, mas não o tempo. Entretanto, para um cientista da Escola Positiva e da patologia social, que se diz socialista, deixar a Argentina sem ter visto um *conventillo* é grave. Além disso, esses ilustres convidados saem com um bom cachê em suas carteiras [...] e é preciso escolher entre o caminho da carne e o do espírito [...]. Se escolhermos o caminho das festas, das cem novas amizades por dia, dos almoços fora de casa, necessariamente se assume o compromisso de gratidão.[104]

Ele continua sugerindo que ainda é uma questão de os palestrantes fazerem turnês de palestras na Argentina, assim como Caruso fez turnês de concertos na América do Norte. Ferri responde a essa crítica com franqueza, dizendo que não somos nós que viemos à Argentina "para ganhar dinheiro" que podemos nos dar ao luxo de perturbar os argentinos, censurando-os.[105] E, quando Bevione lhe pede que tome uma posição sobre as condições dos trabalhadores italianos na Argentina, tratados em sua maioria como *fellahins* pela raça argentina que se sente tão superior, que quer consumir sem produzir, Ferri permanece em silêncio, embora mais tarde informe que há anos vem se correspondendo com dois importantes intelectuais socialistas argentinos, Manuel Ugarte e Alfredo Palacios.

Quesada, em seu discurso no banquete em homenagem a Ferri, talvez seja mais elegante na forma, mas ele vai ainda mais longe. Por um lado, ele celebra suas habilidades oratórias, seu humor e sua capacidade de lidar com temas tão diversos – que vão da música wagneriana ao gênio latino e ao futuro das jovens nações americanas –; por outro, ele critica de forma educada, mas precisa, sua superficialidade, sua preocupação com a forma, e não com o conteúdo, e seu uso impreciso e generalizante de categorias como "raça" e "latinidade". Ele acusa Ferri de empregar a palavra elástica "raça" sem especificar seu uso ou nos dizer se ele a usa com um critério étnico, linguístico ou social. Em relação ao termo "latinidade", ele só pode ser usado apenas em termos literários, já que não existe uma raça latina pura, após a intensa miscigenação que ocorreu nessa parte do mundo.[106]

Sem dúvida, o orador popular usa essa palavra como algo que todos acham que entendem, embora ninguém possa ser mais preciso. Um sociólogo, no entanto, deve ser cauteloso. É como dizer que pertencemos a uma suposta raça latina, sem levar em conta que nem mesmo o núcleo hispânico original de nossa nação era racialmente puro, e depois foi ainda mais misturado com sangue africano e indígena. Será que falar espanhol, ou mesmo uma versão desfigurada dele [o *cocoliche*, que é falado na região de Buenos Aires], nos torna uma raça latina?[107]

Quesada mostra que está tão familiarizado com o debate francês após Paul Broca quanto com o debate italiano sobre a questão meridional e as duas Itálias (o tipo de população que habita a península). Mas há também uma grande admiração por Ferri, com sua dupla militância acadêmica e política, tanto que ele o convida a escrever uma monografia sobre a filosofia da história argentina, um trabalho que ainda estaria faltando: "Você é tão atraente e simpático, e emana um poderoso perfume de bondade [...]. Toda a cidade de Buenos Aires desfilou em frente à porta do Teatro Odeon[108] nas sucessivas palestras dadas pelo conhecido criminologista e tribuno socialista Enrico Ferri".[109]

Como desculpa, Ferri diz que foi o empresário que o contratou que ordenou que ele não mantivesse contato com socialistas nem tocasse em tópicos muito polêmicos, durante a vigência do contrato. "Portanto", diz Ferri, "estou preparado para dar outro tipo de palestra, e também para as associações de trabalhadores, após a expiração do contrato ou até mesmo para retornar à Argentina para outros tipos de encontros", como ele realmente fez em sua segunda viagem, em 1910. Apesar da maior atenção dada às associações de trabalhadores, mesmo na segunda viagem houve protestos da esquerda socialista.[110] Em 20 de novembro de 1910, Ferri, a pedido da Federação dos Trabalhadores, realiza uma conferência sobre a organização dos trabalhadores na Europa e na América, no Teatro Carlos Gomes, no Rio de Janeiro. Quase no final, o famoso exilado anarquista italiano Oreste Ristori, do jornal *La Battaglia*, pede a palavra, mas Ferri nega-lhe. Nesse momento, Ristori ataca Ferri, chamando-o de "socialista de opereta" sob os aplausos dos presentes (*O Estado de S. Paulo*, 21 de novembro de 1910). Tendo chegado à América do Sul em 1904, Ristori, em 1910, já desfrutava de grande notoriedade entre os anarquistas e socialistas brasileiros.[111] De fato, o sucesso de público durante a primeira viagem de 1908 foi tão grande, que, assim que o primeiro ciclo de palestras terminou, é organizada uma nova série especial e um ciclo mais curto em várias outras cidades da Argentina. Essas "giras oratórias" competem em popularidade com as "giras artísticas" e, portanto, muitos empresários dedicam-se a organizar esses ciclos de "números um" da Europa. Considerando o sucesso de Ferrero, muitos empresários calcularam que era mais barato encher o Odeon com palestras dadas por um único orador do que com uma companhia de teatro. Assim, o empresário Rosa convidou Ferri, que tinha um público ainda maior que o de Ferrero, e conseguiu encher o teatro à tarde com palestras e à noite com apresentações. Mais tarde, Rosa disse que traria Anatole France e muitos outros do mesmo calibre: "a cascata de dinheiro produzida por Ferrero e Ferri chocou até mesmo os mais pacíficos e os empresários veem neles a salvação".[112]

O palestrante Ferri, como Ferrero no ano anterior, tornou-se uma estrela, e suas palestras devem ser consideradas sob esse aspecto, argumenta Quesada.[113] Portanto, é o empresário Rosa, e não o próprio Ferri, quem escolhe os tópicos das palestras, achando que conhece seu público e considera-o de baixo nível intelectual; e Quesada acusa Rosa de subestimar a cultura intelectual do público de Buenos Aires. São palestras que poderiam até funcionar para um público de universidades socialistas populares, [mas] não foram projetadas para um público erudito. O palestrante triunfou, portanto, mas não o homem de ciência; foi um sucesso com o público, e não com os críticos. Por isso, Ferri, como cientista, não pode ser julgado com base nessas palestras dirigidas ao público em geral. Felizmente, Ferri também usou parte de seu tempo para dar palestras em universidades, com um teor muito diferente, acrescenta Quesada. No entanto, mesmo lá, Ferri mostrou que 15 anos de ativismo frenético socialista o haviam distanciado um pouco da nova ciência. Em seu tempo livre, Ferri cuida de sua voz: "cuida da garganta como uma prima-dona cuida da sua", limpa-a, faz exercícios, toma pastilhas, permanece em total silêncio antes das palestras, exatamente como um tenor.[114]

Do divo, Ferri também teria o comportamento de uma "criança terrível", diz um certo Areco, citado por Quesada, que parece ter publicado um livro popularizando o trabalho de Ferri na Argentina: excessos de raiva, sono profundo e sagrado, virtuoso estupendo, ator consumado, comportamento *blasé*, pouca atenção a horários e compromissos, elegante e com um corpo arrojado, barba bem cuidada e longos cabelos cacheados.[115] Os jornais acompanhavam de perto todas as suas palestras e ele superou Ferrero na arte da oratória, mesmo nas universidades. Assim, quando, ao final do primeiro ciclo de palestras, ele foi para a Universidade de La Plata por um dia com sua esposa, ao descer do trem, foi recebido pelo reitor e por um grande grupo de pessoas, que não os deixaram sozinhos por dez longas horas. La Plata é uma universidade dedicada às ciências positivas, das quais Ferri é considerado um apóstolo. A Faculdade de Ciências Jurídicas e Sociais concede-lhe um doutorado *honoris causa* e, mais tarde, um banquete com 150 participantes. Em seguida, ele dá outras palestras para um público universitário, entre outras na Faculdade de Direito de Buenos Aires. Mesmo lá, no entanto, argumenta Quesada, ele não consegue brilhar como acadêmico, permitindo-se ser dominado pelo complexo de tribuno.[116]

De alguma forma, a série de palestras de Ferri desencadeou um debate entre os acadêmicos, mas também na opinião pública da classe média urbana. O periódico *La Patria degli Italiani* de 3 de outubro de 1908 elogiou Ferri e sua prática como um divulgador ou popularizador da ciência. Essa defesa aparece em um resumo no final do livro feito por Quesada, que se reserva o direito de reproduzir seu julgamento sobre as palestras de Ferri. Se Quesada criticou sua superficialidade, as reportagens dos jornais da época mostram que uma parte do público, principalmente feminina, se não feminista, reagiu à conferência sobre as mulheres, contestando as ideias de Ferri sobre a inferioridade intelectual das mulheres. No Brasil, provavelmente devido à ausência de um movimento sufragista organizado, na questão das mulheres a oposição a Ferri veio de um homem de peso no movimento espírita, Teixeira Mendes.

Buenos Aires recebia palestrantes estrangeiros, ouvia-os, entretinha-os e até lhes pagava generosamente, mas também era capaz de criticá-los severamente. Parece, inclusive, que criticar os convidados ilustres era uma forma de mostrar o alto grau de desenvolvimento intelectual e o quanto a inteligência portenha estava *à la page* com os padrões e modas intelectuais europeus. O consumo de cultura internacional era um dos pilares sobre os quais seu *status* apoiava-se. De um cartaz do Teatro Polytheama:

> Conferência Científico-Literária
> Terça-feira, 1º de dezembro
> penúltima palestra do professor
> Enrico Ferri
> sobre o tema
> A psicologia de Garibaldi
> [...] O Prof. Ferri descreverá a figura humana de Garibaldi, especialmente em termos de seus traços psicológicos que tinham como fundamentos decisivos o amor pela liberdade e o amor pelas mulheres.
> Naturalmente, o episódio épico da heroica brasileira Anita Garibaldi entra na psicologia de Garibaldi como um raio de luz. [...]
> Atenção: tendo que partir depois de amanhã para a Itália [...], Ferri dará sua última palestra amanhã. O tema escolhido é: o café.

Para o jornal *Il Secolo*, publicado em São Paulo, em 5 de janeiro de 1909, Ferri declara em uma entrevista: "A estadia naqueles países, aquele banho de juventude, revigorou-me. Só posso apenas elevar um hino ao otimismo dos dois países [...]. Trabalharei para consolidar os laços entre a América Latina e a Itália".

Portanto, ele retorna à América do Sul em 1910. A segunda viagem de Ferri mantém um tom mais acadêmico. Na Argentina, depois de ter recebido um doutorado *honoris causa* da Universidade de La Plata em 1908, ele agora é convidado pela Faculdade de Direito da Universidade de Buenos Aires, e o diálogo com o Partido Socialista é agora mais forte, também graças a uma troca de cartas entre Ferri e vários argentinos no jornal *La Nación*. Se no Rio de Janeiro a segunda viagem de Ferri ocorre durante o violento motim da Marinha, a Revolta da Chibata, que causa grande comoção, na Argentina Ferri encontrará o estado de sítio, com censura e proibição de manifestações públicas. Obviamente, a segunda viagem receberá menos atenção da imprensa, embora continue a aparecer nas manchetes. Além de algumas conferências no Chile, em setembro; entre agosto e setembro, Ferri deu 20 palestras sobre sociologia criminal nas universidades de La Plata e Buenos Aires.[117]

Os textos das palestras foram publicados, em agosto de 1910, no jornal *La Patria degli Italiani*, de Buenos Aires, e tratam, em sua maior parte, de "doenças sociais". No dia 17, foi publicado o texto da palestra "O delinquente nato – Sua estrutura orgânica e moral", na qual Ferri sugeriu enfrentar a degeneração da nova geração de trabalhadores combatendo o alcoolismo e o excesso de trabalho; e, no dia 18, foi a vez de "A psicologia do delinquente louco". Também no dia 18, Ferri profere sua quinta palestra na Faculdade de Direito, "A repressão da justiça criminal", cujo foco é que devemos odiar menos o delinquente, punir menos e curar mais. Nem ódio nem desprezo, mas piedade é o tema da quarta palestra do Mestre, como é sempre chamado na revista, no curso de Psicologia Criminal, que acontece no dia 19. No dia 20, Ferri fala sobre pão e higiene; no dia 21, sobre a organização dos trabalhadores na justiça social; e, no dia 22, o jornal dedica uma página inteira a Ferri. No dia 23, quase uma página está reservada para outra palestra do curso de Psicologia Criminal: "Hábito, ocasião e paixão nas várias formas de delinquência". No dia 25, o tema é "Legislação social e trabalhista". Ferri trabalha em duas frentes, em Buenos Aires: criminologia para o curso de Psicologia Criminal e legislação trabalhista para a Faculdade de Direito. Em 4 de setembro, um longo destaque declara que a série de palestras do Mestre foi concluída e resume-a com muitos elogios: o mundo da filosofia jurídica na Argentina nunca mais será o mesmo. O jornal também publica várias fotos de Ferri, por exemplo, em 15 de agosto, no hipódromo, e várias notas anunciando as visitas de Ferri a instituições e políticos.

Chega a São Paulo pela segunda vez, em 24 de novembro de 1910, e continua a receber atenção de primeira página. No mesmo dia de sua chegada, no Teatro São José, Ferri profere a palestra "A mulher delinquente". O *Deutsche Zeitung* de 22 de novembro de 1910 anunciou que Ferri daria oito palestras no Teatro São José sobre os seguintes tópicos: "A situação política e social da Itália no momento", "A Itália na América do Sul", "Doenças sociais", "A situação atual do pan-americanismo", "A questão dos trabalhadores na América do Sul", "Legislação social na América do Sul", "A mulher delinquente", "A arte da vida familiar feliz". Esses são tópicos mais acadêmicos do que na primeira viagem. Em 4 de dezembro, ele parte de Santos para a Itália no navio *Principe de Udine*.

Após a Guerra da Líbia em 1911, Ferri começa a votar com os nacionalistas a favor da anexação da Líbia, o que beneficiaria o proletariado italiano. O *Deutsche Zeitung* de 12 de março de 1912 reage com espanto ao comentar sobre a Guerra Ítalo-Turca e a decisão de Ferri de votar pela anexação da Líbia. Ao argumento de que um socialista não pode apoiar uma guerra de anexação, Ferri responde dizendo que seu gesto não é apenas patriótico, mas também em favor do proletariado (italiano), que se beneficiará muito com a nova colônia. Apesar da guinada brusca para a direita, que lhe causa inimizades profundas no campo socialista, a popularidade de Ferri na América do Sul não diminui, e isso também pode ser medido com base em dois dos vários compêndios dedicados a ele; o primeiro em 1929, resultante da celebração do cinquentenário de sua carreira universitária pouco antes de sua morte, e um segundo em 1941.[118] No primeiro, há nada menos que seis textos que tratam de países latino-americanos. No segundo, há um importante texto de Eusebio Gómez, que nos lembra da importância de Ferri para a Argentina, mas também que Ferri contribuiu muito para vários códigos penais da América do Sul, direta ou indiretamente inspirados por ele ou escritos por juristas que se diziam seus discípulos. Ferri chega a escrever a Introdução ao projeto de código penal elaborado por Fernando Ortiz em 1926, que apareceu – em italiano – na publicação do código em formato de livro em Havana, em 1928. Quando de sua morte, em 1929, a Sociedade Paulista de Medicina Legal e Criminalística, da qual Ferri era membro honorário, prestou-lhe uma grande homenagem (*O Estado de S. Paulo*, 3 de maio de 1929).

Que conclusões podem ser tiradas dessas viagens e da análise desses intercâmbios entre a Itália e a América do Sul? Embora tenham recebido pouca ou nenhuma atenção acadêmica até o momento, especialmente no

Brasil,[119] essas viagens ajudam a entender uma fase muito particular dos intercâmbios transatlânticos entre a América do Sul e a Europa, na qual a primeira podia se dar ao luxo de convidar – e pagar bem – intelectuais estrangeiros famosos para dar grandes conferências em locais privilegiados, como o Palacete Monroe, no Rio de Janeiro, ou o Teatro Colón, em Buenos Aires. Era o período anterior à formação das ciências sociais e das universidades no Brasil ou à sua consolidação na Argentina. O grande sucesso explica-se pela feliz combinação de fatores e agendas, a do Barão do Rio Branco, a da Academia Brasileira de Letras, a da Faculdade de Direito de São Paulo, a dos empresários organizadores, a dos líderes da grande comunidade italiana e a dos próprios intelectuais convidados. O ministro das Relações Exteriores, Rio Branco – também graças à Academia Brasileira de Letras –, articulava um autêntico projeto de *impression management* para promover a imagem do Brasil no exterior.[120] Os juristas e a Faculdade de Direito celebraram a visita de mestres e discípulos do grande mestre Lombroso e, ao fazê-lo, o grupo de São Paulo deu um forte sinal para a outra grande Faculdade de Direito, a de Recife, que até então era a principal intérprete das ideias de Lombroso no Brasil; os empresários de teatro que organizaram a turnê ganharam dinheiro e notoriedade, e os convidados ganharam grande reconhecimento internacional (e um bom cachê). Além disso, a vinda do casal Ferrero-Lombroso e de Ferri foi de grande importância, pois ocorreu após a emigração em massa de italianos para o Brasil, o Uruguai e a Argentina. Por um lado, as visitas significaram um momento de efervescência na vida associativa da comunidade italiana na América do Sul. Por outro, era a época do colonialismo e na Itália, uma nação jovem em que as elites estavam preocupadas com o lugar do país na Europa, e não mais em suas margens, o debate também era sobre a conveniência de possuir colônias. Havia aqueles que queriam obtê-las por meio de armas na África, enquanto havia outros, inclusive muitos socialistas, que as queriam para as "armas dos braços dos trabalhadores" na América do Sul. Os jornais italianos da época, incluindo o socialista *Avanti!*, do qual Ferri foi editor por uns bons quatro anos, estavam cheios de orgulho com o sucesso desses intelectuais italianos nas Américas: o gênio itálico e latino, pouco valorizado na jovem e já decadente nação italiana, estava finalmente ganhando o devido reconhecimento do outro lado do oceano. Era a prova de que a Itália poderia ser grande, mesmo sem ter (ainda) colônias como a França e a Inglaterra, e que, além de milhões de braços, ela também estava em condições de exportar muitos cérebros importantes.

Vale a pena enfatizar que havia uma diferença de contextos e densidade intelectual entre o Brasil e a Argentina e entre o Rio de Janeiro e São Paulo.

Como revela o folheto oferecido pela comunidade italiana em São Paulo por ocasião da visita de Ferrero (Arquivo Vieusseux), enquanto no Rio de Janeiro boa parte dos assentos era gratuita e oferecida pela Academia Brasileira de Letras e pelo Ministério das Relações Exteriores a seus convidados, nas outras cidades visitadas, com raras exceções, o público teve de pagar para assistir às palestras. Os preços eram modestos nos clubes da classe trabalhadora e mais caros nos teatros. Havia, entretanto, um público de classe média que, por assim dizer, era consumidor de novidades e ideias internacionais; e esse público era mais numeroso na Argentina do que no Brasil.

O fato de poder convidar intelectuais do Velho Continente antes dos Estados Unidos era motivo de orgulho para políticos, acadêmicos e da imprensa brasileira e da Argentina. Tanto Ferrero quanto Ferri também elogiaram a hospitalidade que receberam na América do Sul, em muitos casos afirmando que a preferiam à América do Norte. Houve também um jogo de espelhos entre as três cidades (Buenos Aires, Rio de Janeiro e São Paulo), que competiram entre si pelo posto de capital cultural da América do Sul em categorias como história, tradição e distinção (Rio de Janeiro) ou progresso (Buenos Aires e São Paulo). Se os intelectuais italianos usaram a América Latina para se legitimar e ganhar dinheiro, eles também foram usados para vários propósitos, como dar brilho a uma cidade, uma associação, uma faculdade ou uma academia literária. E é interessante ver de quem essas conferências gostaram e de quem não gostaram. As duas principais revistas ilustradas brasileiras (*Fon-Fon* e a semissatírica *O Malho*)[121] gostaram muito dessas visitas. O mesmo pode ser dito da principal revista da Argentina, *Caras y Caretas*.[122] A chegada de Ferrero é citada, em 1907, como um grande evento. Na edição número 17 de 1908 da revista *Fon-Fon*, há um destaque em que o autor anônimo brinca com o fato de ser a única pessoa na cidade que não havia assistido às palestras de Ferrero no ano anterior e que ainda não se sente preparada o suficiente para assistir às de Ferri hoje. No mesmo número da *Fon-Fon*, entretanto, aparece um artigo sobre o texto da Academia Brasileira de Letras escrito por Ferrero para o *Le Figaro* e imediatamente republicado em jornais brasileiros. No artigo, Ferrero celebra Graça Aranha, José Veríssimo e Olavo Bilac, mas esquece-se de muitos outros, e a revista critica-o por isso. Na edição número 21 do mesmo ano, aparece outra nota negativa: Ferrero é descrito como "pirotécnico" não tanto pelos tópicos que aborda, mas pela maneira como a Academia Brasileira de Letras promoveu a série de palestras. Na edição número 34, aparece uma crítica ao livro de Gina Lombroso sobre o Brasil, acusado de imprecisões e erros de ortografia.[123] Na mesma edição, a dedicação de Graça Aranha ao casal Lombroso-Ferrero e agora a Ferri é ridicularizada. As palestras de Ferri também são acompanhadas de perto pela *Fon-Fon*. Na edição número 38 de 1908, a revista relata como Teixera Mendes, do Apostolado Positivista, descrito como "o bispo da rua Benjamin Constant", compareceu à palestra de Ferri sobre a mulher, defendendo-a do italiano, que só apresentava seus lados negativos. Ele também criticou o fato de Ferri e seu empresário fazerem "propaganda sociológica", cobrando 5 mil réis por poltrona. Esse tipo de crítica era frequente. Em 1911, na edição número 33, eles criticaram as palestras do socialista francês Jean Jaurès, também realizadas no Teatro Municipal e pagas, dizendo que o que é apresentado ali não é socialismo, mas algo que interessa ao público esnobe. Na edição número 4 de 1909, eles zombam das teorias evolucionistas celebradas por Ferri e do fato de sermos descendentes de macacos com uma caricatura muito racista. A revista *O Malho* é a mais extremista. Basta olhar para a página de humor da edição número 323 de 1908 (Figura 7).

Ferri causou furor como professor, mas muitas vezes irritava quando tratava de política, tanto na Argentina – veja o caso Justo, muito bem descrito por Herrera (2015) – quanto no Brasil, onde o jornal *Messaggero Italiano* de 30 de dezembro de 1910 protestou contra as declarações de Ferri, recém-chegado à Itália de sua segunda viagem, de que os colonos italianos no Brasil nas fazendas estavam "bem de vida". O mesmo tipo de crítica dura foi feito a ele no semanário católico do Rio Grande do Sul, *Il Colono Italiano* de 11 de janeiro de 1911, que publicou uma carta de reclamação, provavelmente de Ristori, chamando Ferri de apóstata do socialismo. O mesmo semanário, em novembro de 1910, havia escrito sobre manobras anticlericais e anticatólicas em São Paulo, com arremesso de pedras em dois colégios católicos, ressaltando que as palestras de Ferri foram realizadas em um momento de tensão e forte anticlericalismo. De modo geral, pode-se dizer que Ferri, apesar de sua militância socialista, foi mais bem recebido pelas elites do que pelos coletivos operários e socialistas. Portanto, parece sintomático que Ferri, em sua primeira viagem à Argentina, tenha se encontrado com os políticos mais importantes e até mesmo com o presidente e, antes de retornar à Itália, tenha visitado o Parlamento Brasileiro e tido duas longas reuniões com o Barão do Rio Branco, ministro das Relações Exteriores, e com o presidente marechal Deodoro da Fonseca.[124] As visitas podem ser lidas como uma metáfora para dois contextos paralelos, o italiano e o sul-americano. Ao contrário de uma recepção passiva das ideias dos três italianos, há uma mistura de adulação primeiro e crítica depois. Admirado, portanto, o currículo; criticadas as palestras. Um debate acalorado que mostra uma atitude sofisticada em vez de passiva. O contexto parece inspirado no velho ditado: quem paga manda. O fato de os convites terem sido financiados com dinheiro argentino ou brasileiro reforçava as críticas e o orgulho nacional. Esperava-se que os convidados elogiassem os países anfitriões; e, quando esses elogios não foram feitos, muitos críticos locais reagiram com irritação. A reação às visitas também mostra uma forte divisão na comunidade italiana entre os conservadores, reunidos em torno da Sociedade Dante Alighieri, e os filossocialistas, que reclamaram dos custos e dos temas não militantes das conferências; uma divisão já destacada por Angelo Trento.[125]

Qual era a imagem que esses intelectuais italianos tinham da América do Sul? A emigração em massa para a América do Sul criou tensões, mas também oportunidades e uma certa economia cultural da italianidade. Há versões educadas que se cruzam com as populares. Ao imaginar e descrever a América do Sul, passa-se do Éden para o continente infantil, do continente onde tudo seria possível para um continente onde as pessoas são imaturas e inerentemente ingênuas. Nessas narrativas, define-se uma polaridade específica entre o Velho Mundo e as Américas, onde estas últimas seriam terras de grandes espaços ao ar livre, onde tudo é grande, exceto os animais nativos e os seres humanos (não haveria grandes mamíferos encontrados em outros continentes e as populações nativas seriam relativamente pequenas).[126]/[127] As Américas são o continente do qual o "selo postal" (as trocas de cartas entre emigrantes e seu país de origem) faria propaganda, como diz Ferri em sua palestra sobre a América do Sul ao Parlamento Italiano. As cartas dos emigrantes, acrescenta Ferri, falam das grandes possibilidades, mas também das generosas porções de comida: da América que alimenta. São as Américas que recebem nossos emigrantes em massa, atraindo muito mais deles mais do que a África.[128] Por um lado, naqueles anos, até mesmo a maioria dos intelectuais italianos que vieram para a América Latina, por períodos mais ou menos longos, baseou-se em estereótipos europeus e acabou reforçando-os. Por outro, para os italianos, que migraram para lá aos milhões, a região também era uma terra que saciava a fome deles e que, para alguns, até oferecia uma oportunidade de fazer fortuna tanto por causa das grandes riquezas naturais da América, quanto por causa da relativa ingenuidade e generosidade dos americanos; e também porque os americanos, por natureza, estariam mais inclinados à mimese, à imitação, do que à invenção. Portanto, os italianos, cujas habilidades inventivas seriam notoriamente inatas, teriam tido nessas terras a possibilidade e o espaço para colocar sua inventividade em prática, uma criatividade que não recebia mais apoio ou atenção no Velho Mundo, um continente já saturado.

Figura 7a – Duas *charges* humorísticas da revista *O Malho*, n. 323-325, 1908.

Figura 7b – Duas *charges* humorísticas da revista *O Malho*, n. 323-325, 1908.

Notas

1. Mantegazza, 1867, 1894.
2. Puccini, 1999.
3. Labanca, 1992, p. 72.
4. PM, eleito senador do Reino, como outros intelectuais reconhecidos de sua época, tornou-se comerciante de folhas de coca, que revendia a colegas parlamentares e senadores, elogiando-a por ser uma substância que estimulava a inteligência e destreza.
5. Mantegazza, 1867, 1870.
6. Puccini, 1999.
7. G. Lombroso, 1908.
8. Nas duas primeiras décadas do século XX, o *La Nación* foi provavelmente o jornal diário mais importante da América Latina, amplamente seguido pelos intelectuais brasileiros. Entre outras coisas, os jornais brasileiros traduziam regularmente parte dos artigos de cultura geral publicados alguns dias antes no *La Nación*.
9. Com um caminho oposto ao de *L'uomo delinquente*, de CL, *La donna delinquente* foi rapidamente traduzido para o inglês em 1895, mas só muito mais tarde para o espanhol e apenas recentemente para o português.
10. Cedroni, 2006, p. 14.
11. Anos mais tarde, Gina também começa a se destacar por suas qualidades como pesquisadora, como mostra a boa recepção de seu livro *I vantaggi della degenerazione* (1923), no qual ela chega a conclusões, eu diria, revolucionárias sobre a degeneração, que seria a força motriz por trás de inovações, como a fermentação em química orgânica. Além disso, CL também foi um inovador tanto em termos de linguagem – falando, por exemplo, do orgasmo – e também em termos de método, entre outros com o uso pioneiro da fotografia.
12. Ferrero, 1917, pp. 127-142.
13. Caruso, 1994, p. 298.
14. G. Lombroso, 1908, p. 12.
15. G. Lombroso, 1938.
16. Carta de Machado de Assis para Rio Branco, Fundo Barão do Rio Branco, Academia Brasileira de Letras.
17. Veja o verbete "Ferrero, Guglielmo" no *Dizionario biografico degli italiani*.
18. Ferrero, 1913, p. 131.
19. *Idem*, p. v.
20. *Idem*, p. 132.
21. Esse diário da curta vida de seu filho (G. Lombroso, 1935), embora escrito por uma Gina aflita pela dor, não foge às regras da Escola Positiva: cada capítulo mostra uma foto de Leo, juntamente com sua idade, sua altura, seu peso, sua circunferência da cabeça e uma série de indicadores de sua personalidade: memória visual, impressões morais, senso estético.
22. G. Lombroso, 1935, pp. 67-69.
23. G. Lombroso, 1908, p. 71.
24. A maior parte dessa correspondência está nos arquivos da Universidade Columbia e o restante no Arquivo Vieusseux.
25. Ruíz Díaz, 2016.
26. Ferrero et al., 1908.

27 Sansone, 2020.
28 Nos arquivos da Universidade Columbia e no Vieusseux, há vários convites do Grande Oriente para Ferrero.
29 G. Lombroso, 1908, p. 73.
30 Em seguida, veremos como o tema da natureza exuberante do Brasil, em oposição à natureza mais rígida da Itália, será um tema recorrente em seu diário, como, de fato, em muitos diários de viagens aos trópicos, na virada dos séculos XIX e XX.
31 Ferrero, 1913, p. vi.
32 *Idem*, p. 170.
33 Ferrero, 1920.
34 Na verdade, isso diz muito sobre o caráter predominantemente aristocrático das pessoas que o casal conhece no Rio de Janeiro, enquanto na Argentina o público e até mesmo os vários contatos refletiam uma presença mais forte de uma burguesia intelectualmente organizada.
35 G. Lombroso, 1908, pp. 85-86.
36 *Idem*, pp. 75-77.
37 De acordo com Gina, os mestiços no Brasil são bonitos e, às vezes, mais capazes do que os brancos. Os negros contribuíram para a cultura brasileira trazendo gentileza e simpatia. O Brasil conseguiu se recuperar após a escravidão sem chegar aos extremos dos Estados Unidos. O diário está repleto de observações sobre as relações trabalhistas, especialmente nas fazendas de café do Vale do Paraíba, com trabalhadores italianos substituindo os negros, e sobre as relações cordiais entre proprietários e trabalhadores negros e brancos. As observações de Gina são interessantes e constituem mais uma evidência de que já havia ideias "freyrianas" na elite, três décadas antes da publicação do livro clássico de Freyre, *Casa-grande e senzala*, publicado em 1934.
38 A centralidade dos negros na colonização agrícola foi uma questão debatida na imprensa, que foi objeto de uma das primeiras publicações de Manuel Querino, provavelmente o primeiro intelectual negro, autodidata, a escrever e a valorizar a presença africana na cultura e na sociedade brasileira (Gledhill, 2021).
39 E também do cubano José Martí e do nicaraguense Ruben Darío, este visitou o Brasil e a Academia Brasileira de Letras em 1906 e 1912. Rodó, Martí e Darío formam a tríade do pensamento latino-americano inicial no mundo hispânico, construído em oposição não mais à Espanha, mas aos Estados Unidos (Villafañe, 2018). Curiosamente, sem mencionar Rodó, o brasileiro Manoel Bomfim, em seu livro *A América Latina: males de origem*, de 1905, chega a conclusões semelhantes, combinadas com uma atitude antirracista mais explícita: ele acredita que a nação brasileira (parasita) deve muito à sua população negra (parasitada) (Santos, 2011).
40 Veríssimo, 2003, p. 423.
41 *Idem*, p. 563.
42 *Idem*, p. 466.
43 *Idem*, p. 564.
44 *Idem*, p. 565.
45 Alguns anos mais tarde, Veríssimo elogiaria Gina Lombroso e suas teses sobre as vantagens da degeneração, defendida em 1904, e o discurso sobre a ascensão e queda dos povos, em uma referência implícita às teses de Gumplowicz (1883), um autor que Gina, assim como CL e sua geração de intelectuais, conhecia bem: "A história do mundo é a eterna alternativa da ascensão e queda de povos dotados de diferentes qualidades, às vezes da mais alta e às vezes da mais baixa importância" (Veríssimo, 2003, p. 587).

46 G. Lombroso, 1908, *passim*.
47 *Idem*, pp. 102-109.
48 As críticas ácidas de Sílvio Romero são, na verdade, dirigidas ao seu arquiadversário José Veríssimo, que era um dos cicerones entusiastas do casal.
49 Lista de ocupantes da cadeira 16 (com ano de nomeação): José Bonifácio de Andrada e Silva (1765-1838), Brasil, patrono; Giosuè Carducci (1836-1907), Itália, 1898; Guglielmo Ferrero (1871-1942), Itália, 1907; Jacques Maritain (1882-1973), França, 1942; Julio Cesar Chaves (1907-1989), Paraguai, 1973; Hermann M. Görgen (1908-1994), Alemanha, 1989; Maurice Druon (1918-2009), França, 1995; José Saramago (1922-2010), Portugal, 2009; Leslie Bethell (1937-), Reino Unido, 2010. Apenas três italianos conseguiram se tornar membros correspondentes: Giosuè Carducci, Gabriele d'Annunzio e GF.
50 Saudação de Machado de Assis a Guglielmo Ferrero no banquete oferecido ao historiador italiano na Academia Brasileira de Letras, em 31 de outubro de 1907: "Sr. Guglielmo Ferrero: A Academia Brasileira convidou-o para dar algumas palestras neste país. O senhor certamente contava com a admiração a que seus escritos o impuseram, mas sua palavra foi além de nossas expectativas. Não é incomum que duas formas de pensar se unam em uma mesma pessoa. Conhecíamos esse fenômeno, mas foi necessário ouvi-la para escutá-lo mais uma vez, e em outra linguagem magnífica e cantante. Agora que ela está nos deixando, levará a notícia do nosso grande entusiasmo para a Itália e, por meio dela, para o resto do mundo europeu. Acredito que ele levará consigo algo mais. O que o Brasil revelou sobre sua crescente prosperidade ao eminente historiador de Roma terá mostrado a ele que este pedaço da América não nega a nobreza de sua ascendência latina e acredita no papel que desempenhará no futuro. E, se, com essa impressão política, ele levar consigo também a simpatia pessoal e profunda que Vossa Excelência despertou em todos nós, a Academia Brasileira se regozijará duplamente por esse nosso convite, e aqui o declara, oferecendo-lhe este banquete" (disponível em <https://pt.wikisource.org/wiki/Sauda%C3%A7%C3%A3o_a_Guglielmo_Ferrero>, [acesso em 26/8/2024]).
51 Dados do Arquivo da ABL. Cerca de 30 anos depois, em um clima de nacionalismo agudo, quando a ABL finalmente publicou a correspondência de Machado, que inclui as cartas aqui citadas, os detratores dessa operação diplomática orquestrada pelo Barão do Rio Branco, acusado de ingenuidade em sua política de propaganda indireta do Brasil, e publicando em várias revistas, declaravam que Ferrero e Gina Lombroso não retribuíam adequadamente as gentilezas brasileiras. Pelo contrário, afirmavam que Gina escrevia um diário cheio de obviedades e Ferrero nunca se preocupou em consultar a revista que lhe foi dada e que teria sido vista à venda em uma banca de livros de segunda mão, em Nápoles... (Carlos Maul, "Como Ferrero veio ao Brasil", registro do *Lux Jornal*, 18/8/1938; "O presente de Guillermo Ferrero", *Revista da Semana*, 2/11/1940).
52 Em uma carta a Machado enviada de Buenos Aires, em 14 de julho de 1907, Ferrero pediu 5 mil francos em taxas para cada conferência, "como havíamos combinado naquele barquinho, quando passei pelo Rio". A Academia Brasileira de Letras aceitou a quantia sem pestanejar.
53 Machado de Assis, Presidência da Academia Brasileira de Letras, estimativa de despesas, *Conferência G. Ferrero* e carta de Machado a Ferrero, sem data.
54 Ferrero, 1918, p. 40.
55 No capítulo sobre viagens de sua autobiografia não publicada, na parte intitulada "Le due Americhe" [As duas Américas], Gina afirma que o projeto inicial do casal era escrever um livro sobre as Américas juntos.

56 Partes desse livro já haviam sido publicadas em 1913, no livro *Entre deux mondes*.
57 Ferrero, 1913.
58 Sua crítica às civilizações quantitativas, na Europa e na América, tornar-se-á ainda mais forte após a Primeira Guerra Mundial e aparece em vários prefácios de livros. Em um deles, escrito para *L'esprit du peuple chinois*, do chinês Kou Houng-Ming (Ferrero, 1927), ele chega a argumentar que é preciso buscar inspiração nas partes do mundo onde a vida se baseia em outros valores, como a China.
59 Ferrero, 1917, pp. 140-142.
60 Ferrero, 1913, p. 19.
61 *Idem*, p. 19.
62 *Idem*, p. 158.
63 Mongardini, 1980, p. 163.
64 A nota enviada por Theodore Roosevelt a CL é eloquente e destaca a popularidade internacional de Ferrero: "Meu caro professor Ferrero, foi um prazer receber suas notícias. Por favor, aceite meus mais sinceros votos de Ano Novo para você, sua distinguida esposa e seu filho. Estou muito feliz que o pequeno, cuja chegada me foi anunciada em abril passado, quando eu estava na Itália, esteja bem. Eu me diverti muito durante minha visita à Europa e uma das melhores coisas foi a oportunidade de encontrá-lo novamente, pois acredito profundamente que o senhor desempenhou um papel decisivo no estudo e na compreensão efetiva da história antiga, mais do que qualquer outro homem vivo. Com caloroso respeito, Atenciosamente, Theodore Roosevelt" (carta de 17 de janeiro de 1911, enviada do escritório de Theodore Roosevelt, Nova York, agora preservada na Rare Book and Manuscript Library da Biblioteca da Universidade Columbia, Nova York, Guglielmo Ferrero Papers, correspondência).
65 Imagino que esse possa ser o motivo pelo qual a correspondência de Ferrero foi doada pela família aos arquivos dessa Universidade, onde estão preservados sob o título "Guglielmo Ferrero Papers".
66 Na viagem subsequente aos Estados Unidos, Gina escreve anotações (Arquivo Vieusseux) nas quais os tipos de generalizações sobre a América do Sul são estendidos para o Norte. Por exemplo: "os homens americanos são crianças que estão sempre tentando agradar suas esposas, que, ao contrário, são duronas e sabem o que fazem. Em termos de estudos, os americanos não têm curiosidade de saber". Ou: "eles não têm ideia do que é arte. Eles pagam tanto por metro (*sic*!) por pinturas. O inglês é uma língua estúpida; o pobre rude que só tem ouvidos a aprende mais facilmente do que o homem inteligente [...]. A vida nos Estados Unidos é tão frenética e apressada. Nos Estados Unidos, os alemães são muito espertos com suas mãos, pouco inteligentes, mas arrumados. Os romenos são muito inteligentes. Nos Estados Unidos, há judeus sionistas que querem uma nação própria, ao contrário dos judeus de São Paulo, que seriam, como os Lombroso, a favor da integração". Na página 3, Gina escreve: "Eu fui a primeira italiana que eles viram, a primeira judia. Porque havia muito antissemitismo na América, naquela época". Embora eu nunca tenha lido a palavra "negro" ou *black*, há muitas referências a judeus, três quartos dos quais são considerados de origem russa. Os negros são como se fossem invisíveis – ao contrário das notas sobre o Brasil, onde os negros são muito mencionados e, segundo Gina, teriam um efeito benéfico sobre os brancos devido à sua bondade. Nos Estados Unidos, assim como na América do Sul, o casal demonstra certo elitismo em seus comentários que, de certa forma, estão de acordo com o clima político-cultural dos círculos que recebem o casal. Gina, na quarta página de suas anotações, afirma literalmente que "o corpo diplomático e a alta burocracia política, digam o que disserem, são sempre a melhor parte de um país".

67 Rodriguez, 2006.
68 E essa sua amizade nunca foi perdoada por Sílvio Romero, que, em sua famosa, pública e homérica briga com José Veríssimo, acabou declarando que GF fazia palestras extravagantes (estapafúrdias). De fato, Romero critica toda a operação de política internacional da Academia Brasileira de Letras, segundo ele acriticamente xenófila, pois faria parte de uma política de adulação de certos intelectuais europeus "preguiçosos", desejada por Rio Branco (Martins, 1978, pp. 475, 486).
69 Castro Azevedo, 2002, pp. 28-29.
70 *Idem*, p. 75.
71 Estranhamente, em uma carta a Veríssimo em 1907 sobre a vinda de GF, Graça Aranha diz que não sabe nada sobre a vida de GF e pede a Veríssimo que lhe forneça material para que ele possa informar a imprensa (correspondência de Graça Aranha, Arquivo da Academia Brasileira de Letras).
72 *Idem*, p. 165.
73 Seu filho, Temístocles Aranha, será ativo no corpo diplomático e corresponder-se-á com Melville Herskovits, cujas origens judaicas eram conhecidas, quando este visitou o Brasil em 1941-1942; mais tarde, foi acusado de ser antissemita, por ter impedido a imigração de exilados judeus da Europa para o Brasil.
74 Graça Aranha transitou entre a diplomacia, a literatura e o estímulo ao Modernismo. Como já mencionado, ele entrou para a Academia Brasileira de Letras ainda jovem, convidado por Joaquim Nabuco, mas 15 anos depois, em 1922, Graça Aranha e Veríssimo seriam os únicos membros da Academia a se demitirem, acusando-a de conservadorismo, para se tornarem patronos de fato do nascente movimento modernista brasileiro e da Semana Modernista de São Paulo do mesmo ano.
75 Ferrero, 1920.
76 Sobre a figura de Graça Aranha, veja Castro Azevedo (2002).
77 Correspondência entre Graça Aranha e José Veríssimo, Arquivo da Academia Brasileira de Letras.
78 Anotações de Gina Lombroso sobre sua viagem à América do Sul (Arquivo Vieusseux).
79 Também houve comentários muito positivos. Em 24 de janeiro de 1910, *O Estado de S. Paulo* lembrou como GF, Gina Lombroso e Enrico Ferri haviam contribuído para mudar positivamente a imagem do Brasil na Itália, por exemplo, mostrando como a febre amarela foi derrotada.
80 Em 1942, o Brasil, diferentemente da neutral Argentina, declarou guerra contra os países do Eixo e efetivamente mandou um Corpo Expedicionário para o *front* na Itália.
81 Ingenieros, 1906, p. 46.
82 Pick, 1989, p. 145.
83 Accattatis, 1979, p. 27.
84 Entre eles estava o popular jurista colombiano Jorge Eliecer Gaitán, de simpatias socialistas, que em sua carreira política se gabava muito de ter estudado de 1926 a 1928 na Faculdade de Direito criada e dirigida por Ferri, onde defendeu com distinção a tese *O critério positivo da premeditação*. Seu assassinato durante um comício em 1948 – ele era o candidato presidencial que provavelmente venceria as eleições – desencadeou uma onda de violência popularmente chamada de Bogotazo (comunicação pessoal de Fernando Urrea Giraldo da Universidade de Valle, Cali).
85 A exportação e a "criolização" do Código Rocco em vários países da América do Sul, bem como na Turquia e no Egito, no contexto de governos autoritários e populistas, mereceriam

uma pesquisa aprofundada. Lembremos que esse código é fruto da chamada "terceira escola de direito penal", e não da Escola Positiva.

86 Sellin, 1960, pp. 291-292.
87 Quesada, 1908, p. 109.
88 Fonte: Fundação Turati, Florença, fundo Enrico Ferri. Para uma recente análise abrangente do trabalho de Ferri, veja o excelente livro de Roberta Bisi (2004), que, no entanto, faz apenas uma breve menção às duas viagens de Ferri à América Latina.
89 Em uma carta para CL, datada de 3 de maio de 1907, Ferri menciona seu plano de viajar para a América do Sul para dar palestras; ele também diz que espera que Gina e Ferrero preparem o terreno para ele, "falando sobre mim o mínimo possível" (Arquivo do Museu Cesare Lombroso, documentos de CL).
90 Diário Popular, 15 de setembro de 1908.
91 No entanto, ele nunca realizou seu sonho de dar palestras nos Estados Unidos, embora a *Sociologia criminale* e vários artigos, bem como seu projeto para o Código Penal Italiano, tenham sido traduzidos para o inglês e tenham feito sucesso nos Estados Unidos. Ferri falava bem francês e alemão, provavelmente também espanhol, mas de fato nunca aprendeu inglês.
92 Ferri, 1909, p. 56.
93 Deve-se lembrar que havia, entre vários grupos de intelectuais na Europa, uma certa oposição ao imperialismo britânico e seu discurso de supremacia racial dos anglo-saxões sobre outros povos europeus. Por exemplo, Lombroso ficou do lado dos bôeres e contra os britânicos, como muitos fizeram, e publicou artigos em vários jornais, em defesa da República do Transvaal, posteriormente reunidos no volume *Il momento sociale*.
94 *Idem*, *passim*.
95 A famosa frase de Giovanni Pascoli, "a Grande Proletária [Itália] moveu-se", que mais tarde foi aproveitada pelo fascismo, quando o governo italiano invadiu Trípoli em 1911, indica que um novo tipo de social-nacionalismo estava começando a surgir em torno da Guerra da Líbia, para a qual as colônias camponesas poderiam ser uma alternativa "menos humilhante" para a chamada corrida italiana à migração para as Américas ou para o Norte da Europa. Vale acrescentar que a Guerra da Líbia, que corresponde à Guerra Ítalo-Turca de 1911-1912, representa um autêntico divisor de águas entre os intelectuais italianos, bem como entre os socialistas internacionalistas e os socialistas nacionalistas, que mais tarde se acentuaria e chegaria a uma ruptura irreversível com o debate sobre a intervenção na Primeira Guerra Mundial (Proglio, 2016). Muitos socialistas e anarcossindicalistas, bem como vários intelectuais que simpatizavam com eles, mudaram para posições nacionalistas. Esse é o caso de Sighele e também, até certo ponto, de Ferri. Foi um belicismo que logo levaria ao intervencionismo na Primeira Guerra Mundial e acabaria causando a divisão do Partido Socialista e, em longo prazo, o nascimento do Partido Comunista. Podemos apenas especular sobre qual teria sido a posição de CL se ele tivesse vivido mais. Ele provavelmente teria permanecido dividido entre o patriotismo e o pacifismo. Também contribuiu para sua desorientação, especulamos, o fato de que foi durante a Primeira Guerra Mundial que a Itália teve um chefe de governo filho de pai judeu, Sidney Sonnino, e que outros políticos importantes, como Luigi Luzzatti e Alessandro Fortis, também eram judeus.
96 *Idem*, pp. 21-35.
97 Gumplowicz, 1883.
98 Sellin, 1960, p. 292.
99 O *Diário Popular* de 31 de outubro diz que Ferri chegaria, em 7 de novembro, ao Porto de Santos e viajaria para São Paulo em um vagão especial oferecido pelo governo estadual.

[100] Almeida Pinto, 2011.
[101] É provável que o artigo de peso do padre Agostino Gemelli contra os pressupostos do pensamento lombrosiano, publicado logo após a morte de CL (Gemelli, 1910), bem como as palestras sobre Lombroso que o padre Gemelli deu na Itália, logo após a morte de Lombroso (Montaldo, 2018a, p. 34), tenham fornecido uma razão adicional para a Igreja católica no Brasil se mobilizar na ocasião da segunda viagem de Ferri em 1910.
[102] Amaral, 1908, 1948; Villaça, 1975, pp. 87-96.
[103] Barbano, Barbé & Olivieri, 1992, pp. 316-317; Herrera, 2015.
[104] Bevione, 1911, pp. 194-197.
[105] *Idem*, p. 201.
[106] Quesada, 1908, p. 35.
[107] *Idem, ibidem*.
[108] Teatro famoso, mas demolido pelo prefeito Grosso na década de 1980. Um símbolo cultural da cidade.
[109] *Idem*, pp. 52-59.
[110] É interessante que as palestras de GF e Gina Lombroso não foram tão criticadas pelos anarquistas e socialistas quanto as de Ferri. Isso se deve a uma combinação de fatores. Ferri era conhecido internacionalmente como um "tribuno socialista" e, portanto, tinha menos atitudes que poderiam ser definidas como de classismo burguês. A personalidade explosiva de Ferri também pode ter contribuído para despertar e alimentar a polêmica. Além disso, Ferri, especialmente na Argentina, escolheu confrontar o crescente movimento sufragista apresentando suas teorias sobre a psique das mulheres. Por outro lado, GF era uma pessoa mais diplomática e menos propensa ao estrelato e Gina Lombroso, além de ser mulher, apresentava ideias inovadoras para a época em termos de papéis de gênero, além de, é claro, ter o benefício de carregar o sobrenome Lombroso, o que ajudava a irradiar a aura do velho mestre.
[111] Militante lendário, Ristori foi expulso do Brasil em 1936 e entregue à polícia fascista. Ele escapou para lutar com as Brigadas Internacionais na Espanha e, mais tarde, foi um dos organizadores da resistência armada antifascista na Itália. Ele foi executado pelos nazifascistas em Florença, em dezembro de 1943. [Sobre Ristori no Brasil, veja Romani (2002).]
[112] Algumas das palestras proferidas em 1910, em São Paulo, foram realizadas no Teatro Colombo, novamente organizadas pelo empresário Rosa.
[113] *Idem*, p. 63.
[114] *Idem*, p. 77.
[115] Pessoalmente, acho que Ferri se encaixaria bem na companhia de teatro protagonista do filme *E la nave va* (em português, *O navio*, 1983), de Fellini.
[116] *Idem*, p. 104.
[117] Entre os poucos documentos de Enrico Ferri presentes no Arquivo Turati, em Florença, e gentilmente disponibilizados, está uma lista de todas as conferências dadas por Ferri entre 1900 e 1920, incluindo aquelas na América do Sul, nas duas viagens de 1908 e 1910 (fundo E. Ferri, Arquivo Turati, Florença).
[118] VV. AA., 1941.
[119] Provavelmente devido à existência de um Partido Socialista já relativamente consolidado e à controvérsia entre Quesada, Justo e Ferri, houve mais pesquisas sobre essas viagens, especialmente a de Ferri, à Argentina (cf. Caimari, 2009; Herrera, 2015). Consulte também <https://www.elhistoriador.com.ar/juan-b-justo-y-la-polemica-con-el-socialista-italiano-enrico-ferri/>, [acesso em 1/10/2024].

120 Como mostra o recente livro de Villafañe (2018) sobre as duas visitas ao Rio de Janeiro do famoso poeta nicaraguense Rubén Darío, em 1906 e 1912, a Academia Brasileira de Letras começou a organizar uma estrutura permanente para receber os estrangeiros ilustres da 3ª Conferência Pan-Americana, em 1906, que Rio Branco queria no Rio de Janeiro, para mostrar ao mundo que a cidade não era mais tão insalubre, graças às recentes reformas urbanas e às radicais campanhas de vacinação e desinfestação. Na ocasião, o Palácio São Luís foi rebatizado de Palacete Monroe (em homenagem ao presidente norte-americano), José Veríssimo e Graça Aranha foram incumbidos do papel de cicerones de personalidades ilustres, como o próprio Darío, e foram organizadas visitas guiadas de trem às fazendas de café do estado de São Paulo (especialmente a Santa Gertrudes, que pertencia à família do Conde de Prates e que também foi visitada pelo casal Ferrero-Lombroso em 1907); além disso, foi criada uma assessoria de imprensa própria da Academia Brasileira de Letras e foi estabelecida a pomposa e formal tradição do chá das cinco na Academia (que perdura até hoje). Darío, assim como nosso casal mais tarde, elogia publicamente, em vários artigos no *La Nación*, a reforma urbana saneadora do Rio de Janeiro, a delicadeza e o caráter aristocrático das elites brasileiras (uma característica quase ausente em outras repúblicas latino-americanas), a qualidade do corpo diplomático brasileiro e o nível intelectual da Academia, cujos personagens muitas vezes se confundem com a diplomacia. Esses elogios públicos certamente ignoraram o fato de que se tratava de uma pequena elite literária que convivia com uma taxa de analfabetismo muito alta, bem como a baixa densidade intelectual do Brasil quando comparada a outros países da região, mas, por sua vez, contribuíram muito para o sucesso das visitas de Darío ao Brasil e para a simpatia que ele conquistou dentro dessa elite.

121 Essa revista está disponível *online* na Hemeroteca Digital da Biblioteca Nacional do Brasil, [em <https://memoria.bn.gov.br/docreader/DocReader.aspx?bib=116300&pagfis=101789>, acesso em 21/10/2024].

122 Disponível *online* no *site* da Hemeroteca Digital da Biblioteca Nacional da Espanha.

123 GF e Gina continuaram a ser mencionados na imprensa brasileira e argentina, até a década de 1930, principalmente por seus artigos no *La Nación*, que foram retomados pelos jornais brasileiros.

124 Ferri continua a ser citado no jornal *Il Colono Italiano* em vários artigos, nas duas décadas seguintes. O número 49 de 1922 elogia o projeto de código penal que Ferri estava preparando para a República de San Marino, com asilos judiciais de reeducação, e não de punição. A última citação de Ferri no *Colono Italiano*, sobre o progresso das ideias, é de 1934.

125 Trento, 1989.

126 Schwarz, 2014.

127 Exposição "Viagens Italianas", Arquivo Nacional, [disponível em <https://www.revistahcsm.coc.fiocruz.br/viagens-italianas-exposicao-virtual-do-arquivo-nacional/>, acesso em 27/8/2024].

128 A relativa facilidade com que os emigrantes viajavam para a América do Sul e as dificuldades de canalizar os fluxos migratórios para as colônias africanas foram o centro de um grande debate em Portugal, que ocorreu em várias ocasiões entre as décadas de 1900 e 1960. Apesar dos esforços da propaganda colonial, os emigrantes de Portugal preferiam muito mais o Brasil do que a África.

CAPÍTULO 4

O papel do Brasil e da América Latina na geopolítica do conhecimento: raça e positivismo

A recepção do positivismo italiano no México, na Argentina e no Brasil recebeu a atenção de importantes pesquisas.[1] Em geral, elas indicam que na Itália há "um baixo grau de institucionalização e um alto grau de culturalização", enquanto na América Latina, especialmente no México, ocorre o oposto. No México, as medidas e intervenções seriam pensadas principalmente por educadores e muito de cima para baixo, de uma posição considerada culta para um estrato social inferior considerado cultural e etnicamente "menos desenvolvido". Além disso, a análise das viagens e trocas de correspondências de Ferrero-Lombroso e Ferri destaca profundas diferenças entre o Brasil e a Argentina, em grande parte resultantes do contexto de recepção de estrangeiros e da força ou fraqueza da institucionalização das ciências sociais. No Brasil, a Academia Brasileira de Letras era o fulcro, mediado pelo interesse comum na maçonaria e no espiritismo;[2] ao qual se associava um interesse de certas elites intelectuais e econômicas de São Paulo. Na Argentina já havia uma opinião pública intelectual com seus próprios canais de expressão e instituições, havia também um movimento socialista organizado – que recebia contribuições de exilados italianos – e o início de um movimento sufragista para a emancipação das mulheres. A correspondência é, nesse sentido, eloquente. Em Buenos Aires, o casal Ferrero-Lombroso encontra pessoas de três círculos: intelectuais, políticos e aristocratas, como Gina diz nos rascunhos de sua autobiografia. De fato, da Argentina, o casal recebe, acima de tudo, cartas de dezenas de cidadãos curiosos que haviam assistido às conferências ou lido sobre elas nos jornais; era um público de classe média culta que, em Buenos Aires, estava bastante acostumado a participar de ciclos de conferências que eu poderia definir como "esclarecidas". Além dessas cartas, encontramos nos Ferrero Papers da Universidade Columbia dezenas de bilhetes de argentinos solicitando o autógrafo do casal, uma moda que era mais difundida na Argentina do que no Brasil, naquela época. Do Brasil, o casal recebe praticamente só cartas de membros da Academia Brasileira de Letras.

É no contexto da popularidade do positivismo na região que se deve entender o destino e a grande recepção que as ideias da Escola Positiva de Antropologia da Itália também tiveram lá. É importante enfatizar que essa nunca foi uma importação acrítica ou livre de contradições. Assim, na Introdução de um importante estudo influenciado pelo interesse na historicidade das ciências sociais que vem se fortalecendo desde a década de 1990, Filippo Barbano[3] – baseando-se não apenas na busca por meras citações ou nos indicadores que as medem, mas também na análise de catálogos de bibliotecas e traduções[4] – mostra que, na América Latina, a influência positiva oscila entre o otimismo e o pessimismo. Isso também indica que não há nada de mecânico e artificial na expressão transporte-recepção, como quando se fala de "transferências" de tecnologias de um país para outro.[5] O sincretismo receptivo e o ecletismo difusivo caracterizam as trocas entre pesquisadores na América Latina antes da cristalização das disciplinas.[6] Por exemplo, na América do Sul, ainda mais do que o Comte ortodoxo e antimetafísico, veio o heterodoxo do culto comtiano de Clotilde de Vaux e da Igreja positivista. Não é coincidência que no estado brasileiro do Rio Grande do Sul, que sempre se destacou por suas taxas de alfabetização relativamente altas, o Apostolado Positivista tenha sido formado no final do século XIX.

Agora, a popularidade da Escola Positiva e da galáxia Lombroso na América do Sul não se deve apenas à sorte do positivismo, mas também ao fato de que esse grupo não se limita ao positivismo mais restrito. CL também lida com a etnografia dos espíritos. Ferri também se interessa pela sociologia criminal e pela filosofia do direito. GF lida com a filosofia da história e com o sucesso e colapso das nações. Gina Lombroso interessa-se não apenas pela condição feminina, mas também pela combinação de gênio e loucura. Curiosamente, as ideias produzidas por essa escola italiana, que, como mencionado, representava um amplo círculo de pesquisadores, chegaram lá juntamente com o debate que provocaram na Itália. As ideias de Colajanni, Loria, Labriola e outros intelectuais italianos que escreveram contra o biologismo do desvio típico de CL. Também chegaram as ideias de Tarde e Lacassagne, que, da França, dialogavam criticamente com a Escola Positiva, mantendo uma importante correspondência com ela e publicando na revista *AP*. A influência da galáxia Lombroso, portanto, começa com o sucesso do positivismo, mas é capaz de sobreviver à sua crise como filosofia da ciência na América Latina, desde os primeiros anos do século XX.

O ponto central para a compreensão do grande eco que esse debate italiano teve na América Latina é o fato de que aqui, mais do que na Europa, ele foi usado para ler e "resolver" a questão racial que, quase como a questão social, tomava conta da *intelligentsia* nos quatro países aqui – rapidamente – analisados. Na Argentina, a porta de entrada para o debate, também devido à forte presença italiana, mesmo entre os acadêmicos, a questão era como administrar a imigração maciça: que tipo de raça e nacionalidade isso criaria? No México, a questão era como combinar ordem, progresso e uma forte presença indígena. Em Cuba e no Brasil, a questão sociorracial foi colocada a partir de uma aparente contradição, dado o racismo hegemônico da época: como as novas Repúblicas poderiam se basear nos princípios do evolucionismo positivista, dada a presença maciça de negros e mestiços nesses dois países? Há também um uso racial do pensamento de CL nos Estados Unidos, no contexto das políticas de imigração e da categorização dos sulistas como imigrantes indesejáveis, porque se considera que eles têm uma tendência natural ao crime.[7] Mais uma vez, esse é um uso do pensamento lombrosiano que extrapola sua base original, mas que, no entanto, corresponde a uma certa popularidade internacional dele, algo de que CL, no entanto, desfrutava.

A diminuição do peso do positivismo nos anos entre 1910 e 1930, na América Latina, corresponde ao surgimento, ou à consolidação, de um novo humanismo racional-nacionalista, como o arielismo de José Enrique Rodó,[8] o criulismo de Juan Vasconcelos[9] no final da década de 1920 e, já na década de 1930, a celebração da mestiçagem por Gilberto Freyre[10] e outros. Essa mudança corresponde à descoberta do povo como uma categoria positiva, e não mais negativa, como quando era entendido como multidão, multitude e classes perigosas em geral. O povo torna-se um capital ao qual tanto o Estado como os intelectuais devem ser capazes de se referir para se legitimarem. Nesse processo de inversão de valores, típico do modernismo latino-americano,[11] esses autores, mais uma vez, celebram o "comportamento sentimental" latino--americano como antagônico ao comportamento analítico que seria típico dos anglo-saxões. É interessante notar como o debate italiano sobre as origens latinas ou arianas (árias) da cultura da península, muitas vezes considerado intrinsecamente específico do contexto italiano, na verdade se assemelha a esse intenso debate, com posições geograficamente determinadas, sobre as duas almas do continente americano: uma "ariana" e a outra "latina".

Veremos que se continuará a falar sobre CL, muitas vezes sem tê-lo lido, por muitos anos. Além disso, obviamente não foi o acerto ou uma suposta correção do pensamento lombrosiano que fez sua fortuna na Itália e no exterior, especialmente na América Latina. Em relação à teoria, uma crítica do que poderia ser chamado de "obsessão atávica" de CL cristaliza-se já no final de seus anos e nos muitos obituários que foram publicados em uma determinada época. Um exemplo é o obituário escrito por Roberto Michels na revista *AP* de 1910. Nesses textos, e já nas comemorações do 50º aniversário da carreira de CL, em 1906, o nome começa a ser mencionado não tanto por suas obras, mas como o progenitor da Escola Positiva, que também tratava de prisões, códigos penais, cultura do crime, psiquiatria, magnetismo, espíritos, *ciencias policiales* ou "policiologia" (criminalística) e desigualdades sociais. Esses são os campos de conhecimento em que CL continua a ser citado copiosamente, pelo menos até a década de 1930.

O sucesso que as ideias de CL tiveram no exterior, muitas vezes muito maior do que na Itália, está muito presente em toda uma série de escritos nos quais Gina celebra o caráter internacional da biografia de seu pai: "CL tinha uma grande clientela internacional que permaneceu fiel a ele [...] se tivéssemos permanecido sozinhos e pobres, em meio a tantos ódios".[12] CL também é um porta-estandarte para os italianos no exterior, que pedem sua foto ou seu autógrafo, apenas para conhecê-lo e sem tê-lo lido.[13] Gina afirma que CL foi ajudado a criar e manter essa rede por sua carreira jornalística, embora ele não tenha admitido que escrevia com fins lucrativos. Decisivo para a fama internacional de CL foi a publicação de *La bête humaine*, de Zola, em 1890, que divulga seu trabalho no mesmo país em que seu colega Tarde tanto o atacava, a França. CL colabora regularmente com os jornais *La Nación*, de Buenos Aires, e *L'Italia*, de Montevidéu. Várias revistas e vários congressos espanhóis, portugueses e latino-americanos enviam textos para a revista *AP*, que assim se torna mais substancial. O Congresso de Antropologia Criminal em Turim, em 1906, foi uma celebração da carreira de CL. De Cuba veio Montané; da Argentina, Ramos Mejía; e do Brasil, Juliano Moreira, psiquiatra, negro, baiano e, um pouco mais tarde, um dos primeiros a citar Freud no Brasil. Ninguém consegue resumir melhor a importância da América do Sul para CL do que Gina Lombroso na biografia de seu pai:

> [...] a última alegria externa que ele teve das duas Américas [...]. Desde 1878-1880, as ideias de Lombroso haviam se espalhado pela Argentina, pelo Brasil e pelo Uruguai como um incêndio, tanto que, já naquela época, todos os homens cultos

da América do Sul desejavam ter os livros de Lombroso em suas bibliotecas; todos os emigrantes italianos, seu retrato, juntamente com o de Garibaldi e do Rei Vittorio Emanuele [...]; em Buenos Aires e no Rio de Janeiro, nossos olhos tornaram-se os seus [...]. Não, nunca na Europa ele havia testemunhado tal glorificação [...]. Mesmo na América do Norte, repetiram-se as mesmas manifestações lombrosianas que ocorreram no Sul.[14]

Mais uma vez o tom é "impedido na Europa, mas celebrado no exterior". Não apenas os professores contribuem para o sucesso, mas também um novo grupo de neófitos, em sua maioria autodidatas:

Na América, na Austrália, até mesmo nas Antilhas, em Cuba, em San Salvador, na Índia, havia esses antropólogos improvisados dos quais ouvimos falar muito tempo depois. Os italianos são versáteis por excelência, não sistemáticos por natureza, adoram mudar de trabalho, fazem com entusiasmo as coisas novas que empreendem: por isso, esses neófitos forçados eram geralmente excelentes propagandistas, melhores talvez do que os professores regulares enviados para esse fim. Muitos desses discípulos improvisados contentaram-se em ler os resumos dos livros de Lombroso, Ferri e Garofalo para acadêmicos locais; muitos se tornaram criminologistas ativos e fizeram contribuições científicas e práticas reais para a ciência [...]. Entre eles, gosto de me lembrar de Pietro Gori, que fundou uma revista e uma sociedade de criminologia em Buenos Aires, e do Dr. Francesco Federico Falco, que reorganizou a polícia e as leis em Cuba, de acordo com o Novo Sistema Penal, e fundou uma pequena escola em Havana, ainda hoje florescente.[15]

Como parte do esforço da Nova Escola Positiva para controlar e fortalecer a influência sobre seu campo de estudo e intervenção, há também um uso hábil e político de prêmios e distinções. O Prêmio Lombroso da Academia Real de Medicina, segundo Olívia Gomes da Cunha,[16] desejado pelo próprio CL e de fato instituído com base em um legado testamentário de Lombroso, foi concedido em 1927 ao espanhol Mariano Ruiz-Funes por seu livro *Endocrinologia e criminalità*, imediatamente traduzido também para o português; em 1928, o prêmio foi para o cubano Israel Castellanos; em 1929, para o italiano Di Tullio; e em 1933, para o brasileiro Leonídio Ribeiro. Em circunstâncias ainda não esclarecidas, o prêmio foi abolido com o avanço do fascismo e o banimento de Carrara, Ferrero, Paola e Gina Lombroso por serem antifascistas e/ou judeus.

O peso das influências estrangeiras, especialmente europeias, depende, portanto, em grande parte das condições de recepção dessas ideias que vêm "de fora". Isso também se aplica ao positivismo, cuja popularidade diminui rapidamente quando mudam as prioridades, inclusive culturais, das políticas educacionais do Estado. Passamos, no período de 1913 a 1930, do ditado positivista "Amor, ordem e progresso", que caracteriza uma atitude autoritária por parte do Estado em relação à maioria da população (o chamado povo), para o ditado que eu definiria como modernista-regionalista "Por mi raza hablará el espiritu." [O espírito falará por minha raça.], como dizia José Enrique Rodó e Octavio Paz repetia 70 anos depois.[17] Esses ditados caracterizam vários regimes, mesmo os formalmente ditatoriais, que tendem a criar projetos nacionais-populares, por meio dos quais o povo é transformado de um problema em uma solução para a nação.[18] Para determinar o contexto de recepção das ideias europeias na América Latina, bem como as relações com o Sul da Europa em geral, também existem fluxos demográficos e diferenças de qualidade e padrão de vida; naqueles anos, em muitos aspectos, o Brasil e a Argentina apresentavam-se e eram vistos pelos imigrantes como países mais ricos que a Itália. Enviar ou receber migrantes muda radicalmente a posição nas relações de poder entre os países, bem como quaisquer diferenças importantes de renda ou riqueza natural. A geopolítica do conhecimento também depende disso. Se a região, após as Grandes Descobertas, deixou de ser considerada Eldorado e passou para a condição de Inferno Tropical, no período mais recente, a partir de meados do século XVIII, essa transição passou, na perspectiva europeia, por diferentes fases: de uma terra que recebia exploradores, ciganos, desesperados, aventureiros e agitadores, para um local de refúgio para intelectuais e uma terra de imigração. De um lugar de grande espaço e oportunidade para uma terra onde formas de engenharia social que não funcionariam mais na Europa (ou ainda não funcionam), um lugar que poderia acomodar o gênio latino que na Itália é sufocado pelo peso quase excessivo da história, com um passado que quase nega o futuro.[19] As Américas seriam sempre um continente para se sonhar. O debate sobre a emigração italiana para o Brasil é, nesse sentido, esclarecedor: na Itália, a discussão mistura termos como degeneração, grande proletariado, demografia, malthusianismo e emigração. Para muitos socialistas e anarquistas, a emigração é a solução demográfica que o capital e a reação estimulam. Pelo contrário, a proposta demográfica progressiva deve enfatizar o controle da natalidade e é mais ou menos malthusianamente orientada. Ser a favor do controle da natalidade, não apenas por meio do (reacionário) *coitus interruptus*, também é outra forma de ser anticlerical (veja *Il Pensiero*, revista editada por Pietro Gori e Luigi Fabbri, 1907 e 1910).[20]

O colonialismo, a religião das raças e a geopolítica do conhecimento encontram-se no debate sobre a emigração italiana. Um bom exemplo pode ser encontrado na obra coletânea *Il Brasile e gli italiani*, publicada pela Bemporad em 1906. O editor Vitaliano Rotellini, diretor do bem-sucedido periódico (em italiano) *Fanfulla*, impresso em São Paulo,[21] diz no Preâmbulo:

> A imprensa colonial não tem apenas a tarefa de manter vivos, nos compatriotas com a língua, as lembranças e os pensamentos da terra natal, para ser o órgão de defesa da comunidade, a voz que expressa suas necessidades: ela também tem a tarefa igualmente importante de informar à pátria sobre o ambiente em que a energia italiana é realizada em obras civis.[22]

Nas páginas 770-776, há um grande debate com intelectuais italianos que respondem a um convite do *Fanfulla* para dar uma opinião sobre se os italianos no Brasil devem ou não obter a cidadania brasileira. Vejamos o que CL responde:

> O ilustre professor Lombroso expressava-se de forma rude da seguinte maneira: "Sou da opinião de que é de grande conveniência para nossos compatriotas residentes no país participar de forma ativa e assídua das eleições municipais e provinciais, mesmo que isso seja – e não é – à custa de um patriotismo que, dadas as condições sob as quais nosso país é governado, não se justifica. Já que nossos governantes quase se esquecem de sua proteção, para correr atrás de países onde não há nem a sombra de um italiano – talvez esse seu passo e o medo do pior e de perder tantos e tão valorosos compatriotas abalem sua apatia".

Igualmente claro e severo é o pensamento de Napoleone Colajanni:

> Os italianos nos Estados Unidos são pouco respeitados porque têm pouca influência política. Eles não exercem influência política porque (1) são incultos, (2) sempre esperam retornar à sua terra natal. Se eles eliminassem essas duas desvantagens, seriam mais úteis para si mesmos e para seu país. A partir disso, será entendido que estou plenamente convencido da conveniência de estabelecer residência permanente onde encontram prosperidade e liberdade e de exercer direitos políticos lá.

Scipio Sighele escreve:

> Dado que o número de italianos no estado de São Paulo chega a 800 mil, parece-me fora de dúvida que eles têm um interesse legítimo em participar da vida pública: e todo interesse legítimo produz fatalmente um direito [...]. Penso que se serve e se honra a pátria, não tanto mantendo intacta uma cidadania ideal e isolando-se

praticamente do mundo em que se vive de fato, quanto misturando-se ao novo ambiente, difundindo o espírito e a língua do próprio país, dando – em suma – a marca, ou quase diria o selo da própria nacionalidade, a povos diferentes e estrangeiros. É esse trabalho lento, pacífico e honesto que cria a verdadeira influência estável de uma nação e irradia seu nome e sua civilização pelo mundo. E é essa influência – a única justa e legítima – que pode ser uma fonte de orgulho para aqueles que a exercem. Divulgar o nome dos italianos de tal forma, que ele seja sinônimo de trabalho, consciência e força civilizada: vencer os outros. Não com o meio brutal e criminoso das armas ou com o meio desonesto da diplomacia, mas com os meios leais e abertos de um trabalho árduo e digno de respeito, de todos os direitos dos outros – esse é, se não estou enganado, o ideal e o dever de todo cidadão de qualquer nação a que pertença.

Nesse ponto, pode-se concluir que a visão de mundo inspirada pela divisão da raça branca em germânica e latina, um tema forte de Sergi, mas também um subproduto do racialismo emanado da Conferência de Berlim, teve consequências importantes na forma como muitos intelectuais italianos perceberam seu espaço racial no mundo: a América do Sul era a América deles, caracterizada pela imaginação e paixão, enquanto a América do Norte era o resultado da essência da raça anglo-saxônica-germânica.[23] A emigração e a expansão das exportações italianas devem ser vistas em conjunto, como um momento de crescimento não apenas da economia capitalista italiana, mas também do peso político e cultural da Itália no exterior. Foi um processo no qual foi necessário aproveitar todos os campos possíveis: colônias diretas (Eritreia e Benadir), eventos ocasionais (como a abertura da Turquia aos produtos italianos) e, acima de tudo, núcleos de italianidade.[24] Além de uma óbvia atitude de desejo, à qual a realidade dos intercâmbios internacionais dificilmente correspondia, é interessante observar que, naqueles anos, a Europa, a África e as Américas eram consideradas e representadas como três partes de uma única geografia do mundo, sociorracial, sobre a qual não apenas os especialistas em pesquisa em cada um dos três continentes, mas todos ou quase todos os intelectuais tinham e expressavam opiniões.[25]

"Lombrosianismo" e a América do Sul

A popularidade de CL na América Latina e sua recepção nas ciências sociais devem-se tanto à força de suas ideias e seus símbolos quanto à existência de uma série de fatores que facilitaram ou induziram esse trânsito internacional.

De fato, na América Latina, há quatro grandes influências estrangeiras na formação das ciências sociais: o positivismo comtiano da França, o empirismo e o evolucionismo britânicos (Darwin e, mais tarde, Spencer), a filosofia da Alemanha e a Escola Positiva de Antropologia da Itália com seu estudo da fisionomia (às vezes combinado com influências da filosofia alemã, como em Tobias Barreto). Cada uma dessas influências, e as três primeiras terão o maior peso, corresponde à imaginação coletiva sobre o caráter da cultura, com os ingleses concentrando-se mais no empirismo, os franceses, na busca de valores universais que eles poderiam interpretar melhor do que qualquer outro povo, os alemães questionando a essência do indivíduo e do coletivo, e os italianos estudando a aparência e a dimensão estética da personalidade. É como se houvesse alguma correspondência entre o objetivo principal de qualquer esforço intelectual associado à questão nacional e as principais características pelas quais uma determinada cultura tendia a ser vista como diferente de outras; como se os estereótipos nacionais e a personalidade coletiva de uma cultura vista como nacional de alguma forma coincidissem. Todas essas quatro influências foram, é claro, reinterpretadas e sincretizadas para adaptá-las ao contexto de cada país de recepção. No Brasil as influências já chegaram na última parte do Império para se tornarem ainda mais fortes no início da Primeira República ou "República Velha" (1889-1930). Além disso, foi possível identificar um conjunto de fatores que indico a seguir como caminhos para pesquisas futuras:

– Em primeiro lugar, havia a atração de CL como pessoa e o fato de que ele se configurava como um cientista do mórbido, da degeneração, do desvio e, no final, também do oculto, interessado tanto na desigualdade social e na pobreza quanto nas forças obscuras da sociedade, na relação entre gênio, arte e loucura – e sensível a tudo isso.[26] Além de tratar de temas que interessavam à imaginação romântica de sua época, CL conseguiu criar uma exposição, uma vitrine de seu laboratório de pesquisa, mais tarde transformado em um museu para pesquisadores, e não para um público mais amplo. O museu, por sua vez, inspirou a imaginação de artistas como Paul Klee, dadaístas e surrealistas – que também estavam buscando a conjunção de gênio e loucura.[27] Como veremos mais adiante, o museu também se tornou um modelo para outras coleções e até mesmo outros museus, por exemplo, as coleções de Nina Rodrigues e Fernando Ortiz, o Museu Antropológico de Havana criado por Montané, o Museu da Polícia no Rio de Janeiro, pelo menos em parte o Museu de La Plata, e talvez outros museus.

– Em relação à questão racial, as elites da América Latina buscam ideias da Europa, primeiramente em versões que sejam aceitáveis e criáveis em seu próprio contexto, que não atentem contra sua mestiçagem intrínseca: melhor Lamarck e o estudo lombrosiano da fisionomia do que interpretações centradas na pureza da raça. Isso tem a ver com o sistema de classificação racial que se concentra na aparência, e não nas origens (como tende a ser no contexto anglo-saxão).[28] Pode-se pensar que a força da tradição fisionômica na Itália[29] é tanto uma contribuição para as leituras lombrosianas quanto um esquema de interpretação do outro que funciona muito bem em um mundo dominado pelo catolicismo barroco (de imagens), que, por sua vez, produz uma hierarquia sociorracial baseada na aparência (o visível) muito mais do que nas origens (o invisível).[30]/[31] Como no caso do estudo da hipnose e da mediunidade, o estudo da fisionomia representa uma área de conhecimento em que várias disciplinas e preocupações se encontram, uma área de trânsito também de vários pontos de vista sobre o chamado progresso.[32]

– O debate sobre as raças latinas e germânicas – que estreou na Europa, após a derrota francesa na Guerra Franco-Prussiana de 1871 – foi acompanhado de perto na América Latina, onde as elites se sentiam menos confortáveis com as imagens sobre relações raciais e classes sociais produzidas pelos Estados Unidos, pela Grã-Bretanha e pela Alemanha (descritas como segregacionistas, gélidas, focadas apenas no lucro) do que com as produzidas pelos chamados países latinos (descritos como mais sentimentais, emotivos e criativos). Nesse aspecto, os Estados Unidos eram admirados e temidos, mas não amados, como disse Joaquim Nabuco.[33] Em vez de um debate científico propriamente dito, foi uma discussão na mídia de massa da época, que começou com mais força a partir de certas publicações sobre a Guerra Franco-Prussiana, em que os últimos acusavam os primeiros de degeneração e os primeiros acusavam os segundos de barbárie cega.[34] O conceito de raça latina, fortemente adotado pelo antropólogo físico Sergi e pelo político e acadêmico Napoleone Colajanni,[35] desenvolve-se ou moderniza-se nesse contexto e passa a constituir um campo possível e potencial de empatia transnacional entre a Itália e a América Latina, que ultrapassa os limites temporais das influências do positivismo mais canônico. Além disso, o lugar da Itália no que podemos chamar de "geografia da degeneração" era preeminente. Com suas ruínas de um passado grandioso, a Itália assumiu uma posição específica na imaginação vitoriana tardia após a Conferência de Berlim: "Para a sensibilidade vitoriana, a Itália parecia a terra do pecado e da sensualidade desenfreada, uma terra perigosa para os corpos e também para as almas".[36]/[37]

– Tanto o debate sobre a degeneração quanto o debate sobre a oposição ariano-latina delinearam uma geografia sociorracial do mundo que coincidia com o outro grande movimento na direção de uma cartografia mundial de povos e raças, o da onda colonizadora, mais tarde reforçado e canonizado pela Conferência de Berlim, realizada em vários momentos entre 1884 e 1885. Fica claro, em seus textos e correspondências, que CL operava nessa geografia sociorracial do mundo e, portanto, estava restrito e limitado, mas ele fez alterações interessantes nela. Havia para ele nações jovens e velhas, mas também sociedades jovens e velhas. A Itália era um país com uma nação jovem, mas uma sociedade antiga, do Velho Mundo, portanto com uma alta taxa de degeneração.[38] Na América do Sul, ao contrário, tratava-se de nações jovens com sociedades jovens: era o Novo Mundo. A África fazia parte do Velho Mundo e era, de fato, seu grande repositório de atavismos e primitivismos, que podiam manifestar-se, de forma mais rarefeita, também nas populações europeias, especialmente, como vimos, em certas "raças" italianas, sobretudo do Sul. Ao melhorar o contexto – e a condição social –, alguns desses atavismos poderiam ser atenuados ou desaparecer: assim, por exemplo, os negros nos Estados Unidos perderiam lentamente grande parte do prognatismo africano. Movimentos na direção oposta também eram possíveis, e, assim, as populações judaicas da África tendiam a ser de cor mais escura do que outras. Impérios e colonialismo violaram, de acordo com CL, não apenas o direito sacrossanto à autodeterminação, mas também à dinâmica "natural" do entrelaçamento da geografia e da raça (uma força contra o desenvolvimento natural das populações e de suas culturas e seus hábitos), bem como à fertilização cruzada saudável e natural que fortalece todas as populações e promove seu intelecto. Essa geografia sociorracial do mundo, produto de uma mistura de racialismo, crença lamarckiana na melhoria das raças, positivismo e anticolonialismo, não desagradou as elites intelectuais e políticas latino-americanas. Elas, especialmente no caso brasileiro e cubano, eram atormentadas por três "dilemas": seu país estava nos trópicos e isso não combinava com a ideia dominante de progresso que, idealmente, seria plenamente desenvolvido exclusivamente em zonas de clima temperado; grande parte da população era de ascendência africana e a África (um continente definido como sem história) era a parte do mundo onde a colonização seria mais legítima; havia uma grande mestiçagem que não tinha lugar na geografia racial do mundo dominante, que atribuía um continente a cada uma das "grandes raças" (branca, negra, amarela e vermelha).

– Para muitos intelectuais italianos, era interessante ter uma base externa para receber suas ideias: um lugar distante para onde eles, mesmo sem um Império ou grandes domínios ultramarinos (como a Inglaterra e, em menor escala, a França), pudessem viajar e encontrar um público potencialmente interessado. Naqueles anos, a América do Sul era um continente de oportunidades, onde também havia uma grande comunidade italiana. Ao longo do século XIX, isso também se aplica a artistas, cantores, dançarinos e vários tipos de aventureiros.[39] Particularmente no Brasil, há também uma certa carência de quadros, o que oferece ainda mais espaço para aqueles que vêm do exterior com uma certa formação, embora a razão para isso seja a fraqueza ou mesmo a inexistência de um sistema universitário.

– Há o que pode ser chamado de "infraestrutura" de Garibaldi, alimentada pelo mito do Ressurgimento, que mostra como os heróis e os sonhos nacionais podem de fato unir dois mundos. É um mito que vai além da Itália porque o mito da *giovine Italia*, uma nova nação que surge das cinzas de uma antiga, é, como muitos projetos nacionalistas, facilmente reproduzido e reinterpretado em outros países.

– Há também a grande relevância do positivismo, em torno do qual quase se cria uma organização internacional, com Augusto Comte como suposto pai. A ideia de "cientificar" a sociedade, e especialmente as sociedades ressuscitadas, torna-se central em toda a América Latina. Associados ao positivismo estão o anticlericalismo e a prática do secularismo, que na Itália eram particularmente fortes entre os grupos, como judeus e protestantes, que haviam sido penalizados pela penetração da Igreja católica na estrutura do Estado. Grande parte desse positivismo e, mais concretamente, da sociologia positiva (que quase se torna o método do socialismo) era, na Itália, associada a ideias socialistas e, às vezes, até mesmo à militância socialista, embora principalmente na forma de "socialismo dos professores". O socialismo tecia redes internacionais e estava, pelo menos em parte, associado a um espírito internacional, se não já internacionalista. No caso das relações entre a Itália e a Argentina, o Partido Socialista Italiano tornou-se, em um certo sentido, o guardião do Partido Socialista Argentino, até mesmo representando-o em órgãos internacionais.

– Parte desse positivismo era, de fato, um ateísmo muito *sui generis* que aderiu ao espiritismo ou floresceu nele. Naqueles anos, os nomes, as técnicas e as ideias do pensamento espírita e, em geral, do esoterismo percorriam o mundo: em todos os lugares, falava-se de mágicos, médiuns, hipnotizadores.[40] Portanto, não é coincidência que um intelectual espírita como GF seja convidado a visitar um centro espírita assim que aterrissa no Rio de Janeiro. Quase a mesma coisa poderia ser dita da maçonaria, que sempre incentivou os contatos internacionais entre seus adeptos e que sempre foi importante nas Américas e, especificamente, na América do Sul, e misturava-se bem com certo positivismo popular. Os Lombroso-Ferrero estavam ligados à maçonaria.[41] O nome GF é até mesmo dado a uma loja maçônica. A relação entre positivismo, esoterismo/espiritismo e maçonaria constitui, portanto, outro vínculo transatlântico.

– Esses são países em que a maioria esmagadora é católica e nos quais a Igreja católica tem uma influência muito forte, assim como o pensamento católico. Isso estabelece um eixo importante não só do ponto de vista da cultura religiosa e popular – sobre a qual viajam imagens, santos, padres, objetos litúrgicos, projetos artístico-arquitetônicos –, mas também do ponto de vista das políticas raciais e, mais ainda, das políticas eugênicas, e isso é de grande relevância porque, tanto na Itália quanto na América Latina, a Igreja trabalhou para esfriar o debate sobre a eugenia, especialmente a chamada eugenia negativa; ela também contribuiu para garantir que, mesmo entre os seguidores da antropologia positiva, propostas como a esterilização ou castração e até mesmo a pena de morte eram geralmente sempre rejeitadas,[42] ao contrário do que aconteceu na Suécia, na Dinamarca, nos Estados Unidos, nos cantões protestantes da Suíça e, mais tarde – com muito mais ferocidade –, na Alemanha nazista.[43] Mesmo que, em geral, não tenha sido um fator inovador no campo científico, não se pode excluir a importância dos laços com a Itália criados no Brasil por meio da Igreja católica, considerando que, desde a época colonial,[44] um grande número de religiosos e religiosas seculares e ordens eram de origem italiana.

– A mesma presença de comunidades italianas na Argentina, no Uruguai e no Brasil cria um público sólido para ideias, exposições e conferências de intelectuais italianos. Esse é, sem dúvida, o caso de Gina Lombroso e GF e Enrico Ferri. Além disso, desde meados do século XIX, os italianos têm desempenhado um papel específico na paisagem cultural e no consumo da América Latina, para a qual fizeram uma contribuição peculiar. Havia alguns cientistas,[45] mas o impacto muito maior foi causado pelos contatos e redes estabelecidos pelo mundo da ópera (ópera e balé), dos circos, das caravanas de circo científico que frequentemente partiam do rio da Prata em direção ao interior. Na cosmogonia culta e popular de "ideias de fora",[46] a Itália desempenhava um papel específico, bem diferente dos países que tradicionalmente produziram a maioria daqueles que em português brasileiro são chamados de "viajantes" (Reino Unido, França, Alemanha, Holanda e Estados Unidos).

– A polivalência científica e o chamado poligrafismo dos autores da Nova Escola Positiva e, especialmente, de CL devem ser lidos no contexto da relativa fraqueza institucional das elites intelectuais na Itália. A polivalência e o poligrafismo comunicavam-se bem com o contexto brasileiro, em que intelectuais como Nina Rodrigues também eram polivalentes em um contexto intelectualmente rarefeito, caracterizado pela escassez de conhecimento institucionalizado, em que a Academia Brasileira de Letras desempenhava uma função importante na recepção de pesquisadores estrangeiros na ausência de universidades reais.[47] O poligrafismo, que permite a CL *cum suis* escrever sobre tudo e qualquer coisa, e o interesse por diversos temas (como literatura, no caso de GF) contribuem para a popularidade dos autores da Escola Positiva não só no Brasil, mas também no restante da América Latina. Eles acabaram sendo um modelo interessante e útil, especialmente no Brasil, onde a vida científica ocorria fora das universidades, ou antes da criação e institucionalização de verdadeiras universidades.[48] No período de 1900 a 1940, o médico Afrânio Peixoto e seu aluno Estácio de Sá tornar-se-ão de fato o exemplo mais palpável e conhecido dessa poligrafia, o primeiro em nível nacional e o segundo na Bahia.[49] Com uma atitude celebrada pela Academia Brasileira de Letras e reforçada pelas academias literárias dos vários estados do Brasil, eles se apresentavam como médicos, mas também como juristas, legalistas, planejadores, higienistas, homens de letras, etnógrafos, políticos e até ogãs (protetores) das casas de candomblé. Afrânio Peixoto foi descrito da seguinte forma por Leonídio Ribeiro:[50] "Espírito universal, Afrânio foi o mais puro exemplo de humanista que conheci"; "suas aulas versavam sobre os mais diversos assuntos: higiene, medicina legal, psiquiatria, fisiologia, criminologia, sexologia, história da educação, educação da mulher, história da literatura brasileira, história do Brasil, Camões, Castro Alves. Ele sabia tudo ou podia ensinar tudo";[51] "Um dos traços característicos da personalidade de Afrânio era a facilidade com que ele podia improvisar uma palestra ou aula".[52] Como vemos, Peixoto não difere muito, em termos de variedade, do poligrafismo do próprio Lombroso. Nina Rodrigues, ao contrário, limitou-se, por assim dizer, aos campos da medicina, higiene, medicina legal, antropologia criminal e antropologia. Nunca se aventurou no campo literário, embora tenha publicado muito em jornais, como era comum na época, mesmo na Itália.

– De certa forma, o intercâmbio entre italianos e latino-americanos era mais igualitário do que com outros países europeus considerados economicamente mais fortes e dotados não apenas de uma vida acadêmica e científica mais sólida, mas também de uma experiência colonial consolidada.

A Itália era menos intimidadora; talvez também fosse vista como uma porta de entrada para a Europa, ou a parte da Europa mais semelhante à condição da América do Sul. Com a crise de 1929, muitas coisas mudarão: a imigração do Sul da Europa diminui, os preços das *commodities* na região caem, o interesse aumenta – também em termos de políticas científicas – por parte dos Estados Unidos (e de várias de suas fundações, como a Rockefeller e a Carnegie) e da França; este último organiza missões culturais e científicas e é também o país onde surge o conceito de América Latina.[53] Entretanto, a influência italiana é uma entre muitas, nunca a única e raramente a principal.

– Também há semelhanças entre os perfis de nossos protagonistas. Os traços comuns entre Nina Rodrigues e CL, além de seu interesse no desenvolvimento e na institucionalização da medicina legal, são as incursões de um como médico voluntário no estabelecimento de um hospital militar em Salvador, em 1896, e do outro como médico militar nas campanhas contra os "bandidos" na Calábria, em 1862,[54] o empenho de medir os crânios de bandidos, o interesse e a prática da etnografia (por exemplo, sobre as grandes figuras messiânicas), a prática de colecionar e os tipos de artefatos coletados. Além disso, a reconstrução da biografia de CL e Nina Rodrigues é complicada tanto pelo desmembramento de seus arquivos e coleções pessoais e excessos biologizantes, que fizeram com que a posteridade conferisse pouca atenção à complexidade de suas trajetórias. Ambos serão lembrados por muitos, antes de tudo, como grandes pensadores racistas.[55]

Apesar de tudo isso, as ideias de CL circulam na América Latina por sua força não por serem "exatas", mas por serem consideradas úteis e adaptáveis ao contexto local. Isso acontece com mais força a partir de 1910, quando na Europa elas já despertam forte oposição, por exemplo, por Tarde, Lacassagne, Colajanni e Gramsci.[56] O contexto da Escola Positiva era um positivismo muito *sui generis*, e a persistência de sua influência em AL também se deve a esse caráter e ao fato de que se fazia um uso criativo de ideias de fora, em vez de escolher uma única corrente, muitas vezes citando várias correntes, mesmo que elas, na Europa, fossem mutuamente exclusivas. Nos vários países da América Latina, existiam realidades diferentes nesse sentido. Na Argentina, o positivismo e o higienismo rapidamente tomaram conta de várias instituições; museus e universidades foram desenvolvidos e havia uma seção da imprensa extremamente interessada nesses tópicos. Entre outras coisas, esse país funcionou para a maioria dos intelectuais italianos como uma porta de entrada para a região. No México e em Cuba, dois países onde o anticlericalismo era forte no final do século XIX, houve um interesse imediato nas ideias de CL.

Sabemos que também na Colômbia e no Peru, onde, nos anos entre 1900 e 1930, houve um forte debate acadêmico e midiático sobre o que deveriam ser as "pessoas ideais", havia adeptos e reinterpretações das teorias lombrosianas e a noção de degeneração.[57] Em todos esses países, e especialmente no México, as universidades já estavam consolidadas. Como já mencionado, o Brasil representa uma exceção, pois foi o último país a criar um sistema universitário. Na verdade, havia apenas faculdades de direito e medicina, além de hospitais e asilos. São os diretores e gerentes dessas instituições que formam a rede. Em outros momentos, especialmente no início, os contatos são com diplomatas e com a Academia Brasileira de Letras.

Pode-se dizer que, na América Latina, CL foi útil e utilizado principalmente para a questão racial. De fato, o que na Itália é configurado como uma "questão social" na região assume as conotações de uma questão de raças, ou de como combinar uma crença no progresso com populações entendidas como intrinsecamente atrasadas. Assim, embora, como vimos, a categoria "raça" represente relativamente pouco no trabalho de CL, ela é o aspecto, talvez até mesmo ao lado da homossexualidade e, mais tarde, do interesse por espíritos, pelo qual CL é citado com mais frequência na América Latina. Isso acontece de maneiras diferentes em cada país. Na Argentina, a questão está centrada nos imigrantes, se eles contribuem para o aprimoramento ou, ao contrário, para a degeneração da "raça argentina". No México, são os povos indígenas que formam o centro da questão sociorracial: eles são frequentemente vistos como gloriosos no passado e degenerados no presente, criadores de grandes edifícios como as pirâmides, mas hoje incapazes de entender sua grandeza porque são alheios ao passado e culturalmente corruptos. No Brasil e em Cuba, é aproximadamente a população de origem africana ou mestiça o principal problema: como fazer parte do progresso com tantos mestiços e originários da África, o continente que a Conferência de Berlim definiu como o mais colonizável. Em resumo, a centralidade de CL no pensamento racial internacional deve-se em grande parte ao uso primordialmente racial que foi feito de suas ideias na América Latina.

Lombrosianismo depois de Lombroso

> Prezada senhora, aceite com o Sr. Ferrero minhas mais sinceras condolências pela perda de seu ilustre pai. Eu sei que o lugar que Lombroso tinha em seu coração, o orgulho que você tem de ser filha dele, sua dívida de inteligência e sentimento

para com ele, bem como a amizade e a admiração mútuas que existiam entre ele e seu marido. Portanto, posso calcular o vazio que ele deixa em sua vida e lhe ofereço toda a minha solidariedade. Por favor, aceite, querida senhora, meus sentimentos de respeito (carta de Joaquim Nabuco para Gina Lombroso, 21 de maio de 1909).

Após a morte de CL em 1909, a Escola Positiva dissolve-se, muito lentamente, em um período de quase 30 anos. A Guerra Ítalo-Turca de 1911--1912, a Primeira Guerra Mundial e a ascensão de movimentos autoritários e do antissemitismo após 1918 criam um contexto novo e fechado. As Américas voltam a ser importantes como possíveis válvulas de escape. Um bom exemplo de cosmopolitismo desafiado pelo novo contexto encontramos nesta carta de Max Nordau para Gina Lombroso, datada de 3 de agosto de 1920: "A guerra fechou todos os fóruns que existiam para mim antes de 1914, com um aperto em todos os países civilizados. Por enquanto, só me resta a América do Sul e, talvez, a Espanha" (Arquivo Vieusseux).

Garofalo, GF, Gina Lombroso, Carrara, Ferri, Ottolenghi, Sighele e os outros seguiram caminhos diferentes. Garofalo distanciou-se da Escola e da revista *AP* quando CL ainda estava ativo, essencialmente por causa de discordâncias políticas decorrentes de seu próprio conservadorismo político. Sighele, por volta de 1911, tornou-se um nacionalista. Também para Ferri, assim como para muitos outros italianos, o ponto de virada ocorre nos anos da Guerra Ítalo-Turca, quando ele, distanciando-se do PSI e aproximando-se dos nacionalistas, saúda a anexação da Líbia como um ato do qual o proletariado italiano poderia tirar muitos benefícios; durante a Primeira Guerra Mundial, ele permanece neutro e opõe-se à guerra, como a grande maioria dos socialistas. Mas, em 1927, depois de dois artigos celebrando a grandeza de Mussolini, ele é nomeado senador do Reino, um cargo que já havia ocupado muito antes PM. Salvatore Ottolenghi, judeu de pai e mãe, morre como fascista fervoroso, em 1927, 11 anos antes das leis raciais, mas não depois de ter recebido a gratidão do Duce – com quem tinha contatos pessoais – por sua criação da polícia científica e, especialmente, do sistema de identificação e fichamento, do qual o regime se beneficiou muito. Paola Lombroso e seu marido Mario Carrara, sucessor de CL na cadeira de Turim e na direção da revista *AP*, seguiram um caminho diferente: intervencionistas durante a Primeira Guerra Mundial, eles se distanciaram imediatamente do regime fascista, pagando um preço alto. Carrara manteve uma densa correspondência com seus colegas sul-americanos por décadas. Quando Flaminio Favero inaugurou a Primeira Semana Paulista de Medicina Legal em 1937, em seu discurso de abertura prestou homenagem a Oscar Freire, de quem se dizia discípulo, e a Mario Carrara. Segundo ele, o prestígio que a medicina legal brasileira desfrutava no exterior devia-se a Carrara.[58] Carrara, talvez também retribuindo a cortesia, elogia o trabalho de A. Ramos na revista *AP*.[59] GF, que brincava dizendo que era judeu por adoção, e sua esposa Gina Lombroso escolheram – e foram forçados a escolher – o caminho do exílio em Genebra, onde GF finalmente conseguiu uma cátedra e Gina dedicou-se a escrever ensaios sobre mulheres, liberdades e a memória de seu pai. GF morreu em 1942, não antes de ter escrito seu próprio manifesto antirracista (1933), e Gina, cheia de tristeza, dois anos mais tarde, em 1944, ainda no exílio.

Uma análise dos escritos de GF mostra que a relação com a questão racial e africana também muda muito em função dos caminhos familiares e da perseguição sofrida na Itália. GF escreve sobre Adua, ao que me parece friamente, e de forma fictícia sobre o Chifre da África (no livro *Sudore e sangue*), mas mais tarde, especialmente após seu exílio, seu antifascismo e antirracismo tornam-se muito claros. GF e Gina mobilizaram-se contra o racismo com força crescente, assinando petições e publicando artigos em revistas e jornais, em vários idiomas. Em 1939, pouco antes da eclosão da guerra, Gina escreveu um artigo curto e duro, infelizmente não publicado, com o significativo título "Quel che ci insegna l'antisemitismo italiano" [O que o antissemitismo italiano nos ensina]; nele ela afirma:

> Os países dão 50 mil razões para o antissemitismo, como fizeram para a conquista da Etiópia, da Tchecoslováquia, da Áustria, como deram para a conquista da China, da Índia, do México, da América. Na realidade, havia apenas uma razão para isso [...], a possibilidade de se apoderar, fora da justiça e da lei, de posses, honras, terras, lugares e dinheiro que eles não teriam sido capazes de conquistar com a verdade e a lei.[60]

Em suma, parte da tradição da Escola Positiva fluiu para os milhares de riachos das que podemos chamar de ciências mais "fascistizadas" (criminalística e, em parte, higiene racial e medicina legal), enquanto o restante viveu o drama da maioria dos intérpretes do fenômeno do chamado "socialismo dos professores", que também foram duramente perseguidos pelo fascismo,[61] embora sua oposição, pelo menos até a eclosão da Segunda Guerra Mundial, fosse do tipo social-liberal.[62] Se a Escola Positiva de fato desaparece lentamente, CL sobrevive em muitos sentidos. Por um lado, suas imprecisões, falta de definições teóricas e generalizações, sem dúvida, contribuíram para desacreditar CL como cientista. Certamente, seus dois últimos livros sobre espiritismo e a busca de uma biologia das almas fizeram de Lombroso um cientista muito *sui generis*. A partir da década de 1920, o termo "lombrosiano", nas ciências sociais, é um adjetivo que sobrevive referindo-se a um exagero da ciência positivista ou do estudo da fisionomia. Por outro lado, a universalidade e a interdisciplinaridade de seus interesses, assim como seu próprio estilo, certamente ajudaram a mantê-lo popular em uma série de áreas que podemos chamar de paracientíficas. CL escreveu muito e foi de fato vítima de seu próprio sucesso. O *Atlante criminale* vendeu muito e fez sucesso. Seus críticos dizem que ele talvez até escrevesse demais e rápido demais, sem pensar muito nas teses apresentadas ou nas possíveis consequências. Além disso, ele escreveu tanto em periódicos considerados científicos quanto em revistas políticas, bem como em revistas mais conservadoras, mas de grande circulação para a época e com grande impacto na cultura visual e na curiosidade da época sobre o outro, como *L'Illustrazione Italiana* e *Nuova Antologia*. Como diz Rondini,[63] "Lombroso é um personagem da moda e bem conhecido, uma espécie de 'estrela'". É sintomático que *L'Illustrazione Italiana* e outras revistas tenham se ocupado dele, talvez, como era tradicional, serializando seus livros, que passaram a ter muitas edições. No primeiro semestre de 1906, o único cientista a ter espaço na *L'Illustrazione Italiana*, com nada menos que seis páginas sobre seu museu, foi o próprio CL; no segundo semestre do mesmo ano, o único cientista a ter espaço na revista foi seu "correligionário" e admirador Max Nordau. CL passa então a publicar em periódicos brasonados e conservadores, mas ao mesmo tempo escreve regularmente nos periódicos socialistas *Avanti!* e *Critica Sociale*. Seus livros não persuadem, mas divertem. Theodor de Wyzewa, na *Revue des Deux Mondes* (1º de dezembro de 1897), chega a declarar que, dos 20 livros italianos tratados pela revista naquele ano, 10 têm a ver com as teorias lombrosianas. Os outros tratam de D'Annunzio. A popularidade de CL e da Escola Positiva também se deve ao tipo de relação que ela estabeleceu com a literatura. CL influenciou Conan Doyle (Sherlock Holmes), Bram Stolker e Zola (*La bête humaine*).[64] Pode-se até concluir que foi também o ecletismo – que permitia múltiplas leituras – juntamente com essa harmonia dos temas lombrosianos, com uma parte importante das ansiedades do final do século XIX na Europa, que contribuíram tanto para a popularidade de CL durante sua vida quanto para manter viva uma memória póstuma bastante polifônica. Um bom exemplo dessa polifonia pode ser encontrado na correspondência. Durante décadas, muitas pessoas comuns escreveram para CL, de vários países, pedindo sua opinião sobre as mais variadas coisas: a existência de Deus, as características de um marido ideal, a interpretação de sonhos e pesadelos, a existência de espíritos.

E é justamente o espiritismo, seu último grande tema de pesquisa,[65] que contribui para que CL se torne, por assim dizer, imortal. Há muitas evidências de que muitos continuaram a escrever para ele, mesmo sabendo que ele já havia falecido. E CL continua a se apresentar após a morte, em várias sessões de espiritismo. Assim, a Academia de Estudos Psíquicos Cesare Lombroso, em São Paulo, é dedicada a CL, para o qual o médium Mirabelli publica um livro em 1929, reunindo uma série de mensagens do além. A primeira mensagem da lista é do próprio CL, cujas obras sobre espíritos são traduzidas na América Latina, até pelo menos a década de 1970. Algumas das suas obras foram defendidas pela poderosa Federação Espírita Brasileira, que, ainda em 1959, traduziu *Ricerche sui fenomeni ipnotici e spiritici* [Pesquisa dos fenômenos hipnóticos e espíritas] de CL (1909) e o publicou com o título *Hipnotismo e mediunidade*; teve pelo menos cinco edições, a última em 1984, cada uma das quais vendeu dezenas de milhares de cópias.[66] Ainda em 2001, na 18ª versão em português, o texto de Lombroso é precedido de um longo ensaio biográfico sobre CL, de autoria de Zéus Wantuil, da mesma Federação Espírita. O texto, escrito na linguagem típica das publicações dessa Federação, afirma que por onde passava o velho sábio projetava um facho de luz, que suas obras não se dedicavam apenas à ciência, mas eram principalmente obras de humanidade, que, durante sua existência terrena, CL participou de inúmeros congressos; sugere também que ele participou de outros eventos sociais depois de sua morte; que era desejo de CL estudar, depois do homem do crime e do homem de gênio, o homem santo, mas sua saúde não lhe permitiu fazê-lo; que a marcha de Lombroso em direção ao espiritismo foi lenta e árdua, mas segura, e que a posteridade, sempre mais justa do que os contemporâneos, foi capaz de acrescentar aos títulos de glória do grande criminologista sua pesquisa sobre o espiritismo.[67] No entanto, CL está sempre entre os grandes pensadores do panteão do espiritismo em muitas das revistas e publicações espíritas brasileiras, até os dias atuais. Vejamos um exemplo:

> Lombroso deixou a vida terrestre (desencarnou) em 19 de outubro de 1909, em Turim, aos 74 anos de idade. Em relação à nossa doutrina, ele foi, sem dúvida, um pesquisador incansável. Ofereceu-nos um livro inesquecível como Hipnotismo e Mediunidade, do qual nos inspiramos para este nosso modesto trabalho. Em relação à disciplina que o habilitou a ocupar o cargo de professor, ele ainda é considerado hoje um dos mais brilhantes e ilustres mestres italianos. Lombroso morreu pacificamente nos braços de sua talentosa filha Gina, que se lembra desse momento final com as seguintes palavras: "Sua alma passou para o infinito como um rio que chega à sua foz e se derrama sobre o mar...". Podemos dizer, concluindo

este nosso modesto comentário, que o espírito de Lombroso, onde quer que ele esteja, por suas virtudes, circula nas mais altas esferas. Ele, que era um homem de coração aberto e que fez da existência um hino de amor à Verdade e ao Próximo (*Jornal Verdade e Luz*, n. 186, julho de 2001, disponível em <espirito.org.br/artigos/cesar-lombroso-diante-do-espiritismo>, [acesso em 22/10/2024]).

No Brasil, com o passar do tempo, CL passou a ser mencionado, nos jornais e revistas ilustradas (não especializadas), menos como um criminologista e mais como um grande nome do espiritismo. De fato, em grande parte, a sobrevivência de algumas das ideias de CL mesmo depois de sua morte se deve justamente à importância que ele dedicou em seus últimos anos a uma série de questões que estavam, em suas palavras, nas fronteiras do desconhecido: mediunidade e espiritismo. Se concluir seu trabalho com o livro *Hipnotismo e mediunidade* foi para Gustave Le Bon, que escreveu a Introdução da versão francesa em 1910, a prova de que CL havia se tornado crédulo e de que sua pesquisa havia perdido qualquer consistência científica,[68] foram justamente esses novos interesses pelo oculto e pelos espíritos que permitiram ao médico e antropólogo viver uma segunda vida como teórico do espiritismo, na América Latina. De fato, em uma atitude que demonstra a parcialidade da crítica de Le Bon, em várias publicações das federações espíritas brasileiras, a coerência e o "acerto" das ideias de CL sobre os espíritos eram corroborados justamente pelo fato de ele ter sido um cientista positivista durante toda a sua vida!

Mesmo que, como já mencionado, nas últimas décadas, com o crescimento da pesquisa e do debate sobre o racismo no Brasil – debate reforçado pela comemoração dos cem anos da Abolição da Escravatura em 1988 –, o nome de CL tenha começado a ser mencionado principalmente em relação às teorias raciais – nem sempre com a atenção devida e um tanto no estilo generalizante de Mosse –, é também em outras áreas do conhecimento, além do campo do espiritismo, que as teorias lombrosianas e, de modo mais geral, da Escola Positiva continuam populares, pelo menos até as décadas de 1930 e 1940. No caso das "ciências policiais", ou ciências forenses, essas influências mantiveram sua importância até a década de 1950.[69]/[70] As listas de membros dos congressos internacionais de criminologia são uma boa indicação da extensão que as ideias de Lombroso alcançaram nas décadas de 1920 e 1930.[71] Além disso, no Brasil e em outros países latino-americanos, como mostra Ribeiro,[72] até aqueles anos vários prêmios científicos e até mesmo hospitais continuaram a ser dedicados ao nome de Lombroso. O legado da Escola

Positiva nos campos da medicina e do direito não é exclusivo do Brasil, mas também é evidente em Cuba, na Argentina e no México. Especialmente com a Argentina, pesquisadores e acadêmicos brasileiros mantêm contatos estreitos.

No Brasil, na medicina forense, na psiquiatria e na criminologia estão, em ordem cronológica, Nina Rodrigues, Oscar Freire, Afrânio Peixoto, Arthur Ramos, Leonídio Ribeiro e Estácio de Lima, que reproduzem em vários momentos algumas das ideias de CL.[73] Na Faculdade de Medicina da Bahia, Afrânio Peixoto assume a cadeira de Oscar Freire em 1914, quando este último, que havia substituído Nina Rodrigues em 1906, muda-se para São Paulo. Peixoto, um psiquiatra e homem de letras, tornou-se presidente da Academia Brasileira de Letras e serviu de modelo para vários outros médicos e juristas brasileiros, que também se dedicavam às letras. Em 1933, já como professor de medicina legal na Faculdade de Direito do Rio de Janeiro, publica *Criminologia*, no qual demonstra profundo conhecimento da Escola Positiva, bem como de seus opositores, como Colajanni e Lacassagne, e define já como residual a influência de CL, mas não a de Niceforo e Ferri, no pensamento científico brasileiro.[74] Nas Conclusões, entretanto, sugerindo um uso inteligente das prisões, ele propõe medidas "socioplásticas", que lembram muito os antigos ditames da Escola Positiva: "Prevenir o crime, se possível; caso contrário, reparar".[75]

No entanto, as influências de CL e da Escola Positiva em geral continuam a ser sentidas entre os psiquiatras até o final da década de 1930. A antropologia criminal e a antropologia sociocultural permanecem de fato próximas. Arthur Ramos, um psiquiatra de formação, no início da década de 1930, que já era assistente de Estácio de Lima, em sua pesquisa "bioantropológica" sobre os corpos e mentes dos bandidos do chamado "cangaço", e primeiro professor titular de antropologia no Brasil, em 1939, por exemplo, agradece a seu colega cubano Israel Castellanos, ganhador do Prêmio Lombroso, no Prefácio de seu famoso livro *O negro brasileiro* (1940). Esse tipo de contato entre antropólogos, médicos forenses e psiquiatras no período que antecede a Segunda Guerra Mundial mostra que na América Latina, de fato, a transição entre a antropologia física e a cultural ocorre gradualmente e cria um campo intermediário de várias décadas em que a grande tradição da poligrafia se manifesta pela última vez, cujo maior intérprete foi o próprio Afrânio Peixoto.

Em 1925, Leonídio Ribeiro (1893-1967), um médico baiano, formado pela Faculdade de Medicina da Bahia, tornou-se professor de criminologia na Faculdade de Medicina do Rio de Janeiro e, com a chamada Revolução de 1930, foi escolhido por Baptista Luzardo, chefe da Polícia Federal da capital federal (uma força policial recém-criada), para chefiar o Departamento de Identificação da Polícia Civil do Distrito Federal, onde Ribeiro inaugura o Laboratório de Antropologia Criminal em 1932.[76] Embora já existisse um laboratório de antropologia criminal em Recife, desde 1890, o de Ribeiro foi o primeiro considerado moderno e em sintonia com as tendências mais avançadas da época (Varejão, 2005, p. 276). Ribeiro realizou "uma série de pesquisas médicas sobre o biótipo de negros criminosos e homossexuais" que o tornaram pioneiro de uma nova ciência, a endocrinologia aplicada à antropologia criminal e forense.[77] Em 1928, ele publica na revista *AP* (vol. XLIX, fasc. 1, pp. 582-584) uma pesquisa sobre um notório delinquente homossexual do Rio de Janeiro, Febrônio. Essa pesquisa, juntamente com o trabalho sobre a patologia das impressões digitais e o tipo sanguíneo dos índios guaranis, render-lhe-á vários prêmios.[78]

Ribeiro não é apenas um seguidor da Escola Positiva, mas também se declara um entusiasta da língua italiana, que estudou no Liceu Italiano de São Paulo e conhece bem. Em 1932, inicia a publicação dos *Arquivos de Medicina Legal e Identificação*, revista que se estende até 1935, em que a Escola Positiva é muito presente e citada.[79]/[80] Em 1933, uma comissão composta por Mario Carrara, Gina Lombroso e Ruggero Romanese concedeu unanimemente a Leonídio Ribeiro o Prêmio Lombroso por seu ensaio de três volumes sobre impressões digitais; ele teria muito orgulho disso ao longo de sua vida e citá-lo-ia em suas várias (curtas) autobiografias.[81]/[82] Pouco tempo depois, o I Congresso Latino-Americano de Criminologia, organizado por Leonídio Ribeiro, foi dedicado à memória de CL[83] e a edição de 1935 da revista *Arquivos de Medicina Legal e Identificação* foi inteiramente dedicada ao centenário do nascimento de CL. Em 1950, Ribeiro edita um volume coletado sobre o trabalho de obra de Afrânio Peixoto, no qual tece também uma série de considerações sobre sua própria vida, além de mostrar uma genealogia unindo Nina Rodrigues, Ramos e Afrânio. Não é por acaso, portanto, que o capítulo escrito por Arthur Ramos se intitula "Afrânio Peixoto e a escola de Nina Rodrigues" e, ainda em 1957, Ribeiro publica um importante livro em dois volumes sobre a história e a técnica da criminologia, no qual dedica as primeiras 67 páginas a elogiar o pensamento de CL e o lombrosianismo no campo das ciências sociais – vistas no sentido mais amplo do termo –, no Brasil: não só o nascimento da antropologia criminal no Brasil deve muito à Escola Positiva, como também as relações entre biótipo, glândulas endócrinas e criminalidade começaram a ser demonstradas com os trabalhos e documentos reunidos por médicos e antropólogos da escola italiana;[84] assim como o projeto de Enrico Ferri, de 1920, inspirado na doutrina da Escola Positiva, foi o ponto de partida para uma nova legislação penal em vários países latino-americanos.[85] Em resumo, o livro dedica-se a destacar a persistência das ideias da Escola Positiva na América Latina, pelo menos até 1957, enumerando congressos e publicações que fazem referência a ela. É esclarecedor que o livro inclua em seus Apêndices o texto completo do relatório da comissão que concedeu o Prêmio Lombroso a Ribeiro em 1933.

Estácio de Lima (1897-1984) segue os passos de Nina Rodrigues, Oscar Freire, Peixoto e Ribeiro na Bahia. Ele assume a cadeira de Nina Rodrigues, depois de ter sido ocupada primeiro por Afrânio Peixoto e depois por Oscar Freire. Ele é considerado pelos cronistas[86] como o último grande intérprete da escola de Nina Rodrigues, que ele definia como bioantropológica. Estácio também segue os passos de seu mestre Afrânio em seu foco na literatura e, na década de 1960, torna-se presidente da Academia Baiana de Letras, além de ocupar muitos outros cargos, como o de presidente da Academia de Medicina e do Conselho Penitenciário do Estado da Bahia.[87] Lima realiza um estudo psicofísico sobre o banditismo social na Bahia, entre 1932 e 1945, entrevistando e medindo antropometricamente 15 "bandidos" na prisão. Nos primeiros anos, Arthur Ramos foi o assistente de Lima nessa pesquisa. O debate acalorado sobre o biótipo do cangaceiro, aliás, presente em toda a imprensa brasileira, na segunda metade da década de 1930, quando a polícia combate e finalmente erradica e massacra os bandidos do "cangaço", mostra como as chamadas categorias lombrosianas já faziam – ou ainda fazem – parte do senso comum. Na imprensa da época, mas também em muitos relatórios médicos e policiais, "cangaceiros" são descritos como indivíduos degenerados, resultado do vírus da ruína e da decadência ou de uma forma de endemia desenfreada.[88] Esses termos apareceram na imprensa frequentemente com apelos, um tanto implausíveis, de que, do além-túmulo, o mestre Lombroso ajudaria a explicar o fenômeno e "ler" o biótipo do "cangaceiro".[89] Os bandidos seriam ao mesmo tempo animalescos e engenhosos. O estudo de Estácio mostra como foi extenso o diálogo na imprensa entre médicos, políticos e policiais sobre o biótipo do "cangaceiro", como parte da montagem de várias exposições temporárias e itinerantes entre 1937 e 1939, em todas as capitais do Nordeste; as nove cabeças dos membros do bando do "cangaceiro" Lampião derrotados e mortos em uma emboscada, em 1937, foram exibidas em forma de pirâmide: essas cabeças terminariam sua jornada macabra no museu de antropologia criminal do Instituto Médico Legal Nina Rodrigues, em Salvador,[90] onde chegaram em 1939 e que, em

1956, muda seu nome para Museu Estácio de Lima. Lá permaneceram até 1969, quando, após muitos protestos e uma rejeição inicial por parte dos museólogos que teimavam em considerá-las objetos científicos, foram doadas às suas famílias, que as enterraram. Com base na pesquisa do final da década de 1930, em 1965 Lima finalmente publica seu livro mais famoso, *O mundo estranho dos cangaceiros: ensaio biossociológico*, republicado em 2014, em uma edição de luxo pela Assembleia Legislativa do Estado da Bahia. Lima não se inspira apenas em Lombroso, mas também na situação do banditismo social na Sicília, que ele considera uma região semelhante ao árido Nordeste brasileiro. Se o fator étnico não justificava essa forma de banditismo social, certamente os fatores "cósmicos, telúricos, sociais e biológicos" faziam-no.[91] Perto do final de sua carreira, Estácio começa a se interessar pela antropologia cultural e, nas décadas de 1960 e 1970, realiza duas viagens de estudo ao Senegal, como parte de uma missão etnográfica organizada pelo Centro de Estudos Afro-Orientais da Universidade Federal da Bahia, com base na qual publica o livro *O mundo místico dos negros*.[92] Estácio de Lima tem uma vida longa e ativa quase até o fim, e é um exemplo de polígrafo que passa por várias fases do pensamento médico e racial até que, em seus últimos anos, consegue se libertar dos grilhões do racismo científico ortodoxo. Sua biblioteca pessoal é testemunha dessa vida longa, poligráfica e intelectualmente eclética: contém literatura, poesia, medicina, direito e antropologia; tanto os clássicos do pensamento racista do final do século XIX quanto os textos de antropologia social dos anos 1930-1960, até livros sobre culturas negras e africanas publicados nos anos 1950-1960.[93]

Vejamos o que o peso da Escola Positiva tem a dizer sobre o direito penal brasileiro pelo jurista Cantarana Macchiando, autor do anteprojeto do Código Penal de 1940:

> Apesar do descrédito criado em torno da Escola Positiva por causa dos exageros de alguns de seus adeptos, a direção que ela impôs à luta contra a delinquência é tão racional e de acordo com o espírito de nosso tempo, que, pouco a pouco, as novas ideias se infiltram na consciência jurídica de todos os povos e triunfam na legislação do mundo ocidental. Esse também era o caso das penas condicionais e da liberdade condicional, dos juizados de menores, dos manicômios judiciários, da individualização e indeterminação da pena, das medidas de segurança, da transformação da prisão em penitenciária, ou seja, em laboratório humano, escola de reeducação e redenção moral.[94]

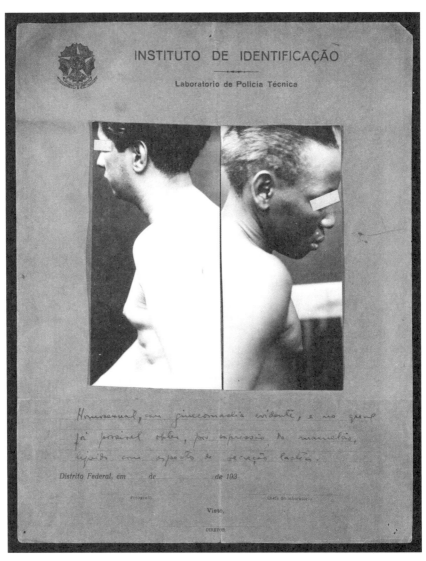

Figura 8a.

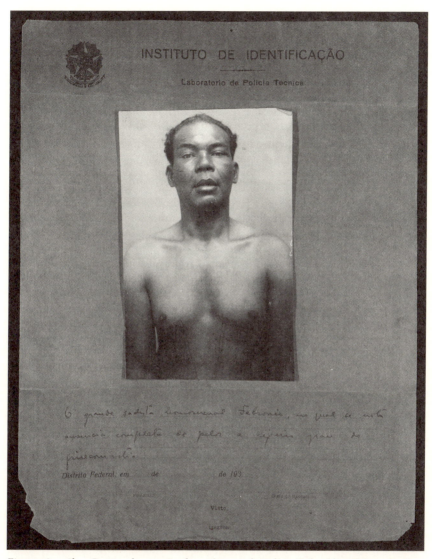

Figuras 8a e 8b – Cartões de menção da recém-criada Polícia Federal brasileira sobre homossexuais brasileiros, incluindo o famoso Febrônio, objeto de um estudo específico de Leonídio Ribeiro, publicado em abril de 1928. Fonte: Arquivo do Museu de Antropologia Criminal Cesare Lombroso, Universidade de Turim. Localização: IT – Museu Smaut Lombroso 1040.

Eu acrescentaria a isso o Código Penal Brasileiro de 1940, que reflete a orientação do Código Rocco de 1930 e que inclui no artigo 59 o critério da "dosimetria" da pena, ou seja, a dosagem da pena de acordo com a avaliação feita pelo juiz, também e acima de tudo, do perfil do delinquente.[95]

Agora, enquanto a Escola Positiva e seus seguidores ou epígonos influenciavam o debate em toda a América Latina, essa região foi um grande laboratório para experimentos em criminologia positiva, que às vezes eram até modelos para o resto do mundo. Ferri refere-se, no artigo "La riforma del sistema penale in Italia", da revista *AP* de 1920, à Penitenciária de Buenos Aires, uma instituição financeiramente autossustentável; e, na *AP* de 1922, há um suplemento fotográfico inteiro dedicado à prisão paulista do Carandiru, que, embora mais tarde se tornasse famosa por suas condições precárias e pela violência que ali reinava,[96] era absolutamente vanguardista na época.

De fato, o Carandiru poderia ser visto como uma metáfora do *status* da região na geopolítica do conhecimento, nesse campo do conhecimento: primeiro celebrado, depois execrado.

Dois últimos campos importantes de influência das ideias de CL na América Latina, ou de reinterpretações criativas delas, que mereceriam ser submetidos a um estudo específico e comparativo, identificando os contatos e intercâmbios entre eles, são os da criminalística ou ciências policiais e os dos museus do crime ou criminais, às vezes chamados de museus de antropologia criminal. O treinamento e a modernização da polícia forense nesses países, nos anos entre o final do século XIX e meados da década de 1930, foram possíveis graças a uma rede internacional que tornou a Escola de Polícia de Roma um dos polos de irradiação do "policiamento". De fato, a Escola de Polícia Forense de Roma faz da criação de uma ficha criminal ideal um projeto de colaboração internacional. Até pouco antes de sua morte, e por pelo menos três décadas, a figura central da criminalística italiana era Salvatore Ottolenghi (1861-1934).[97] Ele obteve o apoio pessoal de Mussolini e, portanto, do Estado fascista para o desenvolvimento de um método moderno de fichamento de todos os cidadãos, suspeitos ou não, em um processo no qual a polícia ou a ciência policial combina positivismo e autoritarismo. Para esse processo, investigar e catalogar também significa arquivar e relatar. O *Trattato di polizia scientifica* [Tratado de polícia científica], publicado em duas edições, em 1907 e 1932, tornou-se o cânone em todo o mundo latino e foi adotado em várias escolas de polícia na América do Sul. Esse tratado continua a fazer parte dos textos obrigatórios dos cursos de direito da Universidade Federal da Bahia, onde eu leciono, pelo menos até os anos 1970, década que corresponde ao surgimento da criminologia crítica também na América Latina.[98]/[99]

No que diz respeito aos museus relacionados ao crime, estes eram espaços de exposição frequentemente associados a faculdades de direito, cursos de medicina ou escolas ou academias de polícia, que arquivavam e exibiam objetos bastante semelhantes aos que compunham a coleção do Museu Cesare Lombroso em Turim: objetos ou imagens associados a criminosos ou crimes (armas e outros), arte prisional, objetos relacionados a cultos ou crenças consideradas primitivas ou "outras", artefatos humanos (múmias, ossos, pedaços de pele, partes do corpo dessecadas ou em formol) e, finalmente, objetos ou criaturas que podemos definir como aberrantes ou monstruosos. Uma das coleções particulares mais antigas da região, quase certamente a mais antiga, é a de Nina Rodrigues, que, por volta de 1901, criou o núcleo de um futuro Museu de Antropologia Criminal.[100] A coleção de 50 peças, entretanto, como já mencionado, foi quase completamente destruída em 1903 por um incêndio, provavelmente criminoso. Certamente Nina Rodrigues teria desejado transformá-la em sua própria versão do que mais tarde se tornou o Museu Cesare Lombroso. Dos restos da coleção de Nina Rodrigues e dos depósitos da polícia baiana, em que eram armazenados objetos associados ao crime e aos cultos afro-brasileiros, formou-se a coleção que viria a formar o Museu Nina Rodrigues, mais tarde renomeado Museu Estácio de Lima e, posteriormente, Museu Etnográfico e Antropológico Estácio de Lima, que permaneceu ativo de 1927 a 1996.[101] Nas décadas de 1960 e 1970, era certamente um dos museus mais visitados da Bahia, se não o mais visitado. As visitas a esse museu faziam parte do treinamento das escolas de polícia militar e civil, dos cursos de direito e até mesmo de escolas de ensino médio.[102] Em 1912, foi criado o Museu da Polícia Civil no Rio de Janeiro, que foi aberto ao público em 1930 e também abrigou centenas de objetos relacionados aos cultos afro-brasileiros desde sua criação. É importante lembrar que, em 1938, esses objetos foram os primeiros a compor a primeira lista de objetos declarados de interesse nacional pelo Instituto do Patrimônio Histórico e Artístico Nacional (Iphan), então recém-criado pelo governo populista e ditatorial de Getúlio Vargas. Esses objetos foram expostos ao público até 1999 e, desde então, têm sido mantidos à espera de um novo destino.[103]/[104]

Em 1927, foi criado em São Paulo o Museu de Técnica Policial e História do Crime, que mais tarde passou a se chamar Museu da Polícia Civil. No início, as visitas eram limitadas aos alunos da Escola de Polícia, mas desde 1952 está aberto ao público e é gratuito. Em Buenos Aires e em sua província, há pelo menos cinco museus voltados para o crime: o da Polícia Federal (fundado em 1899), o da Polícia da Província de Buenos Aires (fundado em 1923 e recentemente renomeado como Museu Juan Vucetich), o da Gendarmaria (fundado em 1979), o do Serviço Penitenciário (aberto ao público em 1980) e o do Corpo Médico Forense (fundado em 1935).

Em Havana, Montané funda o Museu Antropológico em 1903. Montané havia estudado na França com Broca e Quatrefages e, mais tarde, colabora com Fernando Ortiz. Desde sua formação, o museu possuía uma coleção de cérebros de criminosos, objetos associados ao crime e uma coleção de objetos e instrumentos musicais afro-cubanos, que chegaram lá após uma série de vicissitudes.[105]/[106] Esses objetos eram provenientes de apreensões feitas pela polícia, que regularmente invadia casas de culto sob algum pretexto, ou de coleções pessoais de pesquisadores, como o próprio Ortiz. Assim como no Brasil, em Cuba, nos anos entre o final do século XIX e a década de 1930, esses objetos sagrados eram muito temidos, por serem produto de bruxaria ou vistos como expressão do primitivismo e da falta de higiene dos negros nas Américas. Tanto o positivismo da República Velha brasileira quanto o da jovem República cubana de 1902 submeteram os negros, agora cidadãos e não mais escravos, a novas formas de controle e rigorosa fiscalização, cujo objetivo era controlar e reprimir atitudes consideradas primitivas e/ou anti-higiênicas. No entanto, museus desse tipo – interessados, por razões científicas e estéticas, tanto no crime quanto no outro do ponto de vista étnico-racial –, bem como coleções, possivelmente abertas ao público, em departamentos de antropologia física e forense, existiam em praticamente todos os outros países latino-americanos, como no Equador e na Colômbia. São museus policiais (históricos), exposições vinculadas a laboratórios de antropologia criminal ou museus do crime. Para vários desses museus, especialmente aqueles com menos pretensões científicas, além do Museu de Turim, outra importante fonte de inspiração foi o sucesso com o público do "comercial" Museu do Crime aberto em Londres, já em 1875.

É nesses museus que o "lombrosianismo" se esconde e perdura por mais tempo. Isso se deve tanto à inércia dos museus, que, uma vez montados, demoram a ser desmontados, quanto à sua relativa marginalidade em relação aos museus mais famosos, embora os museus de antropologia criminal tenham tido uma boa frequência, muitas vezes associada às escolas de direito e academias de polícia. O fato de permanecerem um pouco na sombra protegeu-os de críticas posteriores por exibirem, por exemplo, artefatos humanos (como cabeças de bandidos em formol ou pedaços de pele com tatuagens) ou partes anatômicas anormais (por exemplo, fetos deformados de humanos ou animais). Essa relativa penumbra permitiu, em vários casos, que objetos associados a cultos afro-brasileiros e a vários aspectos das culturas negras em geral, bem como obras de arte de prisões, também fossem mantidos nesses museus por mais de um século, muitas vezes tornando-os o único lugar onde tais objetos foram preservados até hoje. Se em Cuba as coleções permaneceram relativamente intactas ao longo do tempo, obviamente passando por atualizações museográficas, no Brasil a situação é diferente. O Museu Estácio de Lima foi alvo de críticas, primeiro por parte dos descendentes dos supostos bandidos, que conseguiram que as cabeças fossem devolvidas e finalmente enterradas,[107] e depois, na década de 1990, por alguns expoentes das religiões afro-brasileiras, com o apoio de vários antropólogos locais que alegavam que os objetos de seu culto, que foram apreendidos pela divisão de vícios da polícia nos anos entre 1900 e 1940, não poderiam ser expostos em um museu do crime – também porque a prática de cultos afro-brasileiros deixou de ser crime desde o final da década de 1930.[108] O Museu Estácio de Lima, foi então fechado e sua coleção não apenas desmembrada, mas parcialmente removida ou perdida, em um processo que, se, por um lado, mostra a vitalidade e também a força política das religiões afro-brasileiras, por outro, representa mais um caso de perda do patrimônio material associado a essas culturas.[109]/[110] No caso do Museu do Rio de Janeiro, o pedido de "repatriação" da importantíssima e única coleção de objetos associados às religiões afro-brasileiras é de 2016, e a crítica feita ao museu é semelhante à utilizada no caso do Museu da Bahia. De fato, o julgamento do Museu da Bahia é um modelo para os defensores do movimento pela repatriação dos objetos sagrados afro-brasileiros para o Rio de Janeiro. Embora os museus criminais ou policiais sejam os locais onde o "lombrosianismo" resistiu por mais tempo, eles não parecem imunes às novidades da nova museologia, que vão desde a criação de museus comunitários, passando pela repatriação e restituição condicional de objetos, até a necessidade de se desfazer de coleções inteiras quando elas ferem a (nova) suscetibilidade de grupos de cidadãos. A segunda metade da década de 1930 representa um período complexo e contraditório para o pensamento racial e o antirracismo no Brasil. Por um lado, em 1934 e 1937, foram realizados o primeiro e o segundo Congressos Afro-Brasileiros em Recife e Salvador, organizados por Gilberto Freyre e Edison Carneiro, respectivamente. Nos dois congressos participam pessoalmente (ou enviando o texto de sua conferência, que será lido publicamente pelos organizadores) historiadores, escritores, antropólogos culturais, médicos, psiquiatras e antropólogos físicos.[111] Essa combinação mostra ainda que não havia uma diferença clara entre a antropologia cultural, a psiquiatria, a polícia ou a ciência forense e a antropologia física. Os dois congressos, entretanto, mostram um grande movimento de incorporação simbólica à narrativa hegemônica nacional do universo cultural afro-brasileiro; um movimento que contava com o apoio do Ministério da Cultura e Educação, que durante o Estado Novo representava a "esquerda". Os anos de 1934 a 1940 são, entretanto, também os da violenta luta contra o "cangaço", culminando em confrontos armados seguidos de execuções sumárias e decapitação dos cadáveres dos "cangaceiros". Essas cabeças, como já mencionado, foram parar no Museu Nina Rodrigues, em Salvador, em 1939, apenas dois anos após o II Congresso Afro-Brasileiro. Isso mostra que a atitude do Estado não era inequívoca em relação à população mestiça ou afro-brasileira e que a incorporação simbólica de traços das culturas negras poderia estar associada a uma atitude de repressão violenta de certos grupos – em sua maioria compostos de mestiços e negros – considerados "degenerados". Certamente, a existência de projetos autoritários, mas também, contraditoriamente, de projetos nacional-populares na América Latina, contribuiu para a continuidade da influência do "lombrosianismo": em toda a região, naqueles anos, os códigos penais foram reformados (em Cuba, o código foi reescrito por Fernando Ortiz sob a égide de Enrico Ferri em 1928; no Brasil, o novo código datado em 1940) e os sistemas de identificação, policial e penitenciário, foram modernizados. O mesmo pode ser dito sobre o Código Penal Argentino de 1936.

Na verdade, é a mudança epistêmica após a Segunda Guerra Mundial que contribui para a reformulação radical das ciências sociais na América Latina, agora inspirada nos modelos francês e norte-americano. Trata-se de uma mudança complexa em um contexto tenso, em que vários projetos se encontravam e se chocavam: o projeto que levou à Declaração da Unesco sobre Raça nos anos entre 1950 e 1952, uma oposição geral ao racismo e o repúdio ao genocídio a partir de uma perspectiva racial, a consolidação de novos campos de conhecimento nas ciências humanas e, *last but not least*, a articulação desses campos na nova geopolítica do conhecimento criada dentro dos novos equilíbrios políticos nas Américas. A partir da Segunda Guerra Mundial, os Estados Unidos passam a dedicar mais atenção ao Brasil, assim como ao restante da América Latina, no campo da pesquisa e da academia, oferecendo bolsas de estudo, financiando bibliotecas e projetos de pesquisa e convidando docentes e pesquisadores latino-americanos para visitar os Estados Unidos. Esse também é o caso no campo da criminalística, como mostra o livro muito interessante de Teeters (1946) com o título sugestivo de *Penology. From Panama to cape Horn* [*Penology*. Do Panamá ao cabo Horn], um trabalho financiado pelo governo norte-americano sobre o desenvolvimento das ciências forenses e jurídicas na América Latina; o objetivo é mostrar que, nesses países com uma tradição diferente e sob forte influência da Escola Positiva, descrita como causa e efeito do subdesenvolvimento, nos Estados Unidos há uma grande e crescente tradição de pesquisa sobre essas questões, desenvolvida em uma forma mais "moderna":

> Lá, Lombroso continua a brilhar com força total. É a Escola Constitucional, habilmente liderada por um excelente italiano, Nicola Pende, juntamente com um grupo de colegas e seguidores igualmente capazes, que atrai a atenção dos pesquisadores latino-americanos de crime [...]. É fácil ver por que os brancos desenvolveram uma teoria racial que os coloca em uma posição favorável em relação às pessoas negras. A teoria lombrosiana foi recebida com entusiasmo. As massas ignorantes, nunca conscientes de sua força potencial, foram primeiramente tratadas como ovelhas para depois serem manipuladas com um certo despotismo benevolente que ainda prevalece em muitos dos países [da América Latina] [...]. A abordagem biológica tornou-se um álibi célebre. Essas pessoas degradadas são criminosas, insiste essa abordagem, não por causa de seu baixo *status* social e econômico, mas principalmente por causa de sua pobre herança (biológica). Assim, facilmente, tudo é explicado.[112]

Felizmente, diz Teeters, o advento da nova psiquiatria pode trazer tudo de volta à direção certa: "Assim como estamos nos movendo em direção à abordagem psiquiátrica, com a ajuda do trabalho social, agora é possível que os pesquisadores de causas biológicas que até agora foram arregimentados pelos neolombrosianos também possam ver a luz e segui-la".[113] Esse é um caso exemplar de como foi complexo o processo pelo qual, mesmo no campo das ciências jurídicas, entidades financiadas pelo governo dos Estados Unidos (no caso de Teeters, a Divisão de Relações Culturais do Departamento de Estado) buscaram influenciar o contexto latino-americano, definido como retrógrado e incapaz de enfrentar os desafios sociais do período após a Segunda Guerra Mundial.[114] Outra prova de que, a partir desses anos, o que podemos chamar de século franco-estadunidense é afirmado na academia latino-americana, um desenvolvimento que, por sua vez, reforça uma certa política de memória e arquivos, que determina quais documentos devem ser conservados e preservados.[115]

Notas

1. Barbano, Barbé & Olivieri, 1992; Varejão, 2005.
2. Em vários círculos cultos da Europa, parece que o Brasil era considerado o país dos Rodomonte (um personagem da obra *Orlando furioso* de Ludovico Ariosto, que representa uma pessoa arrogante, vaidosa e barulhenta); passaram por esses círculos figuras como Dom Pedro II em Florença (no Museu de Antropologia e Etnologia e nos círculos orientalistas), diplomatas e homens de letras em Paris, alguns médicos (Afrânio Peixoto, Lacerda e Brasileiro), mas poucos representantes de universidades ou institutos consolidados, como já existiam na Argentina, em Cuba e no México.
3. Barbano, Barbé & Olivieri, 1992.
4. *Idem*, p. 23.
5. *Idem*, p. 12.
6. *Idem*, p. 25.
7. D'Agostino, 2002; Simonazzi, 2013.
8. Rodó, 1900.
9. Vasconcelos, 1925.
10. Freyre, 1993.
11. Rowe & Schelling, 1991.
12. G. Lombroso, 1921, p. 283.
13. *Idem*, p. 341.
14. *Idem*, pp. 412, 471.
15. *Idem*, pp. 377-378.
16. Gomes da Cunha, 2002, p. 375.
17. Barbano, Barbé & Olivieri, 1992, p. 42.
18. Sansone, 2019.
19. GF também falou sobre a Itália gerar gênios para exportação em seu discurso em francês na Academia Brasileira de Letras, em 1907. A fuga de gênios ou cérebros parece ser um tema recorrente e, ainda hoje, com o odor de uma profunda crise econômica, os jovens italianos estão buscando um futuro no Novo Mundo, uma terra de história (convencional) pouco profunda, onde esperam que sua herança educacional seja aprimorada, geralmente descrita como o resultado de uma educação focada na "cultura clássica" ou na "cultura geral".
20. Angelo Trento (1989), em seu clássico e ainda muito sólido e atual tratado sobre um século de imigração italiana no Brasil, destaca o projeto de uma "grande Itália" que se desenvolve por volta de 1910, principalmente por uma corrente heterogênea, formada por católicos, oposição liberal e setores protecionistas, que defendia uma expansão para a América Latina de um ponto de vista "antiafricanista", reforçado pela derrota em Adua: "Novas Itálias, não! Mas povos densos e galopantes da civilização latina, com nossos modos, assimilados ao nosso gênio, continuamente fortalecidos por um incessante movimento migratório da Itália, e mantendo com ela uma perene relação intelectual e material" (Ubaldi, *L'espansione coloniale e commerciale dell'Italia nel Brasile*, 1911, *apud* Trento, 1989, p. 57).
21. Trento, 2013.
22. Vale a pena lembrar o quanto o termo "colônia" era popular na imprensa da Itália, vista, até mesmo pela esquerda, como um país que colonizava com braços, não com armas. Gostaria de salientar que na Exposição Internacional de Milão, em 1906, havia uma seção sobre italianos

no exterior, quase como se fosse para contrabalançar as seções e os galpões muito populares sobre Impérios coloniais presentes naqueles anos, nas exposições universais na França e na Inglaterra, e as primeiras experiências de zoológicos humanos do tipo colonial na Itália, por exemplo, na Exposição Nacional em Palermo, em 1891, e na Exposição Geral Italiana em Turim, em 1898 (Abbatista, 2013).

[23] Ferri, 1909, pp. 8-9.

[24] *Idem*, pp. 20-21.

[25] Além disso, naqueles anos, as Américas ainda eram um continente em duas versões, Norte e Sul. Falava-se em América Meridional ou América do Sul, e não em América Latina. Essa era a América que mais simpatizava com as ideias dos italianos e dos "latinos" em geral. Quando a América do Sul começou a ser chamada América Latina, os fluxos culturais e intelectuais eram diferentes e o contexto diferente, já de relativa subalternidade. A partir da década de 1930, são os americanos e os franceses que enviam missões acadêmicas para a região, oferecem bolsas e se apresentam – e são vistos – como modelos científicos e intelectuais. Estou comparando coisas e épocas diferentes, é verdade, mas pense na diferença entre um GF e um Lévi-Strauss. O primeiro foi convidado, o segundo convidou-se.

[26] CL, em seu livro *Genio e degenerazione. Nuovi studi e nuove battaglie* [Gênio e degeneração. Novos estudos e novas batalhas], sustenta: "[...] a objeção que me surge é que nada pode ou deve ser esperado de um livro que, como este, mistura épocas e países; e, com algumas linhas de diferença, mistura Stendhal com Cristo; Cambises com Berlioz; Tassoni com Napoleão. Agora, por mais que minha erudição seja suficiente para me mostrar o quanto deve repugnar a um historiador ver homens e épocas tão diferentes misturados com uma ofensa tão brutal à cronologia e à etnografia, eu me confesso não apenas culpado desse pecado, mas um infrator voluntário e impenitente, porque não me ocupo, aqui e em minhas outras obras, com o fato biográfico, exceto na medida em que ele se relaciona com a neurose do gênio; e, portanto, não me preocupo com sua posição no tempo e no espaço; como um meteorologista erudito valorizaria um fenômeno meteórico mesmo na época de Heródoto e o associaria aos fenômenos do nosso tempo, quando estavam ligados a movimentos planetários, sem que a época e o país divergentes fizessem com que perdessem sua importância" (C. Lombroso, 1907, pp. 7-8). O mesmo livro é seguido por breves esboços de Beccaria, Leopardi, Tasso, Byron, Rossetti, Napoleão, Zola, Poe, Quincey, Comte. E então, em uma forma ainda mais sucinta, Stendhal, Berlioz, Mayes, De Nerval, Jesus Cristo, Belgioioso, Hoffmann, Lucrécio, Hugo, Cardano, Blake, Schumann, Colombo, Goethe e Wagner. A preocupação com a relação entre gênio e loucura não é apenas de CL, mas é compartilhada por pesquisadores próximos a ele. Por exemplo, Alvarado (em *AP*, vol. XV, p. 280) oferece uma lista dos grandes gênios da Venezuela, Havelock Ellis publica *A study of British genius* em 1904 e, é claro, seu amigo Max Nordau, a quem CL chama de o pensador mais moderno do nosso século, está próximo a ele, para quem, no entanto, ao contrário de CL, os frutos, mesmo artísticos, da loucura devem ser destruídos (*idem*, p. 269). Para CL (*idem*, p. 270), o homem de gênio é um homem que faz melhor e diferente de seus contemporâneos. Ele é um ser anormal, uma exceção. Afetado por delírios, epilepsias e com deficiências fisiológicas e psicológicas (Simonazzi, 2013, pp. 100-106).

[27] Rafter & Ystehede, 2009, p. 187.

[28] Nogueira, 1998.

[29] Centini, 2004.

[30] Sansone, 2015.

31 Dito de passagem, o estudo da fisionomia também influenciou PM, com suas fisiologias do amor e do prazer, e o atlas de expressões faciais (Mantegazza, 1870, 1871, 1892, 1896, 1923; cf. Rodler, 2012).
32 De fato, o percurso pessoal de vários positivistas proeminentes, especialmente em seus últimos anos, é caracterizado por um interesse em várias formas de esoterismo (Cazzaniga, 2010).
33 Repito que no Brasil eles não apenas leram – ou melhor, citaram – Lombroso e os autores de sua escola, mas também outros autores italianos próximos a ele, como Scipio Sighele e Achille Loria, ou que se opunham a ele em muitos aspectos, como Napoleão Colajanni, cujas ideias sobre as diferenças entre arianos e latinos eram apreciadas.
34 Quatrefages, 1871.
35 Colajanni, 1903.
36 Rafter & Ystehede, 2009, p. 188.
37 Eu acrescentaria que uma boa parte dos intelectuais italianos daqueles anos parecia concordar, em vez de discordar, com essa maneira efetivamente exagerada de representar a Itália: como se eles gostassem de ser representados como os melhores dos piores...
38 Uma percepção em sintonia com o conceito de *Abendland* de Nietzsche: um país crepuscular, cuja glória estava destinada a desaparecer. Um tema posteriormente retomado pelo filósofo Oswald Spengler (1918-1922).
39 Corvisieri, 1998.
40 Nos jornais brasileiros, especialmente nos mais importantes, o tema do espiritismo já estava presente desde pelo menos 1890. Os estudos de CL sobre o assunto eram acompanhados com atenção. Não é de surpreender, portanto, que *O Estado de S. Paulo* de 24 junho de 1892 dedique metade de sua primeira página para comentar positivamente o interesse de CL pelos espíritos.
41 Caruso, 1994; Fedele, 2005.
42 Stepan, 1990.
43 Lucassen, 2010; Simonazzi, 2013.
44 Hornaert *et al.*, 1975; Boscolo, 1992.
45 Marini-Bettolo, 1992.
46 Schwarz, 2014.
47 M. Corrêa, 2000, pp. 17-22, 35-36.
48 Antes da fundação da Universidade de São Paulo, na década de 1930, não havia universidades de fato no Brasil, mas apenas faculdades isoladas, embora razoavelmente grandes. As principais eram as faculdades de medicina em Salvador e no Rio de Janeiro, as faculdades de direito em Recife e São Paulo e as faculdades de engenharia, frequentemente ligadas ao Exército.
49 Sobre as influências de Lombroso e o lombrosianismo na Escola de Medicina da Bahia e, mais em geral, o debate sobre raça e criminalidade nos anos 1890-1940, veja a excelente tese de doutorado de Iraneidson Santos Costa (2023).
50 Ribeiro, 1950, p. 11.
51 *Idem*, p. 17.
52 *Idem*, p. 22.
53 Feres Júnior, 2010.
54 CL foi convocado durante a campanha contra o banditismo em 1862 e foi destacado como médico do batalhão, terceiro regimento de infantaria, em Palmi (Reggio Calabria), por três meses. Ele não mediu os crânios de bandidos; os dados craniológicos sobre os calabreses (não bandidos) foram retirados do "Atlas de antropometria militar" de Rodolfo Livi, como pode

ser deduzido ao consultar fontes diretas (C. Lombroso, 2009). Agradeço a Silvano Montaldo por essa informação.
55 No entanto, Mariza Corrêa (2000, p. 76) diz: "Buscando o racista em Nina Rodrigues, encontrei um intelectual genuinamente preocupado com as contradições em que suas informações teóricas o colocavam quando comparadas com suas observações empíricas".
56 Álvarez, 2002.
57 Helg, 1989.
58 M. Corrêa, 2000, p. 222.
59 Ano de 1927, 1ª ed., p. 263; M. Corrêa, 2000, p. 280.
60 Arquivo Vieusseux, Fundo Gina Lombroso Ferrero, 4.7.3.
61 O próprio desvendamento da Escola Positiva, em sua diversidade, mostra a complexidade de sua composição não apenas em termos de conhecimento científico, mas também em termos de orientações políticas.
62 Um olhar ainda mais atento ao avanço do fascismo e à defasagem da ciência na Itália revela uma situação diferente da Alemanha. Na Itália as diferenças coexistem e aprendem a coexistir, em vez de se excluírem, e até mesmo na administração das revistas de antropologia há uma grande continuidade, com exceção de duas datas que representam rupturas radicais: 1938 (leis raciais) e 1945 (fim da guerra).
63 Rondini, 2001, p. 18.
64 Joseph Conrad e James Joyce foram influenciados por GF, especialmente por sua explicação da decadência do Império romano em termos da degeneração de uma sociedade que já estava muito velha.
65 Assim como muitos outros positivistas de sua época, com o passar dos anos seu positivismo transformou-se e, no final de sua vida, ele se interessou por várias formas de esoterismo. Em sua biografia de CL, Bulferetti (1975, p. 438) escreve: "Nos últimos anos de sua vida [...], cada vez mais cansado de tantas polêmicas, Lombroso agora preferia se refugiar no mundo dos espíritos, obviamente materializados".
66 Disponível, gratuitamente *online*, no *site* espírita <http://www.valdiraguilera.net/bu/hipnotismo-e-mediunidade.pdf>, [acesso em 6/10/2024]. O livro foi republicado pela Editora Lago, de São Paulo, novamente em 1999, com um título mais fiel ao título original, *Hipnotismo e espiritismo. Pesquisa sobre os fenômenos hipnóticos e espíritas*, disponível, juntamente com os clássicos do espiritismo de Allan Kardec e Chico Xavier, no *site* do Instituto Allan Kardec de Estudos Espíritas, [em <https://www.lake.org.br/hipnotismo-e-espiritismo-1-2/p>, acesso em 6/10/2024].
67 C. Lombroso, 1959, *passim*.
68 Frigessi, 2003, p. 397.
69 Ribeiro, 1957.
70 Mais do que a antropologia física, entretanto, uma parte da revista *Archivi* nunca recebeu contribuições da América do Sul. Isso parece sugerir que a antropologia física permaneceu sub-representada na região.
71 M. Corrêa, 2000, p. 419; Di Tullio, 1980.
72 Ribeiro, 1957.
73 PM também continua a despertar interesse, especialmente por sua pesquisa sobre amor e sexo, que causou furor na época. "Médico, viajante, político, antropólogo, romancista, patologista, higienista e sexólogo, Paolo Mantegazza foi uma figura famosa, poderosa, admirada e criticada" (Berzero & Garbarino, 2011, pp. x-xi). Muitos intelectuais e políticos da época acusaram-no

de ser libidinoso, o senador erótico, que passou de uma obsessão por crânios para uma obsessão pelos órgãos genitais (Boni, 2002, p. 94). PM inovou no tema da sexualidade, publicando uma trilogia que fez enorme sucesso e foi, durante décadas, a única ferramenta real de educação sexual na Itália. Ele também tratou de outro assunto, que mais tarde se tornou escabroso. PM, eleito senador do Reino, como outros intelectuais reconhecidos de sua época, tornou-se traficante de folhas de coca, que revendia a colegas parlamentares e senadores, elogiando-a por ser uma substância que estimulava a inteligência e a destreza. Ele também escreve sobre os usos terapêuticos e benéficos da coca e é citado por Freud no artigo "*Über Coca*". PM usa muita coca, presumivelmente em forma de folha, a ponto de se sentir viciado nela (Berzero & Garbarino, 2011, p. 24). Em seu diário, ele confessa que a comercializa, especialmente com colegas parlamentares e declara que "nessas coisas eu sou inglês e acredito ser honesto cada trabalho que não ofenda uma alma viva" (julho de 1865). Entre PM e CL, há paralelos e diferenças. Os dois foram inovadores em termos de metodologia e usaram a fotografia. PM foi o primeiro presidente eleito da Sociedade Italiana de Fotografia, fundada em 1889, em Florença. PM fez três longas viagens (América do Sul, Lapônia e Índia) sem CL (trabalhou com informações e dados recebidos de outras pessoas da Itália e do exterior). Vários dos escritos de PM foram traduzidos e publicados em português, também em Lisboa. Uma característica comum dos dois pais da antropologia italiana, além de sua formação como médicos, é o ecletismo, que também se reflete na composição da biblioteca doada por PM ao Museu de Antropologia da Universidade de Florença. Com cerca de 550 títulos, ela contém muito mais sobre viagens e antropologia do que fisiologia; também contei três textos sobre fisionomia e um único livro recebido do Brasil. Assim como CL, PM também foi influenciado pela literatura de sua época e, por sua vez, influenciou-a. PM, além de fazer um esforço especial para escrever de uma forma que fosse, se não literária, de fácil acesso, ele publicou uma série de novelas futuristas, como *3000*, sob a influência de Jules Verne. Mas CL foi menos inconstante em suas escolhas políticas, permanecendo sempre no amplo campo do socialismo. Mantegazza passou do entusiasmo para a desilusão com o Parlamento e as eleições, movendo-se para a direita para posições nacionalistas. Ele foi um dos dois observadores enviados pelo governo italiano à Conferência de Berlim e voltou entusiasta do colonialismo na África. Além disso, CL deixou uma linhagem politicamente mais diversificada. O grupo de Turim dividiu-se durante o fascismo, enquanto o grupo de PM permaneceu leal ao sistema e aceitou a racialização colonialista, provavelmente esperando ganhar algo com isso.

[74] Peixoto, 1933, pp. 30-32.
[75] *Idem*, p. 279.
[76] Gutman, 2010.
[77] Como bem mostra Montaldo (2018a, p. 36), a endocrinologia entre as guerras levará a um renascimento lombrosiano na Itália e nos Estados Unidos. Nicola Pende é o pesquisador central desse renascimento.
[78] Ribeiro, 2010; Gutman, 2010, p. 492.
[79] M. Corrêa, 2000, p. 250.
[80] O mesmo acontece com a revista fundada por Arthur Ramos, *Arquivos do Instituto Nina Rodrigues*, da qual saíram apenas alguns números, que também são difíceis de encontrar e que ainda não analisei (M. Corrêa, 2000, p. 278).
[81] *Idem*, p. 417.
[82] Os documentos sobre a Escola de Polícia nos arquivos do Estado em Roma e o *Boletim da Escola de Polícia*, nos anos entre 1920 e 1938, de fato confirmam a centralidade de Ribeiro

nos intercâmbios com o Brasil e a América do Sul em geral, pelo menos até o final da década de 1940. Ribeiro chegou a dar uma série de palestras e conferências na Academia de Polícia de Roma, cujo tema central era a pesquisa papilográfica, na qual ele se considerava o maior especialista (Ribeiro, 1957). Alguns dos professores dessa escola, no entanto, consideraram-no um pouco fanfarrão, como se ele quisesse levar todo o crédito pela nova pesquisa sobre impressões digitais sem reconhecer a autoria de Bertillon e Vucetich.

[83] *Idem*, p. 419.
[84] Ribeiro, 1957, p. 27.
[85] *Idem*, p. 33.
[86] Lins e Silva, 1945; L. A. Lima, 1980.
[87] Há alguns anos, a família de Estácio de Lima doou sua biblioteca pessoal para a grande Biblioteca do Memorial de Medicina da Universidade Federal da Bahia. Trata-se de um fundo com mais de 10 mil volumes e periódicos que atestam plenamente o caráter poligráfico da trajetória acadêmica de Estácio.
[88] Grunspan-Jasmin, 2006, p. 223.
[89] Matéria de Berilo Neves no jornal *A Noite Ilustrada* de 16 de agosto de 1938, *apud* Grunspan-Jasmin, 2006, p. 327.
[90] Lembremos que em Salvador, já no final do século XIX e até o incêndio que destruiu a coleção, Nina Rodrigues tinha duas cabeças famosas em sua oficina, a do bandido negro Lucas de Feira, condenado à morte, e a do líder messiânico mestiço Antônio Conselheiro, morto na Batalha de Canudos, em 1896.
[91] E. Lima, 2014, p. 35.
[92] E. Lima, 1975.
[93] Sua biblioteca pessoal encontra-se na Biblioteca Gonçalo Muniz da Ufba.
[94] Discurso proferido na Sociedade de Medicina Legal de São Paulo, *Revista de Criminologia e Medicina Legal*, vol. VI, n. 7, 1929, pp. 12-148, *apud* Castiglione, 1962, pp. 278-279.
[95] Para uma descrição detalhada das práticas criminológicas, penitenciárias e investigativas no Rio de Janeiro, especialmente nos anos 1927-1942, é de grande importância o livro de Olívia Gomes da Cunha (2002).
[96] Nessa prisão, em 2 de outubro de 1992, ocorreu um terrível e notório massacre nas mãos da Polícia Militar de São Paulo, que, chamada para reprimir uma revolta, deixou 111 detentos mortos. Os responsáveis ainda não foram condenados.
[97] Ottolenghi era o aluno favorito de CL, de quem ele costumava dizer "como meu professor era bom". Ottolenghi (Gay, comunicação pessoal, 2014) foi um dos não poucos judeus que se deixaram seduzir pelo fascismo, especialmente por sua primeira fase chamada de "esquerda" e menos alinhada com a Igreja católica.
[98] Regener, 2003.
[99] Deve-se enfatizar que esse tratado ainda é sempre citado em textos sobre a história da ciência forense, vários dos quais foram publicados por ocasião de seu centenário em 2003. [Ele foi incluído no Internet Archive da Unesco, disponível em <https://archive.org/details/poliziaempirica00ottogoog>, acesso em 17/10/2024. Acerca de Ottolenghi e sua escola, veja, entre outros, Garlati, 2021.]
[100] Pacheco, 2007.
[101] Sansi, 2007.
[102] O Museu de Criminologia Estácio de Lima foi fechado e seu acervo desmembrado por volta de 2002, em uma operação de "desconstrução" curiosamente realizada por colegas antropólogos,

103 que insistiam em separar os objetos sagrados das casas de candomblé dos objetos associados ao crime (M. Corrêa, 2000, p. 331; Pato, 2017).
103 A. F. Corrêa, 2009.
104 Em 2022, finalmente, essas peças foram transferidas para o Museu Histórico Nacional, onde serão expostas de forma digna e na base de uma curadoria compartilhada com algumas casas de santo da cidade.
105 Bronfman, 2004, pp. 17-35.
106 Depois da Revolução Cubana de 1959, a grande coleção criminológica do museu foi desmontada e encaixotada, por ser considerada inadequada com os novos tempos, e o museu transformado em um museu de antropologia, digamos, convencional. A coleção de artefatos colecionados por Fernando Ortiz forma, até hoje, parte integrante do acervo do Museu Casa de África, Havana.
107 Grunspan-Jasmin, 2006.
108 Serra, 2014.
109 Pato, 2017; Fioravanti, 2017.
110 Apenas alguns documentos estão disponíveis no museu, que ainda estão sob o selo da Secretaria de Segurança Pública do Estado da Bahia. Uma visão geral do acervo pode ser encontrada no pequeno documentário disponível em <https://www.youtube.com/watch?v=63f41uaR9tY>, [acesso em 8/9/2024].
111 VV. AA., 1938.
112 Teeters, 1946, pp. 21-22.
113 *Idem*, p. 23.
114 Vale a pena mencionar que, entre as 12 obras de ciências sociais que compuseram o projeto de tradução do inglês para o português organizado por Donald Pierson em 1949-1950, com fundos da Fundação Rockefeller, está o clássico *Princípios de criminologia*, de Edwin H. Sutherland, que se opõe fortemente às ideias lombrosianas que ainda são consideradas muito influentes no pensamento criminológico sul-americano.
115 Nos últimos anos, foram publicados vários estudos sobre o que foi chamado de "guerra fria cultural", que mostram como, a partir dos Estados Unidos, e já no início da década de 1940, inicialmente como parte da campanha de opinião para convencer o Brasil a entrar na guerra ao lado dos Aliados e, mais tarde, como parte da Guerra Fria, uma série de iniciativas foi tomada no campo cultural e de pesquisa, com o uso seletivo e estratégico de financiamento de pesquisa, conferências, publicações, convites, viagens, traduções e envio de livros. O objetivo era obter apoio e simpatia para as causas do governo norte-americano e, ao mesmo tempo, mostrar suas realizações nas áreas social, de prevenção ao crime e luta contra o racismo (Saunders, 1999; Williams, 2001; Sansone, 2022). Não foi apenas a política cultural norte-americana que alterou o equilíbrio. A formalização e a consolidação do conhecimento universitário também influenciaram a geopolítica do conhecimento, ajudando a transformar a América do Sul na "periferia" do conhecimento universal. Mais de cem anos após a publicação de *Ariel*, os temores de Rodó foram confirmados, embora principalmente por outros meios que não os militares, nos quais se baseava o poder "convincente" da antiga Doutrina Monroe. O chamado poder brando (*soft power*) norte-americano, com sua capacidade de conduzir uma autêntica guerra fria cultural, desde a década de 1940 até hoje, ou, pelo menos, até o governo Trump, será a forma assumida pela luta pela hegemonia cultural, intelectual e científica na América Latina (Morinaka, 2021; Sansone, 2022).

CAPÍTULO 5

Reflexões finais sobre a circulação do pensamento lombrosiano na América Latina

No capítulo 1, vimos que CL representa tanto uma figura de vanguarda – embora certamente controversa – quanto uma metáfora de sua época. Embora eu tenha consciência de como é difícil ler os autores da galáxia Lombroso hoje, sem um véu de preconceito, até porque eles foram muitas vezes usados e "abusados" em discursos posteriores e, às vezes, em práticas racistas, tentei fazer isso, aqui, tomando o cuidado de definir e descrever genealogias de ideias e biografias de autores em sua interseção internacional com agendas político-acadêmicas determinadas por vários discursos e polaridades: Europa e África, arianos e latinos, Novo Mundo e Velho Mundo, controle das classes perigosas e emancipação das massas proletárias. Além disso, sabemos quão complexas podem ser a agenda e a biografia de cada um desses autores, alguns dos quais passam por várias épocas e assumem atitudes mais ou menos racistas ao longo da vida, em consonância com a evolução dos cânones disciplinares e de suas próprias personalidades. Em vez de generalizar, preferi enfatizar aqui a grande complexidade da questão racial e do próprio racismo lombrosiano. Na segunda parte do capítulo, concentrei-me no pensamento racial na Itália e na Europa, e na relação contraditória e curiosa de CL com a África e o colonialismo.

O capítulo 2 descreve o funcionamento artesanal e internacional da galáxia Lombroso e seu salão, seu museu-laboratório, sua revista e sua rede de colaboradores e correspondentes – especialmente na Argentina, no México, em Cuba e no Brasil.

No capítulo 3, desloquei-me para a América Latina, onde suas ideias e as de seus colaboradores chegam, muitas vezes passando primeiro pela Espanha e por Portugal. As viagens à América do Sul de GF, Gina Lombroso e Enrico

Ferri destacam a complexidade das trocas intelectuais no chamado mundo latino, especialmente com a Itália.

No capítulo 4, vimos como e por que a galáxia Lombroso continua a ser influente por várias décadas após a morte do mestre, especialmente na periferia ou nas margens das ciências sociais, pelo menos até a década de 1940, no século passado. As ideias de CL foram percebidas e reinterpretadas à luz de sua adequação a determinadas áreas do pensamento social e, em menor escala, do poder público. A consolidação e a "modernização" das ciências sociais na América Latina tiram espaço dessas ciências aproximadas de inspiração lombrosiana. Gradualmente e com fundos principalmente norte-americanos e franceses, essa consolidação corresponde à criação de cadeiras e cursos de sociologia e antropologia "propriamente ditos", ou seja, canônicos de acordo com os critérios norte-americanos e franceses. A partir desse momento, os intercâmbios serão menos igualitários e fortemente orientados em uma direção Norte-Sul.

Em grande parte, o interesse despertado pela galáxia Lombroso na América Latina deve-se ao fato de que ela propõe um método, estrategicamente aproximado, com sua própria iconografia, centrado na aparência e na morfologia, e não nas origens ou em alguma essência da raça. As origens e os possíveis elementos de atavismo ou degeneração não estariam, portanto, ocultos, mas podem e devem ser lidos no rosto do indivíduo, na parte visível e socializada de seu corpo (pele, expressões faciais, deformações corporais, linguagem, mímica, tatuagens e, possivelmente, roupas: especialmente no caso de desvios sexuais). Evidentemente, esse método centrado na estética da diferença é mais adequado a um sistema em que a pirâmide sociorracial é, nas palavras de Oracy Nogueira,[1] centrada no preconceito do signo – em que se julga, portanto, pelas aparências – do que a um sistema centrado nas origens, como seria o caso dos Estados Unidos, onde o *status* depende do *quantum* de sangue negro que se tem nas veias,[2] e o racismo concentra-se mais nas origens ou na chamada essência da raça. Enquanto no segundo sistema devem ser aplicadas regras fixas e, portanto, são necessárias medidas legais para segregar ou excluir um grupo racialmente definido, no primeiro haveria mais discrição, por exemplo, por parte do juiz, que pode e deve administrar punições com base também na personalidade do infrator e, portanto, de fato, também em sua aparência (uma atitude favorecida pelo Código Rocco de 1930 e sua adaptação brasileira de 1940).[3] Essa divisão analítica entre preconceito e racismo com foco nas aparências e uma divisão oposta com foco nas origens formarão, a partir da década de 1930 e ainda mais após a Segunda Guerra Mundial, o eixo em torno do qual se construirá uma tradição de estudos comparativos internacionais entre as Américas do Norte e do Sul, influentes até hoje, nos quais os protagonistas continuarão a ser, previsivelmente, os Estados Unidos e o Brasil. Nesse choque de titãs, entre escolas e cânones nas ciências sociais do país mais poderoso do Ocidente e escolas e perspectivas estabelecidas na América Latina e, especialmente, no Brasil, não haverá mais o mesmo espaço para os autores italianos. A recepção na América Latina do que na história do Brasil moderno tem sido chamado de "as ideias que vêm de fora",[4] como já mencionado por vários autores, sempre foi menos passiva e unidirecional do que se pensa, especialmente no caso de intercâmbios com a Itália. Os intercâmbios entre pesquisadores e, mais ainda, as viagens à região descritas acima mostram como havia um público ativo, disposto a elogiar e celebrar, quando era de interesse, mas também a criticar acidamente. Sem dúvida, a famosa afirmação de Gramsci de que, na periferia do Império, as elites sempre têm dificuldade em estabelecer o equilíbrio certo entre xenofilia e xenofobia era e ainda é verdadeira: o que vem de fora, em vez de ser recebido e digerido, como o cânone do movimento cultural antropofágico cujos progenitores foram o poeta Oswald de Andrade e a pintora Tarsila do Amaral na década de 1920,[5] é celebrado ou execrado. Aqui, no entanto, as coisas tornam-se mais complexas quando observamos o contexto em que as viagens de GF e Gina Lombroso e Ferri ocorreram. Na imprensa, os visitantes italianos foram compreensivelmente considerados interessantes por um certo período, inclusive como fato jornalístico. Em revistas e livros acadêmicos, as citações dessas viagens eram referências, e não o resultado de uma análise. Como já mencionado, CL, Ferri, GF e Gina Lombroso continuaram a ser mencionados na imprensa, até a década de 1930, principalmente de forma vaga e como uma homenagem à carreira, e não por uma ideia específica ou descoberta científica. No processo de construção do pensamento das ciências sociais no Brasil ou na Argentina, e mesmo em uma de suas margens, como se definiam as ciências policiais, mais do que o hipotético acerto das ideias associadas à Escola Positiva, interessava a possibilidade de criouliẑá-las e adaptá-las ao contexto local, para que pudessem contribuir para projetos de promoção do Brasil e da Argentina no exterior, tanto para estimular quanto para selecionar, qualificando a imigração nos anos que antecederam a Primeira Guerra Mundial, e para projetar os dois países no cenário científico internacional como protagonistas relativos, e não mais apenas como figurantes ou lugares para a realização de experimentos. Certamente, o fato de poder observar de perto intelectuais do porte de Ferri,

Gina e Ferrero aumentou a autoconfiança do lado latino-americano. Em carne e osso, os italianos eram menos inspiradores do que à distância, quando sua autoridade acadêmica se irradiava pelo mundo por meio de seus livros de referência, sua presença na imprensa e, em geral, sua fama. Em geral, as ideias e obras clássicas desses italianos, bem como sua proximidade com Lombroso, receberam muito mais aceitação do que suas incursões em temas latino-americanos. Era como se esses italianos fossem, no final das contas, maiores e mais interessantes de longe do que de perto!

A pesquisa leva-me, mais do que a um conjunto de conclusões, a um conjunto de novas perguntas e dúvidas genuínas que possivelmente funcionarão como um estímulo para pesquisas futuras. Uma primeira hipótese, e talvez a mais importante, é que a sensibilidade etnográfica que alimenta as primeiras pesquisas de estilo antropológico entre afro-cubanos e afro-brasileiros, bem como as primeiras pesquisas sobre as perigosas classes de imigrantes na Argentina, desenvolveu-se no coração da chamada "religião das raças" e do pensamento racialista, e não depois que essa ênfase racial perdeu sua influência no pensamento social; como, ao contrário, várias tentativas de traçar uma história das grandes antropologias tendem a argumentar, criando uma divisão clara entre uma fase racista e uma segunda fase muito mais focada na etnografia e encabeçada, pelo menos nos Estados Unidos, por Franz Boas e seu pensamento antirracista.[6] Isso leva a outra conclusão: os projetos de emancipação e o pensamento racial e até mesmo racista baseiam-se nas mesmas fontes e, muitas vezes, dialogam com as mesmas fontes, embora de perspectivas diferentes. As biografias e as trajetórias dos vários personagens deste livro são, portanto, atravessadas pelo positivismo, socialismo, nacionalismo, pensamento colonialista, pacifismo, anti-imperialismo, espiritismo e maçonaria, além de gostos, ansiedades e estilos de vida característicos das elites intelectuais de seus países e de sua época. Isso fica claro no próprio CL e nos autores da galáxia Lombroso, pelo menos até a Guerra da Líbia e, logo depois, com a Primeira Guerra Mundial, quando a arrogância nacionalista se impõe até mesmo entre não poucos daqueles que haviam manifestado tendências socialistas até então. Trata-se, portanto, de biografias e trajetórias que se destacam não apenas por seu ecletismo, mas também por genuínas mudanças de rumo, inconsistências, divergências e contradições, como acontece especialmente entre aqueles que tiveram a sorte de ter vida longa (e aqui a diferença entre a vida curta de Nina Rodrigues e José Ingenieros e a longevidade de Fernando Ortiz é marcante). A partir da década de 1930, como já mencionado, a profissionalização da antropologia não apenas significou uma diminuição dos trânsitos interdisciplinares, por exemplo, entre medicina, direito e ciências sociais, mas também correspondeu a uma progressiva marginalização dos autores latino-americanos. Eles chegaram, no máximo, a ser porta-vozes ou especialistas em sua própria realidade, mas deixaram de participar da construção de teorias de valor universal. Pode-se dizer que o mesmo movimento de "industrialização" das ciências sociais influenciou a aura das ciências sociais em nível internacional também na Itália, onde, curiosamente, elas tiveram mais aceitação e reconhecimento em sua fase artesanal, pré-moderna, e não muito institucionalizada do que na fase seguinte.

Uma outra conclusão importante diz respeito à memória das ciências sociais, especialmente aquelas consideradas "impuras" por estarem próximas da criminalística, a ciência policial, o espiritismo e outros tópicos à margem das preocupações centrais das próprias ciências sociais. Esta pesquisa mostra que a história das ciências sociais em sua fase de construção de cânones é um trabalho de eliminação de algumas influências e de celebração de outras. Hoje, os arquivos e documentos dos autores que se tornaram os pais das ciências sociais estão preservados, enquanto os arquivos dos autores cuja popularidade era grande em sua época e que podem ter sido redescobertos em tempos mais recentes, como Nina Rodrigues e CL, mas que passaram por uma fase de execração ou esquecimento, foram dispersos.[7] Assim, os arquivos de José Ingenieros são um importante fundo no Centro de Documentação e Investigação da Cultura de Esquerdas (Cedinci) da Universidade de San Martín, em Buenos Aires, e Fernando Ortiz é celebrado, em Cuba, com uma fundação de mesmo nome que mantém sua memória como mestre, ou melhor, uma parte da memória. Ingenieros e Ortiz são, portanto, lembrados e celebrados, hoje, como intelectuais progressistas e pais das ciências sociais em seus países. O fato de terem conseguido se livrar de seu passado racialista, com um grande final anti-imperialista, no caso de Ingenieros, ou de terem tido uma vida relativamente longa, desde seu alinhamento com CL até a publicação do manifesto *El engaño de las razas*, em 1944, e de terem optado por permanecer na Cuba revolucionária, até a morte, no caso de Ortiz, ajuda a entender por que Ingenieros e Ortiz foram aceitos no panteão dos intelectuais progressistas ao mesmo tempo. Nina Rodrigues, por outro lado, morreu com apenas 45 anos de idade e nem sequer teve tempo de se livrar do manto do pensamento racista. Essa também pode ser a vantagem de uma vida longa. Em contraste, para CL, Ferri e Ottolenghi, mas também para GF, Gina Lombroso e Mario Carrara, não se tem a devida preservação dos documentos.[8] O fascismo, a guerra, o exílio e o funcionamento da política de memória na Itália republicana devem ser os grandes responsáveis por essa situação. Ao mesmo tempo, os arquivos de Nina Rodrigues, mas também os de Leonídio Ribeiro e Estácio de Lima, não foram devidamente preservados. Mais uma vez, a política da memória – ou a remoção de certas memórias associadas ao pensamento racial e ao racismo no Brasil – é a principal responsável.

Notas

[1] Nogueira, 1998.
[2] Não quero sugerir aqui que em outros países também, como nos Estados Unidos, a aparência ou a personalidade do réu não pesa, ou que não há discrição por parte do juiz na aplicação da lei nos Estados Unidos.
[3] A popularidade dessas técnicas e a vulgarização de tais teorias tornam-se ainda mais insidiosas quando, de alguma forma, também são aplicadas por grupos políticos ou de pressão genericamente progressistas na construção de novos direitos com base em critérios de identidade e, às vezes, na transformação da diferença ou da vulnerabilidade em algo esteticamente espetacular. Algumas das categorias usadas hoje no estabelecimento de políticas sociais e de prevenção, mesmo quando progressistas, mostram, entretanto, como ainda existem formas antigas de pensar nas classes "inferiores" como classes negativas e como elas podem implicar uma negação quase total da autonomia na construção da categoria "grupo vulnerável". Um exemplo nesse sentido é como, na América Latina, a questão do tráfico de mulheres para exploração sexual é construída por órgãos internacionais e, mais ainda, por organizações não governamentais, que postulam uma vulnerabilidade e passividade inerentes às trabalhadoras do sexo em questão.
[4] Schwarz, 2014.
[5] O que se chama de "movimento antropofágico" no Brasil é, na verdade, um círculo intelectual cuja proposta não era mais copiar a cultura ocidental, como a maioria dos intelectuais supostamente havia feito até então, no Brasil, mas assimilar – engolir, absorver e expulsar os restos inúteis – várias outras culturas. O fato de se autodenominarem antropófagos era uma referência irônica às origens ameríndias de parte da cultura brasileira. O centro do movimento era a moderna São Paulo, em oposição ao antiquado e "monarquista" Rio de Janeiro, representando o encontro do Modernismo latino-americano, que no Brasil encontrou expressão definitiva na Semana de Arte Moderna de São Paulo de 1922, fortemente influenciado pelo Futurismo, especialmente o italiano, pelo Surrealismo e pela vocação de redescobrir a "veia popular" da cultura brasileira, que em grande parte correspondia às simpatias socialistas e comunistas da maioria desses intelectuais. O manifesto antropofágico, com referências explícitas tanto ao Manifesto Futurista de Marinetti quanto a André Breton, foi publicado na revista *Antropofagia*, em 1928 (Andrade, 2017).
[6] A sensibilidade fisionômica e racialista das primeiras incursões etnográficas foi, sem dúvida, também influenciada pelo que estava sendo escrito na literatura brasileira daqueles anos sobre negros, raça e feitiços. Para uma análise detalhada dessa literatura e sua descoberta do negro como objeto de interesse e narrativa literária, consulte Borges (1991). Obviamente, a obra mais famosa dessa vertente literária, centrada no determinismo bioambiental, é *Os sertões*, de

Euclides da Cunha. A moral de meu argumento sobre a *home science* lombrosiana está bem resumida nesta frase: "Uma ciência fraca forneceu uma matriz criativa para a visão social" (Borges, 1991, p. 256).

7 Augusto Lins e Silva (1945, p. 147) descreve outro museu do mesmo tipo que pode ter sido construído em Recife, mas que acabou mal. Falando de materiais de grande riqueza e beleza confiscados pela polícia durante uma batida em 1938, em "mesquitas fetichistas", como a polícia declarava, ele escreve: "O material era tão abundante e variado que era suficiente para organizar um museu. Tentei obter uma amostra para fundar o museu de medicina legal da Faculdade de Medicina de Recife. Não consegui. A polícia tinha muito ciúme daquele material [...] que acabou indo para o Museu do Estado".

8 Muitos documentos e a maior parte da correspondência de GF, incluindo aquela com intelectuais latino-americanos, podem ser encontrados, razoavelmente bem organizados, embora longe tanto da Itália quanto da América Latina, na Rare Book and Manuscript Library da Biblioteca da Universidade Columbia, em Nova York. Outros documentos sobre o casal Ferrero-Lombroso, mas especialmente os de Gina, podem ser encontrados no Arquivo Vieusseux, em Florença, e a documentação e a correspondência de Mario Carrara estão preservadas nos arquivos do Museu Cesare Lombroso da Universidade de Turim. A trajetória antifascista dos três pode ser uma razão pela qual esses autores tiveram relativamente mais sorte em termos de preservação da memória. Nos últimos anos, o Museu Cesare Lombroso da Universidade de Turim fez um excelente trabalho de recuperação e divulgação de documentos, correspondências e imagens associados direta ou indiretamente a CL. Alguns deles, especialmente a correspondência, foram colocados *online*, a partir de 2018, em <www.lombrosoproject.unito.it>, [acesso em 8/9/2024].

APÊNDICE

A trajetória das ideias de Cesare Lombroso na Itália e no mundo

Entre 1925 e 1940, ou seja, nos anos de ascensão do fascismo e, para o casal Ferrero-Lombroso, no exílio em Genebra, Gina reúne, em dois manuscritos não publicados (com muita sobreposição entre eles), uma cronologia detalhada da rede nacional e, acima de tudo, internacional criada por CL, bem como uma lista dos desenvolvimentos que as ideias de seu pai tiveram no exterior. Os manuscritos estão nos arquivos do Museu Cesare Lombroso e no Arquivo Vieusseux.[1] A seguir, uma cronologia extraída dos três manuscritos escritos por Gina em vários momentos, com base nos documentos presentes no escritório de CL, na época de sua morte, e dos artigos e correspondência da revista *AP*. O esforço de Gina tem o objetivo de manter vivo o interesse pela Escola Positiva e, acima de tudo, pelo próprio CL. Na seção seguinte, limitar-me-ei às referências à América do Sul, à Espanha e a Portugal. É evidente que a maioria das menções se refere a países europeus, especialmente – em ordem de importância – Alemanha, França, Bélgica, Holanda e Rússia. Entretanto, é importante enfatizar como a América do Sul bem como os idiomas espanhol e português faziam parte naqueles anos do panteão das grandes nações ou, pelo menos, das grandes antropologias.

- 1886 – Os estudos são publicados, em Portugal, por de Mattos e, no Brasil, por Nina Rodrigues.[2]
  Em Buenos Aires, o professor Pinheiro[3] ministra um curso de antropologia criminal.
- 1887 – Os novos códigos da Espanha, Rússia e Argentina são baseados nas novas ideias.[4]

- 1888 – Sob os auspícios de dois eminentes psiquiatras, Ramos Mejía e Antônio Pinheiro, foi criada a Sociedade de Estudos Psiquiátricos e Antropológicos em torno de *L'uomo delinquente*.
  O novo código na Espanha ratifica o tratamento especial para os criminosos insanos.
- 1891 – O Código Penal Argentino ratifica a reparação de danos às vítimas, o recrudescimento de sentenças para reincidentes e outras propostas eminentemente lombrosianas.[5]
  No Brasil, João Vieira de Araújo comenta o código de acordo com os ditames da nova ciência.
- 1897 – No Congresso Geral de Medicina em Moscou, Lombroso foi convidado do Palácio Imperial do Kremlin; os estudantes simpatizaram com ele e os judeus repetiram a triste cerimônia que os [emigrantes] italianos haviam realizado em Genebra: eles se ajoelharam em adoração diante desse judeu que havia conseguido, por meio de sua inteligência, impor-se, ser aclamado até mesmo na fortaleza do inimigo.
- 1900 – Uma sociedade e uma revista de antropologia são fundadas em Buenos Aires e é estabelecido que um médico visite os detentos quando eles entram na prisão.
  Em Cuba, a polícia e as leis são reformadas de acordo com o novo sistema, e uma escola é fundada em Havana. Em toda a América do Sul, as prisões são transformadas em reformatórios.
- 1913 – A Europa está atrasada na implementação de novas teorias escolares. Somente a Inglaterra e a Bélgica lidam com isso de forma completa.
- 1922 – Um *Boletim Antropológico* é publicado em Havana, órgão da seção antropológica da universidade.
- 1923 – Nas prisões de Porto (Portugal), foi criado um serviço autônomo de antropologia para examinar cada prisioneiro.
  Na Universidade de Buenos Aires, em uma palestra, o palestrante professor Asia conclui:

> [...] quem não se lembra do entusiasmo, do tipo de alívio que nos invadiu há muitos anos, quando lemos o *L'uomo delinquente*? De Lombroso, que nos apontava o delinquente como um ser a ser defendido, e não uma vítima da qual poderíamos nos vingar? E agora estamos mais calmos, porque as doutrinas de Lombroso já entraram em uso e o Código Argentino é uma de suas principais aplicações.

- 1924 – Na Colômbia, uma lei está sendo votada para estabelecer colônias para reeducar jovens infratores. E o mesmo acontece no Brasil (decreto de dezembro de 1923).
- 1925 – Ao solicitar à sua filha uma fotografia de Lombroso, o diretor do Frenocômio Judicial de Barcelona afirma que deseja uma imagem do homem mais digno em quem as ciências criminais confiaram.
  Enrico Ferri, na inauguração do ano acadêmico da Scuola di Applicazione, declara que nesse campo os italianos são os primeiros a ter as ideias; os estrangeiros, os primeiros a aplicá-las.
  Na República do Equador, sai uma revista editada por Ladislao Tot com o objetivo de propagar os princípios e desenvolvimentos da Escola de Antropologia da Itália.
- 1926 – Na América Latina,[6] as duas grandes casas penais, as penitenciárias de São Paulo e Buenos Aires, publicam relatórios que mostram o que a assistência médico-criminológica pode fazer pela redenção dos detentos.
- 1927 – O Prêmio Lombroso é concedido ao professor Funez, da Universidade de Múrcia (Espanha), por seu trabalho *La criminalidad y las secreciones internas*.
- 1928 – O Prêmio Lombroso é concedido ao Dr. I. Castellanos, de Cuba, por seu trabalho *La delinquencia feminina en Cuba*.
- 1929 – Na Sociedade Paulista de Medicina Legal e Criminologia, realiza-se uma comemoração de Enrico Ferri que é uma exaltação das teorias lombrosianas.
- 1931 – II Congresso Médico Pan-Americano, Cidade do México (julho): no relatório, lemos que o novo código se baseia nos princípios gerais da Nova Escola de Lombroso.
- 1932 – A revista *Arquivos de Medicina Legal e Identificação* escreve que "nessas terras distantes somos sempre inspirados pela sabedoria de CL".
- 1933 – A *Revista Médica do Rio de Janeiro* dedica um artigo ao grande mestre CL, cuja importância também é grande na nova ciência chamada endocrinologia.
- 1934 – O professor Rodrigues inaugura o curso de Neuropsiquiatria na Universidade de Minas Gerais, declarando que a Itália, depois das descobertas do grande Lombroso, era um berçário de estudiosos.
- 1935 [na verdade, junho de 1936] – No Rio de Janeiro, sai uma edição especial [dirigida por Leonídio Ribeiro] da revista *Arquivos de Medicina Legal e Identificação*, composta "com sólida fé científica

e fervorosa admiração para celebrar o centenário do nascimento de Lombroso [...] uma das glórias das ciências latinas contemporâneas".
Na Universidade de Córdoba (Argentina), o curso de Antropologia Criminal é aberto com a comemoração do centenário de Lombroso. Muitos artigos na imprensa são dedicados a isso (veja também artigo em *O Estado de S. Paulo*, julho de 1936).
Na Universidade de Lima, houve uma homenagem semelhante e o palestrante afirmou que Lombroso é uma das principais "glórias latinas".
Turquia – A Comissão Ministerial encarregada da tradução de obras estrangeiras para o turco decidiu pela tradução de Dante, Petrarca e Maquiavel e, para o setor científico, das obras de CL.[7]
Espanha – José de las Heras, diretor da Escola de Aplicação de Alcalá: "Na Espanha, tanto a revista fundada em 1880 pelo imortal Lombroso quanto as doutrinas a cuja propaganda ela se dedicou proporcionaram uma orientação notável."
Buenos Aires – Penitenciária Nacional – A história da antropologia criminal é a história de seu próprio criador.

- 1938 – Buenos Aires – "Todo o projeto do novo código penal é inspirado na Escola Positiva."
25-31 de julho – O I Congresso Latino-Americano de Antropologia Criminal em Buenos Aires envia um telegrama aos filhos de Lombroso, lembrando a grandeza do mestre.
Na Alemanha, o diretor de Biologia Criminal do Serviço de Saúde do Reich, Dr. Neureuter, e na Itália, o ministro da Cultura Popular, Bottai, na abertura do Congresso Internacional de Criminologia em Roma, lembram a importância de Lombroso.[8]

No texto de Gina e naqueles que a ajudam no esforço de manter viva a memória de CL, percebe-se não apenas uma atitude ditada pelo provérbio "*Nemo propheta in patria*" ["Santo de casa não faz milagre", em tradução coloquial] – CL e suas ideias eram italianas, mas mais apreciadas no exterior – acompanhado de um tom enfático, típico de um apóstolo dessa *home science*, mas também a tentativa de manter uma escola sob o fascismo, sem as simpatias do regime. O Prêmio Lombroso fez parte dessa operação. A ocupação da Etiópia (que provavelmente representou o momento de máximo consenso com o fascismo) em 1936, as leis raciais em 1938 e a Segunda Guerra Mundial foram causa e efeito de uma ruptura final.[9]

Notas

1. "Le idee di CL nel mondo", disponível nos arquivos do Museu Cesare Lombroso, e "Marcia delle dottrine lombrosiane dopo la morte di Lombroso", disponível no Arquivo Vieusseux, em Florença (n. 11.23.41).
2. O relacionamento de Nina Rodrigues com o mestre Lombroso não estava, sem dúvida, no mesmo nível das informações do mestre sobre o Brasil. Um belo exemplo é dado por Gilberto Freyre em um de seus Prefácios reunidos no livro *Prefácios desgarrados*, dedicado a Nina Rodrigues: em uma resenha do texto *L'animisme fétichiste des nègres de Bahia*, também elogiosa, Lombroso pede a Nina Rodrigues que dê seus cumprimentos a João Vieira, da Escola de Recife – como se Recife não estivesse a 800 km de Salvador...
3. Na realidade é Piñero.
4. No caso argentino isso não se aplica, como aponta Máximo Sozzo (comunicação pessoal, 30 de setembro de 2023).
5. Aqui, mais uma vez, há um exagero quanto às influências de CL nas mudanças do Código Argentino (comunicação pessoal de Máximo Sozzo, 30 de setembro de 2023).
6. Essa é a primeira vez que o termo aparece, em vez de Sul ou América do Sul, nos escritos de Gina. O manuscrito é provavelmente de 1940 e parece confirmar que até aquela década, já de profunda crise econômica na região, o termo "América Latina" não era comumente usado.
7. Consulte AP, vol. LVI, p. 122.
8. Deve-se lembrar que isso aconteceu imediatamente após as leis raciais e apesar do antifascismo progressivamente mais militante de pessoas como Mario Carrara, GF e Gina e Paola Lombroso. Isso significa que a rede estabelecida pela galáxia Lombroso conseguiu criar um *buffer* e um apoio que possibilitou uma vida menos sem graça até mesmo para parte dos seguidores da Escola Positiva que eram antifascistas. É interessante, nesse sentido, ver o livro de Leo Ferrero, *Diario di un privilegiato sotto il fascismo* [Diário de um privilegiado sob o fascismo], que mostra o quanto a classe social e a rede de solidariedade criada pela galáxia Lombroso/Ferrero-Carrara conseguiram aliviar os efeitos da perseguição fascista. Lembremos, entretanto, que dois grandes amigos de GF, os irmãos Rosselli, com quem ele mantinha uma densa correspondência, foram assassinados durante seu exílio em Paris.
9. O Manifesto racial de 1938, um texto tão duro quanto ambíguo (não queremos importar noções de raças alemãs; existem diferentes raças, mas isso não significa que uma seja superior à outra), não foi assinado por nenhuma pessoa associada ao círculo de CL. No entanto, foi assinado por Lidio Cipriani, diretor do Museu de Antropologia de Florença.

Bibliografia e fontes

ABBATISTA, Guido. *L'umanità in mostra*. Trieste, Edizioni Università di Trieste, 2013. Disponível em <https://www.openstarts.units.it/handle/10077/9484>. Acesso em 19/9/2024.

ACCATTATIS, Vincenzo (org.). "Presentazione". *In*: FERRI, Enrico. *Sociologia criminale*. Milano, Feltrinelli, 1979, pp. 1-33.

AGUIRRE, Carlos. *The criminals of Lima and their worlds. The prison experience, 1850-1930*. Durham (NC), Duke UP, 2005.

ALBUQUERQUE, Durval de. *A invenção do Nordeste*. São Paulo, Cortez, 1999.

ALBUQUERQUE, Wlamira. *O jogo da dissimulação. Abolição, raça e cidadania no Brasil*. São Paulo, Companhia das Letras, 2009.

ALMEIDA PINTO, Jefferson de. *Ideias jurídico-penais e cultura religiosa em Minas Gerais na passagem à modernidade (1890-1955)*. Niterói, Universidade Federal Fluminense, 2011 (Tese de doutorado em História).

ALVAREZ, Marcos Cesar. "A criminologia no Brasil. Ou como tratar desigualmente os desiguais". *Dados*, vol. 45, n. 4, 2002, pp. 677-704.

AMARAL, João Gualberto do. *Refutação a Ferri. A Igreja e a mulher segundo Ferri*. São Paulo, Centro de Propaganda Catholica, 1908.

____. *A refutação a Ferri. Três conferências realizadas em S. Paulo em 1908*. Petrópolis, Vozes, 1948.

ANDRADE, Oswald de. *Manifesto antropófago e outros textos*. São Paulo, Companhia das Letras, 2017 [1928].

APPIAH, Anthony. "The conservation of 'race'". *Black American Literature Forum*, vol. 23, n. 1, 1989, pp. 37-60.

APRILE, Pino. *Terroni. Tutto quello che è stato fatto perché gli italiani del Sud diventassero "meridionali"*. Milano, Piemme, 2010.

AZEVEDO, Fernando de. *Princípios de sociologia: pequena introdução ao estudo de sociologia geral*. 9. ed. São Paulo, Melhoramentos, 1964 [1939].

BABINI, Valeria. *In the name of father: Gina and Cesare Lombroso*. Firenze, L. Olschki, 2007.

BAIONI, Massimo. *La "religione della patria". Musei e institui del culto risorgimentale: 1884-1918*. Treviso, Pagus, 1997.

BAIONI, Massimo & BRICE, Catherine. *Celebrare la nazione*. Milano, Franco Angeli, 2010.

BALDASSARRE, Maria Isabel. "La otra imaginación. Buenos Aires y el mercado del arte italiano en los comienzos del siglo XX". *Mitteilungen des Kunsthistorischen Institut in Florenz*, n. 51, 2007, pp. 477-502.

BARBANO, Filippo; BARBÉ, Carlos & OLIVIERI, Mabel. *Sociologia, storia, positivismo. Messico, Brasile, Argentina e l'Italia*. Milano, Franco Angeli, 1992.

BARNET, Miguel. "Prefacio". *In*: VV. AA. *Estudios dedicados a Fernando Ortiz*. Nueva York, Interamericas, 1998, pp. 10-15.

BASSO, Enrico & OLGIATI, Giustina (org.). *Fernando Ortiz. Atti del Convegno del Civico Instituto Colombiano 11-12 maggio*. Genova, Civico Instituto Colombiano, 1989.

BERRA, Mariella. "Sociologia e scienza politica in Messico. Le influenze culturali italiane". *In*: BARBANO, Filippo; BARBÉ, Carlos & OLIVIERI, Mabel. *Sociologia, storia, positivismo. Messico, Brasile, Argentina e l'Italia*. Milano, Franco Angeli, 1992.

BERTONHO, José Fábio. "A migração internacional como fator de política externa. Os emigrantes italianos, a expansão imperialista e apolítica exterior da Itália, 1870-1943". *Contexto Internacional*, vol. 21, n. 1, 1999, pp. 123-164.

BERZERO, Antonella & GARBARINO, Maria Carla (org.). *La scienza in chiaro scuro. Lombroso e Mantegazza a Pavia tra Darwin e Freud*. Pavia, Pavia University Press, 2011.

BEVIONE, Giuseppe. *L'Argentina*. Torino, Bocca, 1911.

BISI, Roberta. *Enrico Ferri e gli studi sulla criminalitá*. Milano, Franco Angeli, 2004.

BONI, Monica. *L'erotico senatore. Vita e studi di Paolo Mantegazza*. Genova, Name, 2002.

BORGES, Dain. "'Puffy, ugly, slothful and inert': degeneration in Brazilian social thought, 1880-1940". *Journal of Latin American Studies*, vol. 25, n. 2, 1991, pp. 235-256.

BOSCOLO, Gianni. *Os voluntários italianos na Bahia*. Salvador, Universidade Federal da Bahia, 1992 (Dissertação de mestrado).

BRAGA-PINTO, Cesar. "Othello's pathologies: reading Adolfo Caminha with Lombroso". *Comparative Literature*, vol. 66, n. 2, 2014, pp. 149-172.

BRANCATO, Francesco. *Il Museo del Risorgimento*. Palermo, Società Siciliana per la Storia Patria, 1975.

BREMER, Thomas. "The constitution of alterity. Fernando Ortiz and the beginning of Latin American ethnography out of the spirit of Italian criminology". Paper presented at the First International Conference of the Society of Caribbean Research. Berlin, 1988.

BRONFMAN, Alejandra. "En plena libertad y democracia. Negros brujos and the Social question, 1904-1919". *Hispanic American Historical Review*, vol. 82, n. 3, 2002, pp. 549-587.

____. *Measures of equality. Social science, citizenship, and race in Cuba, 1902-1940*. Chapel Hill (NC), The University of North Carolina Press, 2004.

BUFFINGTON, Robert. *Criminal and citizen in modern Mexico*. Lincoln, University of Nebraska Press, 2000.

BULFERETTI, Luigi. *Cesare Lombroso*. Torino, Utet, 1975.

BURGERS, Johannes. "Max Nordau, Madison Grant, and racialized theories of ideology". *Journal of the History of Ideas*, vol. 72, n. 1, 2011, pp. 119-140.

BURGIO, Alberto (org.). "Per la storia del razzismo italiano". *L'invenzione delle razze: studi su razzismo e revisionismo storico*. Roma, Manifestolibri, 1998a, pp. 9-31.

____. *L'invenzione delle razze: studi su razzismo e revisionismo storico*. Roma, Manifestolibri, 1998b.

CAIMARI, Lila. "L'America Latina". *In*: MONTALDO, Silvano & TAPPERO, Paolo (org.). *Cesare Lombroso cento anni dopo*. Torino, Utet, 2009, pp. 193-201.

CALLONI, Marina. "(Auto)biografie di intellettuali ebree italiane: Amelia Rosselli, Laura Orvieto e Gina Lombroso". *In*: BARBURELLI, Clotilde & BORGHI, Liana (org.). *Visioni in/sostenibili. Genere e intercultura*. Cagliari, Cuec, 2003, pp. 141-156.

CALLONI, Marina & CEDRONI, Lorella. *Politica e affetti familiari. Lettere dei Rosselli a Ferrero: 1917-1943*. Milano, Feltrinelli, 1997.

CAMPOS, Ricardo & HUERTAS, Rafael. "Lombroso but not lombrosians? Criminal anthropology in Spain". *In*: KNEPPER, Paul & YSTEHEDE, Per Jorgen (ed.). *The Cesare Lombroso handbook*. London, Routledge, 2013, pp. 309-323.

CARBONE, Carlo. "L'anticolonialismo italiano durante la prima guerra d'Africa". *Studi Storici*, vol. 13, n. 2, 1972, pp. 418-421.

CARNEIRO, Edison & COUTO FERRAZ, Aydano (org.). *O negro no Brasil: trabalhos apresentados ao II Congresso Afro-Brasileiro (Bahia)*. Rio de Janeiro, Civilização Brasileira, 1940.

CARUSO, Barbara. "Guglielmo Ferrero e la massoneria". *In*: CEDRONI, Lorella (org.). *Guglielmo Ferrero: itinerari del pensiero*. Roma, Luiss, 1994, pp. 289-299.

CASAÚS ARZÚ, Marta Elena. "Vasconcelos y los debates sobre el indígena y la nación en Guatemala". *Cuadernos Americanos*, n. 124, 2008, pp. 109-127.

CASSATA, Francesco. *La difesa della razza. Politica, ideologia e immagine del razzismo fascista*. Torino, Einaudi, 2008.

CASTIGLIONE, Teodolindo. *Lombroso perante a criminologia contemporânea*. São Paulo, Saraiva, 1962.

CASTRO AZEVEDO, Maria Helena. *Graça Aranha*. Rio de Janeiro, Edições ABL, 2002.

CAVAGLIONI, Alberto. *Notizie su Argon: gli antenati di Primo Levi da Francesco Petrarca a Cesare Lombroso*. Torino, Instar Libri, 2006.

CAVALLI-SFORZA, Luigi & PADOAN, Daniela. *Razzismo e noismo. La declinazione del noi e l'esclusione dell'altro*. Torino, Einaudi, 2013.

CAZZANIGA, Gian Mario (org.). *Esoterismo – Storia d'Italia*, vol. 25. Torino Einaudi, 2010.

CECCHINATO, Eva. *Camice Rosse. I Garibaldini dall'unità alla Grande Guerra*. Milano, Laterza, 2007.

CEDRONI, Lorella. *I tempi e le opere di G. Ferrero*. Napoli, Edizioni Scientifiche Italiane, 1993.

_____. *Politica e affetti familiari: la coppia G. Lombroso e G. Ferrero e i fratelli Rosselli*. Milano, Feltrinelli, 1997.

_____. *Guglielmo Ferrero. Una biografia intellettuale*. Roma, Aracne, 2006.

CEDRONI, Lorella (org.). *Itinerari del pensiero di Guglielmo Ferrero*. Roma, Luiss, 1994.

CENTINI, Massimo. *Fisiognomica. Nei segni nel volto il destino dell'uomo*. Milano, Edizioni Red, 2004.

CHACON, Vamireh. *História das ideias sociológicas no Brasil*. São Paulo, Grijalbo, 1977.

CHIARELLI, Cosimo et al. *Paolo Mantegazza e il suo tempo*. Milano, Ars Medica, 1986.

CHIOZZI, Paolo. "Esistono gli 'ariani'? Perplessità e contraddizioni di Paolo Mantegazza in tema di 'razze'". *In*: CHIARELLI, Cosimo & PASINI, Walter (org.). *Paolo Mantegazza: medico, antropologo, viaggiatore*. Firenze, Firenze University Press, 2002, pp. 41-51.

CIRESE, Alberto. "Lo studio delle tradizioni popolari". *In*: BRIOSCHI, Franco & Di GIROLAMO, Costanzo (org.). *Manuale di letteratura italiana. Storia per generi e problemi*, vol. 4: Dall'Unità d'Italia alla fine del Novecento. Torino, Bollati Boringhieri, 1996, pp. 921-941.

COLAJANNI, Napoleone. *Per la razza maledetta*. Palermo, Sandron, 1898.

_____. "Razze inferiori e razze superiori. Latini e anglosassoni". *La Rivista Popolare*, n. 8, 1903, pp. 2-38.

CONSOLMAGNO, Marina. *Fanfulla: perfil de um jornal de Colônia (1893-1915)*. São Paulo, FFLCH, Universidade de São Paulo, 1993 (Dissertação de mestrado).

COOPER, Frederik & STOLER, Ann. *Tensions of Empire: colonial cultures in a bourgeois world*. Los Angeles, University of California Press, 1997.

CORRÊA, Alexandre Fernandes. *O Museu Mefistofélico e a distabuzação da magia: análise do tombamento do primeiro patrimônio etnográfico do Brasil*. São Luís, Edufma, 2009.

CORRÊA, Mariza. *As ilusões da liberdade: a Escola Nina Rodrigues e a antropologia no Brasil*. Bragança Paulista, Editora da Universidade São Francisco, 2000 [1996].

CORVISIERI, Silverio. *Badernão. La ballerina dei due mondi*. Roma, Odradek, 1998.

COSTA, Humberto. *Quatro mortos ilustres*. Lisboa, Tipografia das Oficina de S. José, 1910.

COSTA, Iraneidson. *A Bahia já deu régua e compasso: medicina legal, raça e criminalidade na Bahia (1890-1940)*. Salvador, Edufba, 2023.

CUNHA FILHO, Luiz. *Ferri e o naturalismo crítico*. São Paulo, Academia de São Paulo, 1908.

CUNSOLO, Ronald. "Italian emigration and its effects on the rise of nationalism". *Italian Americana*, vol. 12, n. 1, 1993, pp. 66-72.

D'AGOSTINO, Peter. "Craniums, criminals, and the 'cursed race': Italian anthropology in American racial thought, 1861-1924". *Comparative Studies in Society and History*, vol. 44, n. 2, 2002, pp. 319-343.

D'ANTONIO, Emanuele. "Aspetti della rigenerazione ebraica e del sionismo in Cesare Lombroso". *Societá e Storia*, n. 92, 2001, pp. 282-309.

____. "Grazieadio Isaia Ascoli e l'antisemitismo di Cesare Lombroso. Una critica epistolare". *In*: DEL FRACO COTROZZI, Maddalena (org.). *Non solo verso Oriente. Studi dell'ebraismo in onore di Pier Cesare Ioly Zarattini*. Firenze, Olschki, 2014, pp. 503-517.

DE FAZIO, Debora. *Cesare Lombroso e la lingua italiana*. Galatina, Congedo, 2012.

DE FRANCESCO, Antonino. *La palla al piede. Una storia del pregiudizio meridionale*. Milano, Feltrinelli, 2012.

DÍAZ-QUIÑONES, Arcadio. "Espiritismo e transculturação: Fernando Ortiz e Allan Kardec". *A memória rota: ensaios de cultura política*. São Paulo, Companhia das Letras, 2016, pp. 204-225.

DICKIE, John. "La 'sicilianità' di Crispi". *Meridiana*, n. 24, 1995, pp. 125-142.

____. "Stereotipi del Sud d'Italia, 1960-1900". *In*: LUMLEY, Robert & MORRIS, Jonathan (org.). *Oltre il meridionalismo*. Roma, Carocci, 1999a, pp. 113-143.

____. *Darkest Italy: the nation and stereotypes about the Mezzogiorno, 1860-1900*. Houndmills, MacMillan, 1999b.

DI TULLIO, Benigno. "Naissance de la Societé Internationale de Criminologie". *In*: VV. AA. *La criminologie. Bilan et perspectives*. Paris, Pedone, 1980.

DOLZA, Delfina. *Essere figlie di Lombroso. Due donne intellettuali tra '800 e '900*. Milano, Franco Angeli, 1991.

D'ORSI, Angelo. "Casa Lombroso". *In*: MONTALDO, Silvano & TAPPERO, Paolo (org.). *Cesare Lombroso cento anni dopo*. Torino, Utet, 2009, pp. 19-30.

DRAGO, Luigi. *I criminali nati*. Torino, Bocca, 1890 (com Introdução de Francisco Ramos Mejía e Cesare Lombroso).

DU BOIS, William. *The conservation of races*. Washington (DC), The American Negro Academy, 1897.

ECHAZÁBAL, Lourdes Martínez. "Mestizaje and the discourse of national/cultural identity in Latin America: 1845-1959". *Latin American Perspectives*, vol. 25, n. 2, 1998, pp. 1-21.

EHRENFREUND, Erasmo. "Bibliografia degli scritti di P. Mantegazza". *Archivio per l'Antropologia e la Etnologia*, vol. 56, 1926, pp. 1-4.

FEDELE, Santi. *La massoneria italiana nell'esilio e nella clandestinità: 1927-1939*. Milano, Franco Angeli, 2005.

FERES JÚNIOR, João. *The concept of Latin America in the United States: misrecognition and social scientific discourse*. New York, Nova Science, 2010.

FERRERO, Guglielmo. *L'Europa giovane. Studi e viaggi nei paesi del Nord*. Milano, Treves, 1897.

____. *Grandezza e decadenza di Roma*. Milano, Treves, 1907.

____. *Fra i due mondi: una riflessione sulle nazioni giovani delle Americhe*. Milano, Treves, 1913.

____. *Le génie latin et le monde moderne*. Paris, Grasset, 1917.

____. *La vecchia e la nuova Europa. Saggi e discorsi*. Milano, Treves, 1918.

____. "Preface". *In*: ARANHA, Graça. *Canaan*. Boston, The Four Seasons Company, 1920, pp. 5-11.

____. "Preface". *In*: HOUNG-MING, Kou. *L'esprit du peuple chinois*. Paris, Stock, 1927, pp. v-viii.

____. *Gli ultimi barbari. Sudore e sangue*. Milano, Mondadori, 1930.

____. "Preface". *In*: HERENGER, Alexandre. *Le mythe raciste*. Genève, Revue Juive, 1933, pp. 3-4.

____. *Gli ultimi barbari. Liberazione*. Lugano, Edizioni di Capolago, 1936.

FERRERO, Guglielmo et al. *La Penitenciaria Nacional de Buenos Aires juzgada en el estranjero*. Buenos Aires, Talleres Gráficos de la Penitenciaria Nacional, 1908.

FERRI, Enrico. *L'Italia e l'America Meridionale: Discorso nel Parlamento Italiano*. Roma, Pubblicazioni del Parlamento Italiano, 1909.

____. *Sociologia criminale*. 5. ed. Torino, Unione Tipografica, 1929.

____. *Arringhe e discorsi*. Milano, Dall'Oglio, 1970.

FILESI, Teobaldo. "La partecipazione dell'Italia alla Conferenza di Berlino, 1884-1885". *Africa: Rivista Trimestrale di Studi e Documentazione dell'Istituto Italiano per l'Africa e l'Oriente*, vol. 40, n. 1, 1985, pp. 1-40.

FINZI, Roberto. *Il pregiudizio: ebrei e questione ebraica in Marx, Lombroso, Croce*. Prefácio de Claudio Magris. Milano, Bompiani, 2011.

FIORAVANTI, Carlos. "O destino incerto dos acervos policiais". *Pesquisa Fapesp*, n. 260, 2017, pp. 87-90.

FONT, Mauricio & QUIROZ, Alfonso (ed.). *Cuban counterpoints. The legacy of Fernando Ortiz*. Oxford, Lexington Books, 2005, pp. 9-38.

FORMAN, Ross. "A parasite for sore eyes: rereading infection metaphors in Bram Stoker's *Dracula*". *Victorian Literature and Culture*, vol. 44, n. 4, 2016, pp. 925-947.

FRANCHI, Bruno. *Enrico Ferri: il noto, il mal noto e il maltolto*. Milano/Buenos Ayres, Bocca/Cerboni, 1908.

FRATI, Maria Emanuela. *Le carte e la biblioteca di Paolo Mantegazza*. Firenze, Edizioni Bibliografica, 1991.

FREYRE, Gilberto. *Prefácios desgarrados*. Rio de Janeiro, Instituto Nacional do Livro, 1978.

____. *Casa-grande e senzala*. Rio de Janeiro, Record 1993 [1934].

FRIGESSI, Delia. "Cattaneo, Lombroso e la questione ebraica". *In*: BURGIO, Alberto (org.). *Nel nome della razza. Il razzismo nella storia d'Italia, 1870-1945*. Bologna, Il Mulino, 1999, pp. 247-264.

____. *Cesare Lombroso*. Torino, Einaudi, 2003.

____. "Scienza e letteratura: Cesare Lombroso e alcuni scrittori di fine secolo". *Publifarum*, n. 1, 2005, pp. 1-11. Disponível em <https://riviste.unige.it/index.php/publifarum/article/view/1498/1603>. Acesso em 21/10/2024.

FRIGESSI, Delia (org.). *Delitto, genio e follia. Cesare Lombroso – Scritti scelti*. Torino, Bollati Boringhieri, 1989.

GALLINI, Clara. *La sonnambula meravigliosa. Magnetismo ed ipnotismo nell'Ottocento italiano*. Milano, Feltrinelli, 1983.

____. "La piazza, il circo e la costruzione di un immaginario coloniale". *In*: BURGIO, Alberto (org.). *L'invenzione delle razze: studi su razzismo e revisionismo storico*. Roma, Manifestolibri, 1998, pp. 529-539.

GARLATI, Loredana. "Alle origini della prova scientifica: la scuola di polizia di Salvatore Ottolenghi". *Revista Brasileira de Direito Processual Penal*, vol. 7, n. 2, 2021, pp. 883-934.

GAVIN, R. J. & BETLEY, J. A. (ed.). *The scramble for Africa*. Ibadan, Ibadan University Press, 1972.

GELLNER, Ernest. *Nations and nationalism*. Oxford, Blackwell, 2006.

GEMELLI, Agostino. *Cesare Lombroso: i funerali di un uomo e di una dottrina*. Monza, Tipografia Artigianelli, 1910.

GERVASONI, Marco. "'Cultura della degenerazione' tra socialismo e criminologia alla fine dell'Ottocento in Italia". *Studi Storici*, vol. 38, n. 4, 1997, pp. 1.087-1.119.

GIBSON, Mary. *Nati per il crimine. Cesare Lombroso e le origini della criminologia biologica*. Milano, Mondadori, 2004.

GIRARDET, Raul. *Mitos e mitologias políticas*. São Paulo, Companhia das Letras, 1987.

GIRARDI, Renato. *Né pazzi né sognatori. Il pacifismo democratico in Italia tra Otto e Novecento*. Pisa, Pacini, 2016.

GIULIANI, Gaia. *Beyond curiosity. James Mill e la nascita del governo coloniale britannico in India*. Roma, Aracne, 2008.

GIULIANI, Gaia (org.). *Il colore della nazione*. Firenze/Milano, Le Monnier/Mondadori Education, 2015.

GIULIANO, Andrea. *Dal pensiero di Lombroso all'impronta digitale*. Torino, Edizioni Cortina, 2011.

GLEDHILL, Sabrina (ed.). *Manuel Querino (1851-1923): an Afro-Brazilian pioneer in the age of scientific racism*. Crediton, Devon (UK), Funmilayo Publishing, 2021.

GOMES DA CUNHA, Olívia. *Intenção e gesto. Pessoa, cor e a produção cotidiana da (in)diferença no Rio de Janeiro, 1927-1942*. Rio de Janeiro, Arquivo Nacional, 2002.

GOMEZ, Eusebio. "Commemorazione alla Università di Buenos Aires". *In*: VV. AA. *Enrico Ferri: maestro della scienza criminologica*. Milano, Bocca, 1941, pp. 121-125.

GONÇALVES, Paulo Cesar. "Um imperialismo possível. Fluxos migratórios e estratégias colonialistas na Europa mediterrânea (1870-1914)". *História*, vol. 30, n. 2, 2011, pp. 335-358.

GRAMSCI, Antonio. *Quaderni del carcere*. Torino, Einaudi, 1975.

GRUNSPAN-JASMIN, Elise. *Lampião. Senhor do sertão*. São Paulo, Edusp, 2006.

GUARNIERI, Patrizia *et al.* (org.). *Misura d'uomo. Strumenti, teorie e pratiche dell'antropometria e della psicometria tra '800 e '900*. Firenze, Istituto e Museo di Storia della Scienza, 1986.

GUMPLOWICZ, Ludwig. *Der Rassenkampf*. Innsbruck, Wagnerische Univ.-Buchhandlung, 1983.

GUTMAN, Guilherme. "Criminologia, antropologia e medicina legal: um personagem central – Leonídio Ribeiro". *Revista Latinoamericana de Psicopatologia Fundamental*, vol. 13, n. 3, 2010, pp. 428-497.

HARROWITZ, Nancy (ed.). "Lombroso and the logic of intolerance". *Tainted greatness. Antisemitism and cultural heroes*. Philadephia, Temple University Press, 1994, pp. 109-126.

HELG, Aline. "Los intelectuales frente a la cuestión racial en el decenio de 1920: Colombia entre México y Argentina". *Estudios Sociales*, n. 4, 1989, pp. 39-53.

HERRERA, Carlos Miguel. "El socialismo argentino frente a Enrico Ferri". *Archivos*, vol. III, n. 6, 2015, pp. 73-93.

HOBSBAWM, Eric. *L'età degli Imperi, 1875-1914*. Roma/Bari, Laterza, 1987.

____. *Nazioni e nazionalismo dal 1780*. Torino, Einaudi, 1991.

HORNAERT, Eduardo *et al*. *História da Igreja no Brasil*. São Paulo, Vozes, 1975.

HUTCHINSON, John & SMITH, Anthony (ed.). *Nationalism*. Oxford, Oxford University Press, 1994.

INGENIEROS, José. *Italia en la ciencia en la vida y en el arte*. Valencia, Samper, 1906.

____. *Sociología argentina*. Buenos Aires, Hamper, 1908.

____. *Obras completas*. Org. Anibal Ponce. Buenos Aires, Rosso & Cia., 1940, 23 vols.

____. *Las crónicas de José Ingenieros en* La Nación *de Buenos Aires, 1905-1906*. Org. Cristina Martín Fernández. La Plata, Editorial Martín, 2009 [1905].

KNEPPER, Paul. "Clocks and crime: conceptions of time in the writings of Cesare Lombroso". *Crime, Histoire & Sociétés/Crime, History & Societies*, número especial – *Cesare Lombroso (1835-1909)*, vol. 22, n. 2, 2018, pp. 2-23.

KNEPPER, Paul & YSTEHEDE, Per Jorgen (ed.). *The Cesare Lombroso handbook*. London, Routledge, 2013.

KOCH-AMMASSARI, Elke. "La comunicazione interculturale nelle scienze sociali: Italia e Brasile, 1850-1930". *In*: BARBANO, Filippo; BARBÉ, Carlos & OLIVIERI, Mabel. *Sociologia, storia, positivismo. Messico, Brasile, Argentina e l'Italia*. Milano, Franco Angeli, 1992.

KURELLA, Hans. *Cesare Lombroso: a modern man of science*. London, Redman Limited, 1911.

LAARSE, Rob van der. "Het vreemde verdrongen. Max Nordau's verbeelding van het joodse lichaam". *In*: LAARSE, Rob van der; LABRIE, Arnold & MELCHING, Willem (ed.). *De hang naar zuiverheid. De cultuur van het moderne Europa*. Amsterdam, Het Spinhuis, 1998, pp. 161-188.

LAARSE, Rob van der; LABRIE, Arnold & MELCHING, Willem (ed.). *De hang naar zuiverheid. De cultuur van het moderne Europa*. Amsterdam, Het Spinhuis, 1998.

LABANCA, Nicola. "Il razzismo coloniale italiano". *In*: BURGIO, Alberto (org.). *L'invenzione delle razze: studi su razzismo e revisionismo storico*. Roma, Manifestolibri, 1998, pp. 145-164.

____. *Oltremare. Storia dell'espansione coloniale italiana*. Bologna, Il Mulino, 2002.

LABANCA, Nicola (org.). *L'Africa in vetrina*. Treviso, Pagus, 1992.

L'ESTOILE, Bernard de. *Le goût des autres: de l'exposition coloniale aux arts premiers*. Paris, Flammarion, 2007.

LIMA, Estácio de. *O mundo místico dos negros*. Salvador, Empresa Gráfica da Bahia, 1975.

____. *Velho e novo "Nina"*. Salvador, Secretaria de Segurança Pública, 1979.

____. *O mundo estranho dos cangaceiros. Ensaio biossociológico*. 3. ed. Salvador, Assembleia Legislativa da Bahia (Alba), 2014 [1965].

LIMA, Lamartine de Andrade. *Roteiro de Nina Rodrigues*. Salvador, Ceao/Ufba, 1980.

LINS E SILVA, Augusto. *Atualidade de Nina Rodrigues. Estudo bio-bibliográfico e crítico*. Rio de Janeiro, Leitura, 1945.

LOMBROSO, Cesare. *L'uomo bianco e l'uomo di colore. Letture sulle origini e la varietà delle razze umane*. Padova, Tipografia F. Sacchetto, 1871 (publicado novamente com tábuas e anexos em Turim pelo editor Bocca em 1892 e mais uma vez em 2012, em uma edição organizada por Lucia Rodler em Bolonha, pela editora Archetipolibri).

____. *L'antisemitismo e le scienze moderne*. Torino, Roux Editori, 1894a.

____. "Mancanza del tipo étnico negli uomini di genio". *AP*, vol. XIV, 1894b, p. 132.

____. *L'uomo delinquente*. 3. ed. Torino, Bocca, 1897a.

____. "Razze e criminalità", *Corriere della Sera*, 29-30 de outubro, 1897b.

____. *Il momento attuale*. Torino, Editrice Moderna, 1903a (versão em francês como *Problèmes du jour*. Paris, Librairie Universelle, 1906).

____. "Razze e criminalità in Italia". *AP*, vol. XXIV, 1903b, pp. 245-248.

____. "Opinión de Cesare Lombroso". *In*: MADUEÑO, Mariano José. *Problemas americanos. Confederación de la América Latina*. Madrid, Biblioteca de el Mundo Latino, 1906, pp. 78-79.

____. *Genio e degenerazione. Nuovi studi e nuove battaglie*. Milano, Sandron, 1907.

LOMBROSO, Cesare. *Hipnotismo e mediunidade*. Rio de Janeiro, Federação Espírita Brasileira, 1959 [1909] (prefaciado com um ensaio sobre a biografia de Lombroso de Zéus Wantuil).
____. *In Calabria*. Soveria Mannelli, Rubbettino, 2009 [1862].
LOMBROSO, Cesare & CARRARA, Mario. "Studio su 6 crani di criminali abissini". *Giornale della Reale Accademia di Torino*, 1895, pp. 294-299.
____. "Contributo all'antropologia dei Dinka". *AP*, 1896, pp. 1-24.
LOMBROSO, Cesare & FERRERO, Guglielmo. *La donna delinquente, la prostituta e la donna normale*. Turim, Roux, 1893 [1880].
LOMBROSO, Gina. *Nell'America Meridionale*. Torino, Treves, 1908.
____. *Cesare Lombroso. Storia della vita e delle opere narrate dalla figlia*. Torino, Bocca, 1921.
____. *I vantaggi della degenerazione*. Torino, Bocca, 1923.
____. *Origine, ostacoli, trionfi e sconquassi del macchinismo*. Torino, Bocca, 1930.
____. *Lo sboccio di una vita. Note su Leo Ferrero Lombroso dalla nascita ai venti anni*. Torino, Frassinelli, 1935.
____. Autobiografia, 1938 (inédita).
LOMBROSO, Nora. "La famiglia Lombroso-Ferrero". *In*: CEDRONI, Lorella (org.). *Guglielmo Ferrero: itinerari del pensiero*. Milano, Edizioni Scientifiche Italiane, 1996, pp. 57-62.
LOWNDES, Felipa. *Outros orientalismos: a Índia entre Florência e Bombaim, 1860-1900*. Lisboa, ICS, 2009.
LUCASSEN, Leo. "A brave new world: the left, social engineering, and eugenics in twentieth-century Europe". *International Review of Social History*, n. 55, 2010, pp. 265-296.
LUMLEY, Robert & MORRIS, Jonathan (org.). *Oltre il meridionalismo*. Roma, Carocci, 1999.
MAGGIE, Ivonne. *Medo do feitiço. Relações entre magia e poder no Brasil*. Rio de Janeiro, Arquivo Nacional, 1992.
MAILHE, Alejandra (org.). *Archivos de psiquiatría y criminología (1902-1913): concepciones de la alteridad social y del sujeto feminino*. La Plata, Edulp, 2016.
MANTEGAZZA, Paolo. *Sull'America Meridionale. Lettere mediche*, Milano, G. Chiusi, 1853.
____. *Rio de la Plata e Tenerife*. Milano, Brignola, 1867.
____. *Fisiologia del piacere*. Milano, Bernardoni, 1870.
____. *Quadri della natura umana. Feste ed ebbrezze*. Milano, Bernardoni, 1871, 2 vols.
____. *L'atlante delle espressioni del dolore. Fotografie prese dal vero e da molte opere d'arte, che illustrano gli studi sperimentali sull'espressione del dolore*. Firenze, Giacomo Brogi, 1876.
____. *Gli amori degli uomini. Saggio di una etnologia dell'amore*. Milano, Mantegazza, 1892.
____. *Ricordi di Spagna e dell'America Spagnuola*. Milano, Treves, 1894.
____. *Igiene dell'amore*. Firenze, Bemporad, 1896.
____. *Fisiologia dell'amore*. Milano, Barion, 1923.
MARINI-BETTOLO, Giovanni Battista. *Scienziati italiani in America Latina*. Roma, Accademia Nazionale delle Scienze, 1992.
MARISTANY, Luiz. *El gabinete del doctor Lombroso (Delincuencia y fin de siglo en España)*. Barcelona, Editorial Anagrama, 1973.
____. "Lombroso y España: nuevas consideraciones". *Anales de Literatura Española*, n. 2, 1983, pp. 361-381.
MAROTTA, M. "Adua e gli Abissini nell'opera romanzesca di G. Ferrero". *Studi Piacentini*, n. 20, 1996, pp. 237-262.
MARTINS, Wilson. *A história da inteligência brasileira, vol. V: 1897-1914*. São Paulo, Queiroz, 1978.

MASALI, Luca. *La vergine delle ossa. Cesare Lombroso indaga*. Roma, Castelvecchi, 2010.

MATOS, Patrícia Ferraz de. *Mendes Correia e a Escola de Antropologia do Porto: contribuição para o estudo das relações entre antropologia, nacionalismo e colonialismo (de finais do século XIX aos finais da década de 50 do século XX)*. Lisboa, Universidade de Lisboa, 2012 (Tese de doutorado). Disponível em <http://repositorio.ul.pt/handle/10451/7831>. Acesso em 10/9/2024.

____. "Entre el mito y la realidad: desplazamientos de personas, propaganda de Estado e imaginario del Imperio colonial português". *Studia Africana*, n. 24, 2013, pp. 11-28.

MAUSS, Marcel. "L'animisme fétichiste des nègres de Bahia". *L'Année Sociologique*. Dir. Émile Durkheim. Paris, Félix Alcan, 1901, pp. 22-23.

MAZZARELLO, Paolo. *Il genio e l'alienista: la visita di Lombroso a Tolstoj*. Napoli, Bibliopolis, 1998.

MELOSSI, Dario; SOZZO, Maximo & SPARKS, Richard. *Travels and the criminal question. Cultural embedness and diffusion*. Portland (OR), Hart Publishing, 2011.

MICHELS, Roberto. "Necrologio di Cesare Lombroso". *AP*, 1910.

MILICIA, Maria Teresa. *Lombroso e il brigante. Storia di un cranio conteso*. Roma, Salerno Editrice, 2014.

MIRABELLI, Carlos. *Mensagens do além. Obtidas e controladas pela Academia de Estudos Psychicos Cesare Lombroso*. São Paulo, Karl, 1929 (nas pp. 25-31 há a transcrição de uma mensagem enviada do além pelo próprio Cesare Lombroso).

MONGARDINI, Carlo (org.). *Carteggio G. Mosca – G. Ferrero*. Milano, Giuffrè, 1980.

MONTALDO, Silvano. *Cesare Lombroso: gli scienziati e la nuova Italia*. Bologna, Il Mulino, 2010.

____. "Lombroso: the myth, the history". *Crime, Histoire & Sociétés/Crime, History & Societies*, vol. 22, n. 2, 2018a, pp. 31-62.

____. "Le début de la pensée raciste de Lombroso (1860-1871)". *In*: ARAMINI, Aurélien & BOVO, Elena (dir.). *La pensée de la race en Italie. Du romantisme au fascisme*. Besançon, Presses Universitaires de Franche-Comté, 2018b, pp. 85-100.

MONTALDO, Silvano & TAPPERO, Paolo (org.). *Cesare Lombroso cento anni dopo*. Torino, Utet, 2009a.

____. *Il Museo di Antropologia Criminale "Cesare Lombroso"*. Torino, Utet, 2009b.

MORAES, Evaristo de. *Enrico Ferri. Algumas notas ligeiras acerca de sua vida e de sua obra*. Rio de Janeiro, Typographia Vilas Boas, 1910, 13 p.

MORINAKA, Elisa. "Livros e política nas relações culturais dos Estados Unidos com o Brasil (1930-1946)". *Anuario Colombiano de Historia Social y de la Cultura*, vol. 48, n. 2, 2021, pp. 241-270.

MORRIS, Jonathan. "La sfida del meridionalismo: la costruzione di una nuova storia dell'Italia Meridionale". *In*: LUMLEY, Robert & MORRIS, Jonathan (org.). *Oltre il meridionalismo*. Roma, Carocci, 1999, pp. 11-30.

MOSCA, Gaetano. "Il fenomeno Ferrero". *La Riforma Sociale*, 1897, pp. 11-12.

MOSSE, George. *Il razzismo in Europa dalle origini all'Olocausto*. Milano, Mondadori, 1992 [1972].

MUDIMBE, Valentin. *The invention of Africa*. Bloomington (IN), University of Indiana Press, 1988.

MUSUMECI, Emilia. *Cesare Lombroso e le neuroscienze*. Milano, Franco Angeli, 2012.

NANI, Michele. *Alle origini del razzismo italiano: teorie della razza e naturalizzazione delle identità nell'età dell'imperialismo. Il caso torinese (1870-1910)*. Torino, Fondazione Einaudi, 1995.

____. *Ai confini della nazione. Stampa e razzismo nell'Italia di fine Ottocento*. Roma, Carocci, 2006.

____. "Lombroso e le razze". *In*: MONTALDO, Silvano & TAPPERO, Paolo (org.). *Cesare Lombroso cento anni dopo*. Torino, Utet, 2009, pp. 164-174.

NINA RODRIGUES, Raimundo. *As raças humanas e a responsabilidade penal no Brasil*. Rio de Janeiro, Editora Guanabara, 1895.

NINA RODRIGUES, Raimundo. *L'animisme fétichiste des nègres de Bahia – O animismo fetichista dos negros da Bahia*. Salvador, Reis & Comp., 1935 [1900].

____. *As coletividades anormais*. Rio de Janeiro, Civilização Brasileira, 1939 [1902].

NOBILI, Carlo. "Per una storia degli studi di antropologia museale". *Lares*, vol. LVI, n. 3, 1990, p. 326.

NOGUEIRA, Oracy. *Preconceito de marca. As relações raciais em Itapetininga*. São Paulo, Edusp, 1998 [1955].

OOSTERHUIS, Harry. "Seksuele grensconflicten in fin-de-siecle Wenen. Richard von Krafft-Ebing *Psychopathia sexualis* en het geval van Otto Weiniger". *In*: LAARSE, Rob van der; LABRIE, Arnold & MELCHING, Willem (ed.). *De hang naar zuiverheid. De cultuur van het moderne Europa*. Amsterdam, Het Spinhuis, 1998, pp. 139-159.

OROVIO, Consuelo & MULERO, Miguel. "Spanish intellectuals and Fernando Ortiz (1900-1941)". *In*: FONT, Mauricio & QUIROZ, Alfonso (ed.). *Cuban counterpoints. The legacy of Fernando Ortiz*. Oxford, Lexington Books, 2005, pp. 9-38.

ORTIZ, Fernando. *Los negros brujos*. Madrid, Libreria de Fernando Fe, 1906.

____. *Los mambises italianos*. Habana, Imprenta de Cuba y América, 1909.

____. *La identificación dactiloscópica*. Habana, Imprenta Universal, 1913.

____. *Los negros esclavos*. Habana, Revista Bimestre, 1916.

____. *Italia y Cuba*. Habana, Comité Cubano Pro-Italia, 1917.

____. *El engaño de las raza*s. Habana, Editorial de Ciencias Sociales, 1975 [1944].

PACHECO, Maria Theresa de Medeiros. "Medicina legal na Bahia. Início e evolução do ensino". *Gazeta Médica da Bahia*, vol. 772, n. 2, 2007, pp. 139-157.

PALMIÉ, Stephan. *Wizard and scientists. Explorations in Afro-Cuban modernity and tradition*. Chapel Hill, Duke University Press, 2002.

____. "Fernando Ortiz y la cocción de la historia". *Istor: Revista de Historia Internacional*, vol. 10, n. 40, 2010, pp. 31-54.

PATO, Ana. *Arte contemporânea e arquivo: como tornar público o arquivo público?*. São Paulo, Universidade de São Paulo, 2017 (Tese de doutorado em Arquitetura e Urbanística).

PEIXOTO, Adriano. *Criminologia*. Rio de Janeiro, Editora Guanabara, 1933.

PENNACINI, Cecilia (org.). *L'Africa in Piemonte tra '800 e '900*. Torino, Centro Studi Africani, 1999.

PEROTTI, Beatrice. "Cenni sulle scienze dell'uomo a Torino a cavallo del secolo". *In*: PENNACINI, Cecilia (org.). *L'Africa in Piemonte tra '800 e '900*. Torino, Centro Studi Africani, 1999, pp. 87-100.

PICK, Daniel. *Faces of degeneration: a European disorder, c. 1848-c. 1918*. Cambridge, Cambridge University Press, 1989.

____. "Body and will". *In*: DASSEN, Patrick & KEMPERINK, Mary (ed.). *The many faces of evolution in Europe*. Leuven, Peters, 2005, pp. 17-39.

____. "Il caso Lombroso. Tavola rotonda". *In*: MONTALDO, Silvano (org.). *Cesare Lombroso. Gli scienziati e la nuova Italia*. Bologna, Il Mulino, 2010.

PIZZATO, Fedra. "Per una storia antropologica della nazione. Mito mediterraneo e costruzione nazionale in Giuseppe Sergi (1880-1919)". *Storia del Pensiero Politico*, n. 1, 2015, pp. 25-52.

PLOTKIN, Mariano Ben. *Jose Ingenieros. El hombre que lo queria todo*. Buenos Aires, Edhasa, 2021.

POGLIANO, Claudio. "Scienza e stirpe: eugenica in Italia, 1912-1939". *Passato e Presente*, n. 5, 1984, pp. 61-97.

POGLIANO, Claudio & CASSATA, Francesco (org.). *Scienze e cultura dell'Italia unita*. Torino, Einaudi, 2011 (Annali della Storia d'Italia, volume temático).

PROGLIO, Gabriele. *Libia, 1911-1912. Immaginari coloniali ed italianità*. Milano, Mondadori, 2016.

PUCCINI, Sandra. "Evoluzionismo e nascita degli studi etno-antropologici". *La Ricerca Folklorica*, n. 3, 1981, pp. 127-129.

_____. *Andare lontano. Viaggi ed etnografia ne secondo Ottocento*. Roma, Carocci, 1999.

_____. *Uomini e cose. Esposizioni, collezioni, musei*. Roma, Cisu, 2012.

QUATREFAGES, Armand de. *La race prussienne*. Paris, Hachette, 1871.

QUESADA, Ernesto. *El sociólogo Enrico Ferri y sus conferencias argentinas*. Buenos Aires, Menéndez, 1908.

RADITZA, Bogdan. *Colloqui con Guglielmo Ferrero*. Lugano, Edizioni Capolago, 1939.

RAEDERS, Georges. *O inimigo cordial do Brasil. O Conde de Gobineau no Brasil*. São Paulo, Paz e Terra, 1988.

RAFTER, Nicole & YSTEHEDE, Per Jorgen. "Lombroso e la cultura di massa in Europa (1809-1930)". *In*: MONTALDO, Silvano & TAPPERO, Paolo (org.). *Cesare Lombroso cento anni dopo*. Torino, Utet, 2009, pp. 184-190.

RAINERO, Romain. *L'anticolonialismo italiano da Assab a Adua: 1869-1896*. Milano, Edizioni di Comunità, 1971.

RAMOS, Arthur. "Prefacio". *In*: NINA RODRIGUES, Raimundo. *L'animisme fétichiste des nègres de Bahia – O animismo fetichista dos negros da Bahia*. Salvador, Reis & Comp., 1935 [1900], pp. 2-6.

RAMOS, Juan. "La escuela de Enrico Ferri en la *República* Argentina". *In*: ALTAVILLA, Enrico (org.). *Scritti in onore di Enrico Ferri per il cinquantesimo anno di suo insegnamento universitario*. Torino, Utet, 1929.

REGENER, Susanne. "Criminal museums and the visualization of evil". *Crime, History and Society*, vol. 7, n. 1, 2003, pp. 43-56.

RIBEIRO, Leonídio. *Medicina legal*. São Paulo, Nacional, 1933.

_____. *Arquivos de Medicina Legal e Identificação – Volume dedicado aos centenários de Portugal*. Rio de Janeiro, Imprensa Nacional, 1940.

_____. *O novo código penal e a medicina legal*. Rio de Janeiro, Livraria Jacintho, 1943.

_____. *Afrânio Peixoto*. Rio de Janeiro, Edições Condé, 1950.

_____. *Criminologia*, vol. I. Rio de Janeiro, Editorial Sul Americana, 1957.

_____. "Ciência, homossexualismo e endocrinologia". *Revista Latinoamericana de Psicopatologia Fundamental*, vol. 13, n. 3, 2010 [1935], pp. 498-511.

RODLER, Lucia. "Figure dell'antropologia di Cesare Lombroso". *In*: LOMBROSO, Cesare. *L'uomo bianco e l'uomo di colore*. Bologna, Clueb, 2012, pp. vii-xix.

RODÓ, José Enrique. *Ariel*. Montevideo, Dornaleche, 1900.

RODRIGUEZ, Julia. *Civilizing Argentina. Science, medicine and the modern State*. Chapel Hill (NC), The University of North Carolina Press, 2006.

ROIG, Arturo Andrés. "Contribución para una bibliografía de José Ingenieros". *Revista Interamericana de Bibliografía/Interamerican Review of Bibliography*, vol. XXIII, n. 2, 1973, pp. 141-163.

ROMANI, Carlo. *Oreste Ristori: uma aventura anarquista*. São Paulo, Fapesp, 2002.

RONDINI, Andrea. *Cose da pazzi. Cesare Lombroso e la letteratura*. Pisa, Istituti Poligrafici Internazionali, 2001.

ROTONDO, Francesco. *Itinerari alla periferia di Lombroso. Pietro Gori e la criminologia moderna in Argentina*. Napoli, Editoriale Scientifica, 2014.

ROWE, William & SCHELLING, Vivian. *Memory and modernity. Popular culture in Latina America*. London, Verso, 1991.

RUIZ DIAZ, M. "Europa y América. Guglielmo Ferrero y Gina Lombroso en la Penitenciaría Nacional de Buenos Aires (1907)". *Anales del IAA*, vol. 46, n. 1, 2016, pp. 77-90.

SANSI, Roger. *Fetishes and monuments. Afro-Brazilian art and culture in the 20th century*. London, Bergham Books, 2007.

SANSONE, Livio. "Estetica della razza. Continuità e rotture in Brasile". *Iperstoria*, n. 6, 2015, pp. 26--42. Disponível em <http://www.iperstoria.it>. Acesso em 19/9/2024.

____. "From planned oblivion to digital exposition: the digital museum of Afro-Brazilian heritage". *In*: LEWI, Hannah et al. (ed.). *The Routledge International Handbook of new digital practices in galleries, libraries, archives, museums and heritage sites*. London, Routledge, 2019, pp. 79-94.

____. "Hiperbólicos italianos. As viagens dos integrantes da Escola Positiva de Antropologia da Itália pela América Meridional, 1907-1910". *História, Ciências, Saúde*, vol. 27, n. 1, 2020, pp. 265-274.

____. *Estação etnográfica Bahia. A construção transnacional dos estudos afro-brasileiros (1935-1967)*. Campinas, Editora da Unicamp, 2022.

SANTOS, Davi Siqueira. A *América Latina*, de Manoel Bomfim, e *Ariel*, de José Enrique Rodó: dois ensaios de interpretação latino-americana. São Paulo, Unesp, 2011 (Dissertação de mestrado).

SANTOS, Ricardo Ventura & MAIO, Marcos Chor. "Race, genomics, identity and politics in contemporary Brazil". *Critique of Anthropology*, vol. 24, n. 4, 2004, pp. 347-378.

SARFATTI, Margherita. *Dux. Benito Mussolini*. Milano, Mondadori, 1926.

SAUNDERS, Frances Stonor. *Who paid the piper? The CIA and the cultural cold war*. London, Granta, 1999.

SCARFONE, Marianna. *La psichiatria coloniale italiana. Teorie, pratiche, protagonisti, istituzioni, 1906-1952*. Venezia, Università Ca' Foscari, 2014 (Tese de doutorado em Memória Social).

SCARZANELLA, Eugenia. "El 'lunfardo' en el gabinete del doctor Lombroso. La antropologia criminal en Argentina, 1894-1913". *In*: VV. AA. *America Latina, dallo Stato coloniale allo Stato nazionale*. Milano, Franco Angeli, 1998, pp. 887-897.

____. *Italiani malagente: immigrazione, criminalità, razzismo in Argentina, 1890-1940*. Milano, Franco Angeli, 1999.

SCHMIDT, Benito. "O deus do progresso: a difusão do cientificismo no movimento operário gaúcho da I República". *Revista Brasileira de História*, vol. 21, n. 41, 2001, pp. 113-126.

SCHNEIDER, Arnd. "Refracted identities: Argentine images of Europe". *Anthropological Journal on European Cultures*, vol. 7, n. 2, 1998, pp. 39-57.

SCHNEIDER, Jane. *Italy's "Southern question": orientalism in one country*. New York, Berg, 1998.

SCHWARZ, Roberto. *As ideias fora do lugar. Ensaios selecionados*. São Paulo, Companhia das Letras, 2014.

SCHWEGMAN, Marjan. "Het diabolische gezicht van Italie. De zonderlinge geschiedenis van Dr. Cesare Lombroso". *In*: LAARSE, Rob van der; LABRIE, Arnold & MELCHING, Willem (ed.). *De hang naar zuiverheid. De cultuur van het moderne Europa*. Amsterdam, Het Spinhuis, 1998, pp. 126-138.

SELLIN, Thorsten. "Enrico Ferri". *In*: MANNHEIM, Hermann (ed.). *Pioneers in criminology*. London, Stevens & Sons, 1960, pp. 277-300.

SERGI, Giuseppe. "Psicosi endemica". *Rivista di Filosofia Scientifica*, n. VIII, 1889, pp. 151-190.

____. *La decadenza delle nazioni latine*. Torino, Fratelli Bocca, 1900.

SERRA, Ordep. *Os olhos negros do Brasil*. Salvador, Edufba, 2014 (veja o capítulo "A tenacidade do racismo a respeito do caso do Museu Estácio de Lima e de outras agressões à memória dos cultos afro-brasileiros.").

SEYFERTH, Giralda. "A antropologia e a teoria do branqueamento da raça no Brasil: a tese de João Batista de Lacerda". *Revista do Museu Paulista*, n. 30, 1985, pp. 81-98.

SIEGEL, Micol. *Uneven encounters. Making race and nation in Brazil and the United States*. Durham, Duke University Press, 2009.

SIGHELE, Scipio. *Il nazionalismo e i partiti politici*. Milano, Treves, 1911 (veja o capítulo *"L'imperialismo"*, pp. 74-94.).

SIMONAZZI, Mario. *Degenerazionismo. Psichiatria, eugenetica e biopolitica*. Milano, Mondadori, 2013.

SIMONETTI, Mario. *G. Sorel e G. Ferrero – Fra "cesarismo" borghese e socialismo. Carteggio*. Firenze, Olschki, 1972.

SMITH, Anthony. *Nationalism and modernism: a critical survey of recent theories of nations and nationalism*. London, Routledge, 1998.

SOCIETÀ DANTE ALIGHIERI. *L'Italia nella Esposizione Argentina del 1910*. Roma, 1910.

SORDI, Italo. "Etnografia in piazza. Le Volkerschaustellungen di Carl Heinrich Hagenbeck". *La Ricerca Folklorica*, n. 19, 1980, pp. 59-66.

SOUZA, Vanderlei Sebastião de & SANTOS, Ricardo Ventura. "O Congresso Universal de Raças, Londres, 1911: contextos, temas e debates". *Boletim do Museu Paraense Emílio Goeldi. Ciências Humanas*, n. 7, 2012, pp. 745-760.

SPENGLER, Oswald. *Der Untergang des Abendlandes: Umrisse einer Morphologie der Weltgeschichte, Gestalt und Wirklichkeit; Welthistorische Perspektive*. Wien, Braumüller, 1922, 2 vols.

SPILLER, Gustav. *Papers on inter-racial problems, communicated to the first Universal Races Congress*. London, Orchard House, 1911.

STEPAN, Nancy. *The hours of eugenics. Race, gender and nation in Latin America*. Cornell, Cornell University Press, 1991.

STOCKING, George (ed.). *Bones, bodies, behavior: essays on biological anthropology*. Madison (WI), The University of Wisconsin Press, 1989.

TAYLOR, Paul Michael. "Anthropology and the 'racial doctrine' in Italy before 1940". *Antropologia Contemporanea*, vol. XII, n. 1-2, 1988.

TEDESCO, Luca. "Latin and nordic eugenics in the project of racial improvement set up by Giuseppe Sergi, founder of the Comitato Italiano per gli Studi di Eugenica". *Popolazione e Storia*, n. 1, 2016, pp. 35-52.

TEETERS, Negley. *Penology. From Panama to cape Horn*. Philadelphia, University of Pennsylvania Press, 1946.

TETI, Vito. *Maledetto Sud*. Torino, Einaudi, 2013.

THOMAZ, Omar Ribeiro. *Ecos do Atlântico Sul: representações sobre o terceiro Império português*. Rio de Janeiro, Editora UFRJ, 2002.

TORGOVNICK, Marianna. *Gone primitive. Savage intellectuals, modern lives*. Chicago, The University of Chicago Press, 1990.

TRENTO, Angelo. *Do outro lado do Atlântico. Um século de imigração italiana no Brasil*. São Paulo, Nobel, 1989.

____. *Imprensa italiana no Brasil. Séculos XIX e XX*. São Carlos, Edufscar, 2013.

TURZIO, Silvana. "Il fondo fotografico". *In*: MONTALDO, Silvano & TAPPERO, Paolo (org.). *Cesare Lombroso cento anni dopo*. Torino, Utet, 2009, pp. 145-152.

VAREJÃO, Marcela. *Achille Loria. Saggio sulla fortuna di un positivista in Italia e all'estero*. Milano, Unicopli, 1997.

____. *Il positivismo dall'Italia al Brasile (1822-1935)*. Milano, Giuffrè, 2005.

VASCONCELOS, José. *La raza cósmica. Misión de la raza iberoamericana. Notas de viajes a l'América del Sur*. Madrid, Agencia Mundial de Libreria, 1925.

VEIGA, Glaucio. *História da Faculdade de Direito do Recife*. Recife, Editora UFPE, 1981.

VERÍSSIMO, José. *Homens e coisas estrangeiras: 1899-1908*. Rio de Janeiro, Academia Brasileira de Letras/Topbooks, 2003 [1910].

VILLA, Renzo. "La critica antropologica: orizzonte e modelli di lettura alla fine del XIX secolo". *In*: BURGIO, Alberto (org.). *L'invenzione delle razze: studi su razzismo e revisionismo storico*. Roma, Manifestolibri, 1998, pp. 407-421.

VILLAÇA, Antonio Carlos. *O pensamento católico no Brasil*. Rio de Janeiro, Zahar, 1975.

VILLAFAÑE, Luís Cláudio Gomes Santos. *O evangelho do Barão. Rio Branco e a identidade brasileira*. São Paulo, Unesp, 2012.

____. *Yo panamericanicé. Ruben Darío en Brasil*. Managua, Hispamer, 2018.

VV. AA. *O negro no Brasil. Ata do Congresso Afro-Brasileiro da Bahia*, 1938.

____. *Enrico Ferri: maestro della scienza criminologica*. Milano, Bocca, 1941.

____. *Estudios dedicados a Fernando Ortiz*. Nueva York, Interamericas, 1998.

WALLERSTEIN, Immanuel. "Culture as the ideological battleground of the modern world-system". *In*: FEATHERSTONE, Mike (ed.). *Global culture. Nationalism, globalization and modernity*. London, Sage, 1990.

WARWICK, Alex. "Vampires and the Empire. Fear and fiction of the 1890's". *In*: MACCRACKEN, Sally & LEDGER, Scott (ed.). *Cultural politics at the fin de siècle*. Cambridge, Cambridge University Press, 1995.

WILLIAMS, Daryle. *Culture wars in Brazil. The first Vargas Regime, 1930-1945*. Durham/London, Duke University Press, 2001.

ZAVATTARO, Monica; ROSSELLI, Maria Grazia & CHIOZZI, Paolo. *Obiettivo uomo. L'antropologia fotografica di Paolo Mantegazza*. Firenze, Masso alle Fate, 2010.

Fontes

Itália

Arquivo, Museu Cesare Lombroso, Universidade de Turim, correspondência de Cesare Lombroso, Mario Carrara, Gina Lombroso

Arquivo, Museu de Antropologia e Etnologia, Universidade de Florença, correspondência de Paolo Mantegazza

Arquivo Turati, Florença, documentação e correspondência de Enrico Ferri

Arquivo Vieusseux, Florença, correspondência de Gina Lombroso e Guglielmo Ferrero

Biblioteca Cattani, Roma, livros de Guglielmo Ferrero

Biblioteca de História Moderna e Contemporânea, Roma, jornais ilustrados, hemeroteca e livros

Biblioteca do Museu Pitrè, Palermo

Biblioteca Nacional Central, Roma

Biblioteca Pinali Antiga, Universidade de Pádua, livros de Paolo Mantegazza

Biblioteca Regional Siciliana, Palermo

Fundação Lelio e Lisli Basso, Roma

Instituto Gramsci, Roma

Museus

Museu da História da Medicina, Roma
Museu das Artes e Tradições Populares, Roma
Museu de Antropologia Criminal Cesare Lombroso, Universidade de Turim
Museu de Antropologia e Etnologia, Universidade de Florença
Museu de Criminologia, via del Gonfalone, Roma
Museu de Storia Patria, Palermo
Museu Pigorini, Roma
Museu Pitrè, Palermo

Revistas e jornais italianos

Archivio di Psichiatria, Scienze Penali ed Antropologia Criminale (*AP*)
Archivio per l'Antropologia e la Etnologia
Avanti!, desde 1896
Critica Sociale
La Scuola Positiva, 1910-1920
L'Illustrazione Italiana (ed. Treves), desde 1896
L'Illustrazione Popolare (ed. Sonzogno), desde 1900

Outros países

Academia Brasileira de Letras, Rio de Janeiro, Arquivo, correspondência de José Veríssimo, Machado de Assis, Graça Aranha
Biblioteca da Universidade Columbia, Nova York, Rare Book and Manuscript Library, correspondência de Guglielmo Ferrero
Biblioteca do Instituto de Letras, Havana, correspondência e documentos de Fernando Ortiz
Biblioteca e Hemeroteca Municipal Mário de Andrade de São Paulo, jornais do estado de São Paulo
Biblioteca Nacional, Argentina
Biblioteca Nacional José Martí, Havana, correspondência de Fernando Ortiz
Casa Rui Barbosa, Rio de Janeiro, correspondência de Rui Barbosa com Cesare e Gina Lombroso
Cemca, Unesp, São Paulo
Centro de Documentação e Investigação da Cultura de Esquerdas (Cedinci), Universidade Nacional de San Martín, Buenos Aires, Fundo José Ingenieros. Disponível em <https://cedinci.org/>. Acesso em 19/9/2024.
Disponível em <https://www.elhistoriador.com.ar/juan-b-justo-y-la-polemica-con-el-socialista-italiano-enrico-ferri/>. Acesso em 19/9/2024.
Gazeta Médica da Bahia. Disponível em <www.gmbahia.ufba.br>. Acesso em 19/9/2024.
Hemeroteca Digital, Biblioteca Nacional da Espanha, revista *Caras y Caretas* de Buenos Aires, anos 1907-1910
Hemeroteca Digital, BN, *Revista Brazil-Medico*
Instituto Ítalo-Brasileiro, São Paulo, jornal *Fanfulla*
Museu da Ciência, Arquivo, Rio de Janeiro
Museu de La Plata, Arquivo, documentos e correspondência relativos à visita de Enrico Ferri a Buenos Aires, correspondência de Vucetich

Museu Estácio de Lima, Salvador. Disponível em <https://www.youtube.com/watch?v=63f41uaR9tY>. Acesso em 19/9/2024.
Museu Nacional, Arquivo, Rio de Janeiro
Universidade de Basileia (livro de Raditza)

Para visitas dos italianos ao Brasil

Arquivo do Instituto de Estudos Brasileiros, São Paulo
Biblioteca Nacional, Rio de Janeiro
Revista Acadêmica da Faculdade de Direito do Recife
Revista da Escola de Direito de São Paulo
Revista da Faculdade de Medicina do Rio de Janeiro

Índice onomástico

Abbatista, Guido, 191 (n. 22)
Accattatis, Vincenzo, 128, 152 (n. 83)
Agassiz, Louis, 35
Agosti, 90
Aguirre, Carlos, 100 (n. 77)
Albuquerque, Durval de, 58 (n. 40), 98 (n. 55)
Alencar, Mário de, 111
Almandes, Luis Reyna, 99 (n. 55)
Almeida Pinto, Jefferson de, 154 (n. 100)
Altman, Lotte, 97 (n. 49)
Alvarado, 191 (n. 26)
Álvarez, Marcos Cesar, 193 (n. 56)
Álvarez Taladriz, Ángel María, 83
Amado, Jorge, 14
Amaral, João Gualberto do, 134, 154 (n. 102)
Amaral, Tarsila do, 199
Amari, Michele, 97 (n. 45)
Amin, Idi, 11
Andrada e Silva, José Bonifácio de, 150 (n. 49)
Andrade, Oswald de, 199, 202 (n. 5)
Appiah, Anthony, 60 (n. 60)
Aranha, Temístocles, 152 (n. 73)
Araújo Beltrão, Pedro de, 83
Ardu, 82
Areco, 138
Arinos, Afonso, 113
Arrighi, Giovanni, 15
Asia, professor, 206
Assis, Machado de, 108, 111, 115, 119-121, 126, 148 (n. 16), 150 (n. 50-53)
Asturaro, Alfonso, 85
Atatürk, Mustafa Kemal, 129

Azeredo, Carlos Magalhães de, 69
Azevedo, Fernando de, 17, 20 (n. 16), 93-94, 101 (n. 101)

Baartman, Saartje, 47
Babini, Valeria, 75-76, 96 (n. 29, 30)
Baioni, Massimo, 64 (n. 136), 95 (n. 14, 16)
Baldassarre, Maria Isabel, 99 (n. 70)
Barbano, Filippo, 17, 100 (n. 71), 154 (n. 103), 190 (n. 1, 3, 17)
Barnet, Miguel, 96 (n. 26), 114
Barnett, Ethel, 109
Baroja, Pio, 84
Barreto, Tobias, 90-91, 100 (n. 90), 165
Basile, Ernesto, 95 (n. 15)
Basso, Enrico, 99 (n. 66, 69)
Bastide, Roger, 99 (n. 67)
Bebel, August, 43
Beccaria, Cesare, 191 (n. 26)
Beltrani Scalia, Martino, 74
Benedetti, Nina de, 75
Berlioz, Hector, 191 (n. 26)
Berra, Mariella, 87
Bertillon, Alphonse, 69, 98 (n. 52), 195 (n. 82)
Berzero, Antonella, 193-194 (n. 73)
Bethell, Leslie, 119, 150 (n. 49)
Betley, J. A., 62 (n. 99)
Beviláqua, Clóvis, 90
Bevione, Giuseppe, 135-136, 154 (n. 104)
Bikila, Abele, 10
Bilac, Olavo, 113, 143
Bisi, Roberta, 153 (n. 88)

Bissolati, Leonida, 52
Blake, William, 191 (n. 26)
Bleek, Wilhelm, 61 (n. 66)
Boas, Franz, 60 (n. 60), 96 (n. 35), 200
Bomfim, Manoel, 149 (n. 39)
Bonfim, Martiniano do, 14
Boni, Monica, 194 (n. 73)
Borges, Dain, 63 (n. 104), 202 (n. 6)
Boscolo, Gianni, 192 (n. 44)
Bottai, Giuseppe, 208
Bovio, Giovanni, 52
Braga-Pinto, Cesar, 100 (n. 86)
Brancato, Francesco, 95 (n. 14)
Breton, André, 202 (n. 5)
Broca, Paul, 32, 61 (n. 68), 69, 137, 186
Brocos, Modesto, 60 (n. 60)
Bronfman, Alejandra, 99 (n. 69), 196 (n. 105)
Bruni, G., 90
Buckle, Henry Thomas, 33, 35, 41
Bulferetti, Luigi, 61 (n. 76, 79), 63 (n. 110), 65 (n. 143, 146), 193 (n. 65)
Buracchio, Michele, 12
Burgers, Johannes, 55, 65 (n. 148)
Burgio, Alberto, 58 (n. 36)
Byron, George Gordon, 191 (n. 26)

Cabred, Domingo, 83, 107
Caimari, Lila, 18, 100 (n. 74, 77), 154 (n. 119)
Calloni, Marina, 76, 95 (n. 4, 5), 96 (n. 30)
Calmon du Pin e Almeida, Manoel Bernardo, 83, 90
Cambises, rei da Pérsia, 191 (n. 26)
Camões, Luís Vaz de, 170
Campos, Ricardo, 84, 99 (n. 61, 64)
Carbone, Carlo, 52
Cardano, Gerolamo, 191 (n. 26)
Carducci, Giosuè, 51, 96 (n. 35), 119, 150 (n. 49)
Carletti, Giovanni, 12
Carneiro, Edison, 20 (n. 9), 187
Carrara, Mario, 44, 47-48, 59 (n. 55), 60 (n. 60), 63 (n. 111, 112), 67, 75-76, 78-80, 84-85, 90, 99 (n. 63), 161, 173-174, 179, 201, 203 (n. 8), 209 (n. 8)
Caruso, Barbara, 148 (n. 13), 192 (n. 41)

Caruso, Enrico, 136
Carvalho, José Murillo de, 101 (n. 104)
Casaús Arzú, Marta Elena, 100 (n. 78)
Cassata, Francesco, 58 (n. 43), 95 (n. 9)
Castellanos, Israel, 161, 178, 207
Castiglione, Teodolindo, 90, 100 (n. 79), 195 (n. 94)
Castro, Tito Lívio de, 92
Castro, Viveiros de, 90, 100 (n. 85, 86)
Castro Alves, Antônio de, 170
Castro Azevedo, Maria Helena, 152 (n. 69, 76)
Cavalli-Sforza, Luigi, 35, 60 (n. 59)
Cazzaniga, Gian Mario, 57 (n. 20), 192 (n. 32)
Cecchinato, Eva, 95 (n. 13)
Cedroni, Lorella, 95 (n. 4, 5), 106, 148 (n. 10)
Ceniceros, José Angel, 87
Centini, Massimo, 191 (n. 29)
Chacon, Vamireh, 100 (n. 90), 101 (n. 93)
Chamberlain, Houston Stewart, 34, 57 (n. 21)
Charcot, Jean-Martin, 56 (n. 9), 97 (n. 49)
Chaves, Julio Cesar, 150 (n. 49)
Chi Minh, Ho, 57 (n. 11)
Chiozzi, Paolo, 62 (n. 99)
Cilli, Cristina, 11
Ciombe, Moïse, 10
Cipriani, Lidio, 209 (n. 9)
Cirese, Alberto M., 95 (n. 11)
Clemenceau, Georges, 135
Colajanni, Napoleone, 30-31, 36, 86, 158, 163, 166, 171, 178, 192 (n. 33, 35)
Colombo, Cristóvão, 129, 191 (n. 26)
Comins, Jennifer, 12
Comte, Auguste, 158, 168, 191 (n. 26)
Conrad, Joseph, 27, 43, 68, 193 (n. 64)
Conselheiro, Antônio, 24, 195 (n. 90)
Cook, James, 73
Cooper, Frederick, 50
Corrêa, Alexandre Fernandes, 196 (n. 103)
Corrêa, Mariza, 20 (n. 10, 11), 28, 58 (n. 34), 60 (n. 56), 99 (n. 55), 192 (n. 47), 193 (n. 55, 58, 59, 71), 194 (n. 79, 80), 196 (n. 102)
Correia, António Mendes, 99 (n. 55)

Corvisieri, Silverio, 192 (n. 39)
Costa, Humberto, 75, 96 (n. 27, 28)
Costa Lima, 79
Couto Ferraz, Aydano, 20 (n. 9)
Crispi, Francesco, 32, 50, 67, 95 (n. 15), 128
Croce, Benedetto, 85
Cunha, Euclides da, 90, 92, 203 (n. 6)
Cunsolo, Ronald, 131
Curie, Marie, 134
Cuvier, Georges, 48

D'Agostino, Peter, 190 (n. 7)
D'Annunzio, Gabriele, 150 (n. 49), 175
Dante Alighieri, 126, 145, 208
D'Antonio, Emanuele, 48, 61 (n. 86, 87), 62 (n. 90)
Darío, Rubén, 149 (n. 39), 155 (n. 120)
Darwin, Charles, 15, 33, 37, 55, 69, 165
De Amicis, Edmondo, 87, 106
Decastro, Lincoln, 80
Deledda, Grazia, 69
De Mattos, 205
Demóstenes, 64 (n. 134)
De Nerval, Gerard, 191 (n. 26)
D'Eramo, Marco, 12
Díaz-Quiñones, Arcádio, 99 (n. 69)
Dickie, John, 43, 62 (n. 96)
Di Tullio, Benigno, 161, 193 (n. 71)
Dolza, Delfina, 96 (n. 29)
Dom Pedro II, 61 (n. 62), 69-71, 104, 190 (n. 2)
D'Orsi, Angelo, 96 (n. 25)
Doyle, Conan, 175
Drago, Luigi, 38, 61 (n. 73), 82, 84, 87, 90, 92
Dreyfus, Alfred, 41, 125
Druon, Maurice, 150 (n. 49)
Du Bois, William, 35, 60 (n. 60), 96 (n. 35)
Durkheim, Émile, 81, 87

Echazábal, Lourdes Martínez, 61 (n. 75)
Eco, Umberto, 15
Einaudi, Luigi, 75
Enes, António, 49, 98 (n. 55), 99 (n. 59)
Engels, Friedrich, 23

Fabbri, Luigi, 162
Falco, Francesco Federico, 83, 86, 161
Favero, Flaminio, 173
Febrônio, 179, 183
Fedele, Santi, 192 (n. 41)
Feira, Lucas de, 195 (n. 90)
Feres Júnior, João, 63 (n. 107) 192 (n. 53)
Ferrero, Guglielmo, 19, 21, 44, 48, 54, 56, 57 (n. 14), 62 (n. 101, 102), 64 (n. 128), 67--69, 75-77, 79, 85-87, 91-92, 95 (n. 4), 96 (n. 35), 104-108, 110-116, 118-126, 130, 133, 135, 138, 142-143, 148 (n. 12, 17, 18, 26), 149 (n. 28, 31, 33), 150 (n. 49-54), 151 (n. 57-60, 64, 65), 152 (n. 68, 71, 75, 79), 153 (n. 89), 154 (n. 110), 155 (n. 120, 123), 157-158, 161, 168-170, 172-174, 190 (n. 19), 191 (n. 25), 193 (n. 64), 197, 199-201, 203 (n. 8), 205, 209 (n. 8)
Ferrero, Leo, 209 (n. 8)
Ferri, Enrico, 19, 36, 40, 49, 52, 56, 64 (n. 136), 67, 74-75, 78-79, 85-87, 90-91, 97 (n. 45), 98 (n. 55), 104-105, 128-147, 152 (n. 79, 84), 153 (n. 88, 89, 91, 92, 95, 99), 154 (n. 101, 110, 115, 117, 119), 155 (n. 124), 157-158, 161, 169, 173, 178, 180, 184, 188, 191 (n. 23), 198-199, 201, 207
Finot, Jean, 35, 60 (n. 60, 61), 62 (n. 99), 96 (n. 35), 101 (n. 104)
Finzi, Roberto, 62 (n. 91, 93)
Fioravanti, Carlos, 196 (n. 109)
Flaiano, Ennio, 65 (n. 147)
Fonseca, Hermes Rodrigues da, 144
Font, Mauricio, 99 (n. 69)
Forman, Ross G., 56 (n. 7)
Forti, Marina, 12
Fortis, Alessandro, 153 (n. 95)
France, Anatole, 135, 138
Freire, Oscar, 174, 178, 180
Freud, Sigmund, 23, 27, 34, 46, 55, 56 (n. 9), 97 (n. 49), 160, 194 (n. 73)
Freyre, Gilberto, 149 (n. 37), 187, 190 (n. 10), 209 (n. 2)
Frigessi, Delia, 18, 43, 56 (n. 1, 9), 60 (n. 55), 61 (n. 64, 87), 62 (n. 97), 63 (n. 110), 96 (n. 33), 193 (n. 68)
Frisina, Annalisa, 11
Fusaschi, Michela, 11

Gaddafi, Muammar, 11
Gaitán, Jorge Eliecer, 152 (n. 84)
Gallini, Clara, 25, 28, 57 (n. 13, 16, 17), 58 (n. 23, 31), 59 (n. 52)
Garbarino, Maria Carla, 193-194 (n. 73)
Garibaldi, Giuseppe, 103, 111, 113, 129-130, 139, 161, 168
Garofalo, Raffaele, 19 (n. 6), 67, 74, 78-79, 90, 97 (n. 45), 161, 173
Gavin, R. J., 62 (n. 99)
Gay, Elena, 195 (n. 97)
Gellner, Ernest, 28, 57 (n. 22), 58 (n. 32)
Gemelli, Agostino, 154 (n. 101)
Gervasoni, Marco, 38, 56 (n. 8), 61 (n. 72)
GF, veja Ferrero, Guglielmo.
Gibson, Mary, 18, 20 (n. 18)
Gini, Corrado, 90
Ginzburg, Carlo, 15
Giolitti, Giovanni, 64 (n. 136), 77
Girardet, Raul, 63 (n. 123)
Girardi, Renato, 63 (n. 119), 65 (n. 138, 146)
Giretti, Edoardo, 96 (n. 37)
Giuliani, Gaia, 11, 58 (n. 35)
Giuliano, Andrea, 98 (n. 52)
Gledhill, Sabrina, 19 (n. 7), 149 (n. 38)
Gobineau, Joseph-Arthur de, 15, 33, 35, 41, 61 (n. 62)
Goethe, Johann Wolfgang von, 191 (n. 26)
Gomes da Cunha, Olívia, 161, 190 (n. 16), 195 (n. 95)
Gómez, Eusebio, 141
Gonçalves, Antônio Ribeiro, 90
Gonçalves, Paulo Cesar, 63 (n. 108)
Görgen, Hermann M., 150 (n. 49)
Gori, Pietro, 89, 97 (n. 39), 100 (n. 72), 161--162
Gould, Stephen J., 43
Graça Aranha, família, 125
Graça Aranha, José Pereira de, 108, 111, 113, 115, 119-120, 123, 126, 133, 143, 152 (n. 71, 74, 76, 77), 155 (n. 120)
Graça Aranha, Maria, 125
Gramsci, Antonio, 15, 36, 68, 77, 92, 129, 171, 199
Grant, Madison, 55
Grosso, Carlos, 154 (n. 108)
Grottanelli, Vittorio, 96 (n. 18)

Grunspan-Jasmin, Elise, 195 (n. 8), 196 (n. 107)
Guarnieri, Patrizia, 56 (n. 9)
Gumplowicz, Ludwig, 33, 90, 132, 149 (n. 45), 153 (n. 97)
Gutman, Guilherme, 194 (n. 76, 78)

Harrowitz, Nancy, 62 (n. 92)
Havelock Ellis, Henry, 191 (n. 26)
Helg, Aline, 193 (n. 57)
Hemmeleers, Don, 83
Heras, José de la, 208
Heródoto, 191 (n. 26)
Herrera, Carlos Miguel, 144, 154 (n. 103, 119)
Herskovits, Melville, 99 (n. 67), 152 (n. 73)
Herzl, Theodor, 42, 57 (n. 21), 81
Hobsbawm, Eric, 17, 46, 57 (n. 22), 63 (n. 105)
Hornaert, Eduardo, 192 (n. 44)
Houng-Ming, Kou, 151 (n. 58)
Huertas, Rafael, 84, 99 (n. 61, 64)
Hugo, Victor, 191 (n. 26)

Ibn Khaldun, 122
Ibsen, Henrik, 79
Imbassahy, Carlos, 100 (n. 84)
Ingenieros, José, 17, 60 (n. 61), 88-89, 100 (n. 72, 76), 110, 152 (n. 81), 200-201

Jaurès, Jean, 23, 135, 144
Joyce, James, 68, 97 (n. 49), 193 (n. 64)
Justo, Juan, 135, 144, 154 (n. 119)

Kafka, Franz, 15, 97 (n. 49)
Kardec, Allan, 193 (n. 66)
Key, Ellen, 96 (n. 38)
Kipling, Rudyard, 27
Klee, Paul, 165
Klimt, Gustav, 97 (n. 49)
Knepper, Paul, 62 (n. 92), 96 (n. 21)
Koch-Ammassari, Elke, 14, 90-91, 100 (n. 85, 87, 91), 101 (n. 98, 102)

Kokoschka, Oskar, 97 (n. 49)
Krafft-Ebing, Richard von, 55, 97 (n. 49)
Kruger, Paul, 64 (n. 132)
Kuliscioff, Anna, 76, 96 (n. 38)
Kuper, Adam, 16
Kurella, Hans, 41-42, 59 (n. 55), 62 (n. 89)
Kuyper, Abraham de, 64 (n. 132)

Laarse, Rob van der, 56 (n. 9), 57 (n. 21), 59 (n. 51), 97 (n. 49)
Labanca, Nicola, 62 (n. 99), 95 (n. 8, 17), 148 (n. 3)
Labriola, Arturo, 75, 85, 93, 158
Lacassagne, Alexandre, 13-14, 19 (n. 6), 33, 60 (n. 57), 90, 92, 158, 171, 178
Lacerda, João Batista, 60 (n. 60), 190 (n. 2)
Laguel, Ali, 10
Lamarck, Jean-Baptiste de, 37, 166
Lapouge, George Vacher de, 23, 33
Lattanzi, Vito, 11
Lazzaretti, Davide, 24
Leal, Aurelino de Araújo, 80, 90
Le Bon, Gustave, 33, 177
Leopardi, Giacomo, 191 (n. 26)
Lessa, Pedro, 114
L'Estoile, Benoît de, 72, 95 (n. 12)
Levi, Zeffira, 42
Lévi-Strauss, Claude, 101 (n. 97), 191 (n. 25)
Lévy-Bruhl, Lucien, 78
Lima, Estácio de, 178, 180-181, 185, 187, 195 (n. 87, 102), 202
Lima, Lamartine de Andrade, 14, 20 (n. 12), 195 (n. 86)
Lins e Silva, Augusto, 195 (n. 86), 203 (n. 7)
Livingstone, David, 37
Lombroso, família, 67, 73, 77
Lombroso, Gina, 13, 19, 44, 50, 54, 59 (n. 55), 67, 74-78, 81-82, 85, 87, 91-92, 97 (n. 38), 99 (n. 56), 101 (n. 96), 104-107, 109-111, 113-116, 118, 120, 122, 124-126, 143, 148 (n. 11, 21), 149 (n. 37, 45), 150 (n. 51, 55), 151 (n. 66), 152 (n. 78, 79), 153 (n. 89), 154 (n. 110), 155 (n. 123), 157-158, 160-161, 169, 173-174, 176, 179, 193 (n. 60), 197, 199-201, 203 (n. 8), 205, 208, 209 (n. 6, 8)

Lombroso, Paola, 44, 67, 75-76, 97 (n. 38), 161, 173, 209 (n. 8)
Lombroso, Ugo, 43
Longis, Rosanna de, 11
Lopes, Alfredo Luiz, 98 (n. 55)
Loria, Achille, 72, 87-88, 91-92, 95 (n. 1), 129, 158, 192 (n. 33)
Loria, Lamberto, 73
Lowndes, Felipa, 95 (n. 10)
Lucassen, Leo, 192 (n. 43)
Lucrécio, 191
Luís, Washington, 113
Lumumba, Patrice, 10
Luzardo, Baptista, 178
Luzzatti, Luigi, 153
Lyra, Roberto, 90

Macchiando, Cantarana, 181
Macedo Soares, A. J. de, 90
Machado, Alcântara, 90
Machado, Irineu, 133
Macias, Ramón, 83
Mack Smith, Denis, 128
Maggie, Ivonne, 19 (n. 2)
Malinowski, Bronisław, 86
Mann, Thomas, 25
Mantegazza, Paolo, 14, 18, 27, 31, 33, 46, 60 (n. 61), 62 (n. 99), 69-71, 73, 86, 89, 91, 97 (n. 45), 98 (n. 55), 103-104, 148 (n. 1, 4, 5), 173, 192 (n. 31), 193-194 (n. 73)
Marañón, Gregorio, 84
Marinetti, Filippo Tommaso, 202 (n. 5)
Marini-Bettolo, Giovanni Battista, 192 (n. 45)
Maristany, Luiz, 84, 99 (n. 56, 60, 62)
Maritain, Jacques, 150 (n. 49)
Marro, Antonio, 90
Martí, José, 99 (n. 69), 149 (n. 39)
Martínez Baca, Francisco, 82, 87
Martins, Wilson, 152 (n. 68)
Marx, Karl, 55, 92, 100 (n. 90), 129
Marzolo, Paolo, 78
Matos, Patrícia Ferraz de, 16, 82, 99 (n. 56)
Maul, Carlos, 150 (n. 51)
Mauss, Marcel, 14, 19 (n. 5)
Mayes, Frances, 191 (n. 26)
Melo Franco, V. A. de, 90

ÍNDICE ONOMÁSTICO

Melossi, Dario, 98 (n. 51)
Mendes, Texeira, 111, 139, 144
Michels, Roberto, 59 (n. 55), 75-77, 81, 96 (n. 32, 34), 97 (n. 49), 160
Mirabelli, Carmine, 176
Mitre, Bartolomé, 106
Mitre, Emilio, 106-107, 109, 123, 128
Moneta, Teodoro, 96 (n. 36)
Mongardini, Carlo, 64 (n. 128), 95 (n. 3), 151 (n. 63)
Monroe, James, 132, 196 (n. 115)
Montaldo, Silvano, 11, 18, 61 (n. 68, 85), 95 (n. 13), 96 (n. 24), 97 (n. 47), 154 (n. 101), 193 (n. 54), 194 (n. 77)
Montané, Luis, 83, 160, 165, 186
Montessori, Maria, 75
Moreira, Juliano, 13, 19 (n. 1), 75, 96 (n. 28), 160
Morel, Bènèdict-Auguste, 22-23
Morris, Jonathan, 58 (n. 39)
Morselli, Enrico, 67, 79, 87, 89, 98 (n. 55)
Mosca, Gaetano, 36, 67-68, 75-76, 81, 87
Mosse, George L., 43, 57 (n. 10), 62 (n. 92, 98), 177
Mota, Cândido, 90
Motta, 79
Mudimbe, Valentin, 33, 59 (n. 49)
Mulero, Miguel, 99 (n. 66)
Munez, Manuel, 83
Musil, Robert, 97 (n. 49)
Mussolini, Benito, 25, 69, 99 (n. 63), 129, 173, 184

Nabuco, Joaquim, 125, 152 (n. 74), 166, 173
Nani, Michele, 27, 41, 58 (n. 26, 42), 60 (n. 55, 58), 61 (n. 82)
Napoleão Bonaparte, 191 (n. 26)
Negri, Cristoforo, 62 (n. 99)
Negri, Toni, 15
Neureuter, 208
Neves, Berilo, 195 (n. 89)
Niceforo, Alfredo, 24, 30, 35, 54, 56 (n. 9), 67, 74, 79, 87, 90, 178
Nietzsche, Friedrich, 23, 34, 40-41, 192 (n. 38)
Nieuwenhuis, Ferdinand Domela, 97 (n. 39)

Nina Rodrigues, Raimundo, 13-14, 17, 19 (n. 2, 6), 20 (n. 10, 13), 24, 34, 41, 49, 60 (n. 57), 61 (n. 83), 62 (n. 103), 63 (n. 118), 82, 85-86, 89-90, 92-93, 98 (n. 55), 99 (n. 67), 100 (n. 88), 101 (n. 96), 115, 165, 170-171, 178-180, 185, 188, 193 (n. 55), 195 (n. 90), 200-202, 205, 209 (n. 2)
Nobili, Carlo, 96 (n. 19)
Nogueira, Oracy, 191 (n. 28), 198, 202 (n. 1)
Nordau, Max, 22, 42-43, 55, 56 (n. 9), 57 (n. 21), 60 (n. 61), 78, 81, 97 (n. 49), 115, 173, 175, 191 (n. 26)

Olgiati, Giustina, 99 (n. 66, 69)
Oosterhuis, Harry, 97 (n. 49)
Orovio, Consuelo, 99 (n. 66)
Ortega y Gasset, José, 34
Ortiz, Fernando, 14, 17, 19 (n. 2), 34, 57 (n. 14), 62 (n. 103), 84-86, 96 (n. 26), 99 (n. 67-69), 100 (n. 84), 141, 165, 186, 188, 196 (n. 106), 200-201
Ottolenghi, Salvatore, 24, 67, 85, 173, 184, 195 (n. 97, 99), 201

Pacheco, Maria Theresa de Medeiros, 195 (n. 100)
Padoan, Daniela, 60 (n. 59)
Palacios, Alfredo, 136
Palladino, Eusapia, 57 (n. 14)
Palmié, Stephan, 62 (n. 103), 99 (n. 65)
Pareto, Vilfredo, 36, 87
Pascoli, Giovanni, 153 (n. 95)
Pato, Ana, 196 (n. 102, 109)
Paz, Octavio, 162
Peixoto, Afrânio, 20 (n. 10), 79, 83, 89-90, 92, 100 (n. 75), 101 (n. 96), 170, 178-180, 190 (n. 2), 194 (n. 74)
Pena, Afonso, 133
Pende, Nicola, 189, 194 (n. 77)
Pennacini, Cecilia, 96 (n. 22)
Perotti, Beatrice, 63 (n. 117)
Petrarca, Francesco, 208
Petrocchi, Policarpo, 52
Petrosino, Joe, 95 (n. 15)
Petrovitch, Tatiana, 11

Pick, Daniel, 22, 34, 43, 56 (n. 2, 6, 9), 57 (n. 10, 12), 59 (n. 50, 53), 62 (n. 95), 128, 152 (n. 82)
Pierson, Donald, 196 (n. 114)
Pigorini, Luigi, 11, 73, 96 (n. 20)
Piñeiro, Antonio, 83, 87
Pineo, N., 87
Pinotti Gamba, família, 114
Pio X (Giuseppe Melchiorre Sarto), papa, 129-130, 134
Pitrè, Giuseppe, 72-73, 95 (n. 15), 98 (n. 55)
Pizzato, Fedra, 58 (n. 43)
PM, *veja* Mantegazza, Paolo.
Poe, Edgar Allan, 191 (n. 26)
Pogliano, Claudio, 95 (n. 9)
Pompeo, Francesco, 11
Pontecorvo, Gillo, 10
Prates, Conde de, 113, 155 (n. 120)
Proglio, Gabriele, 63 (n. 109), 153 (n. 95)
Puccini, Sandra, 59 (n. 46), 104, 148 (n. 2, 6)
Putnam, Robert, 30

Quatrefages, Armand de, 33, 35, 57 (n. 10), 58 (n. 41), 69, 186, 192 (n. 34)
Querino, Manuel, 14, 19 (n. 7), 149 (n. 38)
Quesada, Ernesto, 83, 135-139, 153 (n. 87), 154 (n. 106, 119)
Quincey, Thomas de, 191 (n. 26)
Quiroz, Alfonso, 99 (n. 69)

Raditza, Bogdan, 62 (n. 100), 95 (n. 6)
Raeders, Georges, 61 (n. 62)
Rafter, Nicole, 98 (n. 50), 191 (n. 27), 192 (n. 36)
Rainero, Romain, 52, 63 (n. 109), 65 (n. 139)
Ramos, Arthur, 20 (n. 10), 41, 62 (n. 103), 93, 174, 178-180, 194 (n. 80)
Ramos Mejía, Francisco, 83, 87, 90, 92, 160, 206
Ramos Mejía, José María, 83, 87
Ratzel, Friedrich, 35
Regener, Susanne, 195 (n. 98)
Rhodes, Cecil, 116
Ribeiro, Leonídio, 90, 92, 101 (n. 97), 125, 161, 170, 177-180, 183, 192 (n. 50), 193 (n. 69, 72), 194 (n. 78, 82), 195 (n. 84), 202, 207
Rio Branco, José Paranhos, Barão do, 94, 107--108, 115, 119, 123, 126, 133, 142, 144, 148 (n. 16), 150 (n. 51), 152 (n. 68), 155 (n. 120)
Ristori, Oreste, 134, 137, 144, 154 (n. 111)
Rocchi, diretor de orquestra, 120
Rocco, Alfredo, 73
Rodler, Lucia, 37, 61 (n. 70), 192 (n. 31)
Rodó, José Enrique, 115, 122, 149 (n. 39), 159, 162, 190 (n. 8), 196 (n. 115)
Rodríguez, Abraham, 89
Rodríguez, Julia, 100 (n. 73), 124
Rodríguez, Miguel, 83
Roig, Arturo Andrés, 100 (n. 76)
Romanese, Ruggero, 179
Romero, Sílvio, 91-92, 96 (n. 31), 150 (n. 48), 152 (n. 68)
Rondini, Andrea, 175, 193 (n. 63)
Roosevelt, Franklin Delano, 109
Roosevelt, Theodore, 123-124, 151 (n. 64)
Root, Elihu, 119
Roquette-Pinto, Edgard, 92-93
Rosa, Francisco da, 138, 154 (n. 112)
Rose, Steven, 43
Rosselli, irmãos, 68, 209 (n. 8)
Rosselli, Maria Grazia, 11
Rossetti, Gabriele, 191 (n. 26)
Rotellini, Vitaliano, 163
Rotondo, Francesco, 89
Rowe, William, 190 (n. 11)
Ruíz Díaz, Matías, 148 (n. 25)
Ruiz-Funes, Mariano, 161

Sá, Estácio de, 170
Said, Edward, 58 (n. 40)
Salazar, António de Oliveira, 63 (n. 108)
Salgari, Emilio, 27
Salillas, Rafael, 82-84, 92
Salvemini, Gaetano, 30, 87
Sankara, Thomas, 11
Sansi, Roger, 195 (n. 101)
Sansone, Agostino, 12
Sansone, Alfonso, 12, 72, 95 (n. 15)
Sansone, Giulio, 12

Sansone, Livio, 149 (n. 27), 190 (n. 18), 191 (n. 30), 196 (n. 115)
Sansone, Pedro, 12
Sansone, Sueli, 12
Santos, Davi Siqueira, 149 (n. 39)
Santos, Ricardo Ventura, 96 (n. 35)
Saramago, José, 150 (n. 49)
Sarfatti, Margherita, 57 (n. 19)
Saunders, Frances Stonor, 196 (n. 115)
Scarfone, Marianna, 63 (n. 116)
Scarzanella, Eugenia, 100 (n. 73)
Schelling, Vivian, 190 (n. 11)
Schiele, Egon, 97 (n. 49)
Schönberg, Arnold, 97 (n. 49)
Schumann, Robert, 191 (n. 26)
Schwarz, Roberto, 155 (n. 126), 192 (n. 46), 202 (n. 4)
Schwegman, Marjan, 97 (n. 49)
Sellin, Thorsten, 129, 153 (n. 86, 98)
Senghor, Léopold-Sédar, 57 (n. 11)
Sergi, Giuseppe, 25, 31, 35, 57 (n. 15), 58 (n. 43), 67, 79, 86, 93, 164, 166
Serra, Ordep, 196 (n. 108)
Shaw, Bernard, 23
Shelley, Mary, 34
Siegel, Micol, 20 (n. 15)
Sighele, Scipio, 25, 35, 57 (n. 16), 64 (n. 136), 67, 74, 77, 79, 87, 90, 92, 95 (n. 153), 163, 173, 192 (n. 33)
Silio, Cesare, 83
Simonazzi, Mario, 22, 34, 56 (n. 5), 57 (n. 10), 59 (n. 50), 190 (n. 7), 191 (n. 26), 192 (n. 43)
Simonetti, Mario, 95 (n. 2)
Smith, Anthony D., 57 (n. 22)
Sodré, Moniz, 90
Sonnino, Sidney, 153 (n. 95)
Sorba, Carlotta, 11
Sordi, Italo, 58 (n. 25)
Sorel, Georges, 23, 68, 81
Souza, Vanderlei Sebastião de, 96 (n. 35)
Souza Bandeira, Antônio H. de, 100 (n. 91), 111, 119
Spencer, Herbert, 15, 33, 55, 88, 94, 96 (n. 35), 101 (n. 104), 165
Spengler, Oswald, 34, 192 (n. 38)
Spiller, Gustav, 60 (n. 60), 96 (n. 35)

Stanley, Henry Morton, 65 (n. 140)
Stendhal (pseudônimo de Henri Beyle), 191 (n. 26)
Stepan, Nancy, 81-82, 192 (n. 42)
Stevenson, Robert Louis, 34
Stocking, George, 45
Stoker, Bram, 23, 34, 43
Stoler, Ann, 50
Storchi, 135
Sutherland, Edwin H., 196 (n. 114)

Tappero, Paolo, 96 (n. 24)
Tarde, Gabriel, 25, 33, 57 (n. 16), 90, 158, 160, 171
Tassoni, Alessandro, 191 (n. 26)
Tavares de Medeiros, João Jacinto, 98 (n. 53)
Tedesco, Luca, 58 (n. 43)
Teeters, Negley K., 189, 196 (n. 112)
Teixeira Brandão, João Carlos, 83, 98 (n. 55)
Tejada, Jacoba, 103
Teresa, Santa, 134
Teti, Vito, 58 (n. 38)
Thomaz, Omar Ribeiro, 63 (n. 123, 124)
Tolstoi, Lev, 43
Topinard, Paul, 32
Torgovnick, Marianna, 46, 58 (n. 29), 63 (n. 106)
Torres Campos, Manuel, 98 (n. 53)
Tot, Ladislao, 207
Travagli, Roberto, 12
Trento, Angelo, 145, 155 (n. 125), 190 (n. 20, 21)
Trump, Donald, 196 (n. 115)
Turati, Filippo, 55, 75-76, 81, 96 (n. 38), 132, 153 (n. 88), 154 (n. 117)

Ubaldi, Pietro, 190 (n. 20)
Ugarte, Manuel, 136
Urrea Giraldo, Fernando, 152 (n. 84)

Varejão, Marcela, 17-18, 83, 95 (n. 1), 99 (n. 57), 101 (n. 94), 179, 190 (n. 1)
Vargas, Getúlio, 185
Vasconcelos, José, 89, 190 (n. 9)

Vasconcelos, Juan, 89, 159
Vattimo, Gianni, 15
Vaux, Clotilde de, 158
Vega, Francisco de, 83
Vergara, Manuel, 82, 87
Verger, Pierre, 99 (n. 67)
Veríssimo, José, 96 (n. 31), 100 (n. 91), 104, 111, 115-116, 120, 122, 125-126, 143, 149 (n. 40, 45), 150 (n. 48), 152 (n. 68, 71, 74, 77), 155 (n. 120)
Verne, Jules, 194 (n. 73)
Vianna, Oliveira, 92
Vico, Giambattista, 42
Vieira de Araújo, João, 79, 83, 90-91, 206, 209 (n. 2)
Villa, Renzo, 59 (n. 48)
Villaça, Antonio Carlos, 154 (n. 102)
Villafañe, Luís Cláudio Gomes Santos, 101 (n. 103), 149 (n. 39), 155 (n. 120)
Villella, Giuseppe, 43
Vittorio Emanuele II, rei da Itália, 161
Vucetich, Juan, 98 (n. 52), 100 (n. 75), 186, 195 (n. 82)

Wagner, Eva, 57 (n. 21)
Wagner, Richard, 57 (n. 21)
Wallerstein, Immanuel, 32, 59 (n. 47)
Wantuil, Zéus, 176
Weber, Max, 25
Weininger, Otto, 97 (n. 49)
Williams, Daryle, 196 (n. 115)
Wittgenstein, Ludwig, 97 (n. 49)
Wyzewa, Theodor de, 175

Xavier, Chico, 193 (n. 66)

Ystehede, Per Jorgen, 62 (n. 92), 98 (n. 50), 191 (n. 27), 192 (n. 36)

Zannetti, imigrante, 110
Zavattaro, Monica, 11
Zayas, Rafael de, 87
Zola, Émile, 23, 43, 125, 160, 175, 191 (n. 26)
Zweig, Stefan, 97 (n. 49)

Índice de lugares

Abissínia, 52, 54, 60 (n. 60, 61), 63 (n. 110), 65 (n. 140)
Adis Abeba, 80
Adua, 40, 44, 50, 52, 54, 64 (n. 136), 65 (n. 140), 106, 174, 190 (n. 20)
África, 9-11, 37, 44-47, 49-52, 54, 63 (n. 108, 110), 65 (n. 140), 80-81, 116-117, 131, 142, 145, 155 (n. 128), 164, 167, 172, 174, 194, 196 (n. 106), 197
Alemanha, 15, 34, 57 (n. 21), 72, 78, 81, 94, 97 (n. 49), 125, 135, 150 (n. 49), 165-166, 169, 193 (n. 62), 205, 208
Amazônia, 75
América do Norte, 39, 63 (n. 107), 64 (n. 134), 94, 106, 117, 122, 124, 131, 136, 143, 161, 164

América Latina/América do Sul/América Meridional, 9, 14-19, 24, 28, 30, 33-34, 36, 38-40, 45-46, 53-54, 58 (n. 33), 61 (n. 75), 62 (n. 94), 63 (n. 107), 64 (n. 134), 68, 74, 79-82, 84-85, 88, 91-93, 98 (n. 51), 99 (n. 55), 103-106, 109, 112-113, 116, 119--120, 122, 124, 126, 128-133, 137, 140--143, 145, 148 (n. 8), 151 (n. 66), 152 (n. 78, 85), 153 (n. 88, 89), 154 (n. 117), 155 (n. 128), 157-162, 164-173, 176-178, 180, 184-185, 188-189, 190 (n. 20), 191 (n. 25), 193 (n. 70), 194 (n. 73), 195 (n. 82), 196 (n. 115), 197-199, 202 (n. 3), 203 (n. 8), 205-207, 209 (n. 6)
Américas, 39, 46-47, 63 (n. 108), 68, 82, 106, 108-109, 112, 120, 122-125, 134-135, 142,

145, 150 (n. 55), 153 (n. 95), 160, 162, 164, 169, 173, 186, 188, 191 (n. 25), 199
Amiata, 24
Amparo, 133
Amsterdã, 83
Antilhas, 161
Argentina, 17, 78, 81-85, 87-90, 92, 100 (n. 73), 103, 105-107, 109, 111-112, 123--124, 126, 128-129, 131-133, 135-138, 140-144, 149 (n. 34), 152 (n. 80), 154 (n. 110, 119), 155 (n. 123), 157-160, 162, 168-169, 171-172, 178, 190 (n. 2), 197, 199-200, 205, 208
Ásia, 45-46, 124
Atlântico, 55, 129, 133
Austrália, 15, 46, 57 (n. 10), 63 (n. 108), 81, 88, 131, 161
Áustria, 64 (n. 136), 174

Bagdá, 108
Bahia, 13, 14, 19 (n. 7), 24, 80, 170, 178, 180--181, 184-185, 187, 192 (n. 49), 195 (n. 87), 196 (n. 110)
Barcelona, 107, 207
Bélgica, 69, 205-206
Benadir, 131, 164
Berlim, 68
Bolívia, 89, 93, 103
Bolonha, 85
Brasil, 9-10, 13, 16-17, 19 (n. 2, 7), 28-30, 32--33, 37, 45, 58 (n. 40), 60 (n. 60), 61 (n. 62), 69-71, 78-79, 81-85, 87-88, 90-94, 95 (n. 1), 96 (n. 31), 97 (n. 49), 98 (n. 55), 100 (n. 85, 91), 103, 105, 107, 111-120, 123-127, 129, 131-133, 135, 139, 141-144, 149 (n. 30, 37, 39), 150 (n. 49, 50, 51), 151 (n. 66), 152 (n. 73, 79, 80), 154 (n. 101, 111), 155 (n. 120, 128), 157-160, 162-163, 165, 168-170, 172, 177-179, 186-188, 190 (n. 2, 20), 192 (n. 33, 48), 194-197, 199, 202, 202 (n. 5), 206-207, 209 (n. 2)
Bruxelas, 83
Buenos Aires, 83, 87-89, 100 (n. 73), 107--112, 120, 123, 130, 135, 137-140, 142--143, 150 (n. 52), 157, 160-161, 184-186, 201, 205-208

Cabo Verde, 114
Calábria, 131, 171
Cali, 152 (n. 84)
Campinas, 114, 133
Canadá, 124
Canudos, 24, 92, 195 (n. 90)
Chicago, 82
Chifre da África, 174
Chile, 81, 109-110, 129, 132, 134, 140
China, 40, 50, 53, 55, 63 (n. 110), 118, 151 (n. 58), 174
Cidade do México, 207
Colômbia, 81, 89, 172, 186, 207
Conca d'Oro, 59 (n. 55)
Corcovado, 111
Córdoba, 109-110, 208
Cuba, 17, 51, 64 (n. 134), 81, 83-87, 89, 122, 159-161, 171-172, 178, 186-188, 190 (n. 2), 197, 201, 206-207

Dinamarca, 169
Dogali, 47, 50-52, 65 (n. 136)

Egito, 152 (n. 85)
Equador, 186, 207
Eritreia, 52, 131, 164
Espanha, 15, 38, 52, 54, 81-82, 84-85, 92-94, 99 (n. 56), 105, 149 (n. 39), 154 (n. 111), 155 (n. 122), 173, 197, 205-208
Estados Unidos, 15, 35, 39, 46, 51-53, 55, 57 (n. 10), 60 (n. 60), 64 (n. 134), 68, 81, 93, 109, 115-116, 119, 122-124, 131, 135, 143, 149 (n. 37, 39), 151 (n. 66), 153 (n. 91), 159, 163, 166-167, 169, 171, 188--189, 194 (n. 77), 196 (n. 115), 198-200, 202 (n. 2)
Etiópia, 40, 54, 174, 208
Europa, 10, 14, 16, 20 (n. 10), 22, 31, 35, 38--39, 41-47, 52, 55, 59 (n. 45), 68, 81, 84, 92, 94, 95 (n. 15), 98 (n. 55), 105-106, 108-112, 117-118, 122-126, 128, 137-138, 142, 151 (n. 58, 64), 152 (n. 73), 153 (n. 93, 95), 159, 161-162, 164, 166, 171, 175, 190 (n. 2), 197, 206

Filipinas, 51, 64 (n. 134), 124
França, 15, 21-22, 31, 33, 38, 41-42, 48, 50, 57 (n. 21), 68-69, 72, 77, 81, 93-94, 95 (n. 15), 97 (n. 49), 98 (n. 52), 110-111, 124, 129, 142, 150 (n. 49), 158, 160, 165, 168-169, 171, 186, 191 (n. 22), 205

Genebra, 44, 125, 174, 205-206
Grã-Bretanha, 51, 69, 166
Greenwich, 31
Guanabara, 107, 116
Guiana, 125

Havana, 19 (n. 2), 83, 96 (n. 26), 99 (n. 69), 141, 161, 165, 186, 196 (n. 106), 206
Holanda, 15, 57 (n. 21), 81, 106, 169, 205

Icaraí, 111
Índia, 15, 78, 81, 98 (n. 55), 108, 111, 161, 174, 194 (n. 73), 202 (n. 5)
Inglaterra, 15, 21-22, 31, 46, 51, 53, 57 (n. 10), 72-73, 94, 97 (n. 49), 125, 130, 142, 168, 191 (n. 22), 206
Israel, 48, 91
Itália, 10-12, 16-19, 20 (n. 17), 21-22, 27-31, 33, 35-36, 38, 41-43, 46-47, 50, 52-54, 56, 57 (n. 20), 58 (n. 40, 43), 59 (n. 45, 46, 55), 62 (n. 99), 63 (n. 108), 64 (n. 136), 69, 72--73, 77, 81, 85-87, 89, 91, 93-94, 95 (n. 1, 15), 96 (n. 22), 98 (n. 51, 55), 99 (n. 63), 103, 105, 107, 110-111, 113-114, 125, 128-133, 135, 139-142, 144, 149 (n. 30), 150 (n. 49, 50), 151 (n. 64), 152 (n. 79, 80), 153 (n. 95), 154 (n. 101, 111), 157--158, 160, 162, 164-172, 174, 184, 190 (n. 19, 20, 22), 192 (n. 37), 193 (n. 62), 194 (n. 73, 77), 197-199, 201-202, 203 (n. 8), 205, 207-208

Jundiaí, 114

Kindu, 10

lago Maggiore, 125
La Plata, 100 (n. 75), 130, 138, 140, 165
Lapônia, 194 (n. 73)
Líbia, 47, 50, 56, 64 (n. 136), 75, 129, 141, 153 (n. 95), 173, 200
Lima, 89, 208
Lisboa, 82-83, 98 (n. 55), 194 (n. 73)
Londres, 60 (n. 60), 68-69, 96 (n. 35), 125, 186
Lyon, 13-14, 19 (n. 6), 20 (n. 13), 98 (n. 55)

Macallè, 50
Madrid, 14, 82-83, 98 (n. 53)
Mali, 10
Marselha, 85-86
México, 81-87, 89, 124, 157, 159, 171-172, 174, 178, 190 (n. 2), 197, 207
Milão, 135, 190 (n. 22)
Minas Gerais, 111, 114, 119, 207
Moçambique, 98 (n. 55)
Montevidéu, 83, 160
Moscou, 206
Múrcia, 207

Nápoles, 52, 150 (n. 51)
Nova York, 105, 124, 151 (n. 64), 203 (n. 8)
Novo México, 109

Oceania, 46
Olinda, 114

Pádua, 11
Palermo, 12, 59 (n. 55), 72, 88, 95 (n. 15), 98 (n. 55), 191 (n. 22)
Paraguai, 83, 103, 132, 150 (n. 49)
Paris, 13, 31, 48, 56 (n. 9), 68, 96, 97 (n. 49), 106, 109, 120, 123, 125-126, 129, 190 (n. 2), 209 (n. 8)
Pavia, 103
Pernambuco, 91
Peru, 81, 83, 89, 109, 132, 172
Petrópolis, 97 (n. 49), 125
Piemonte, 96 (n. 22)

Porto, 82-83, 99 (n. 55), 206
Porto Rico, 51, 122
Portugal, 15, 38, 49, 63 (n. 108), 81-85, 93--94, 98 (n. 55), 99 (n. 56, 59), 150 (n. 49), 155 (n. 128), 197, 205-206
Puebla, 82

Recife, 75, 83, 90, 114, 142, 179, 187, 192 (n. 48), 203 (n. 7), 209 (n. 2)
Reino Lombardo-Veneziano, 103
Reino Unido, 150 (n. 49), 169
Ribeirão Preto, 114, 133
rio da Prata, 169
Rio de Janeiro, 12, 15, 79, 83, 93, 99 (n. 55), 100 (n. 73), 107, 111-114, 116, 119-120, 123, 125, 133, 137, 140, 142-143, 149 (n. 34), 155 (n. 120), 161, 165, 168, 178--179, 185, 187, 192 (n. 48), 195 (n. 95), 202 (n. 5)
Rio Grande do Sul, 144, 158
Roma, 10-11, 12 (n. 1), 20 (n. 17), 51, 59 (n. 45), 68-69, 72-73, 106, 108, 126, 128, 150 (n. 50), 184, 194-195 (n. 82), 208
Rosário, 12, 109-110
Rovereto, 72
Rússia, 15, 38, 42, 78, 81, 96 (n. 38), 205

Salta, 103
Salvador, 13-14, 171, 180, 187-188, 192 (n. 48), 195 (n. 90), 209 (n. 2)
San Marino, 155 (n. 124)
Santa Cruz das Palmeiras, 114
Santiago, 109, 134
Santos, 130, 141, 153 (n. 99)
São Paulo, 12, 80, 87, 108, 113-114, 118, 120, 125, 130, 132-134, 140-144, 151 (n. 66),
152 (n. 74), 153 (n. 99), 154 (n. 112), 155 (n. 120), 157, 163, 176, 178-179, 185, 192 (n. 48), 193 (n. 66), 195 (n. 96), 202 (n. 5)
São Vicente, 54, 114
Sarajevo, 17, 46
Sardenha, 58 (n. 30), 59 (n. 46)
Sedan, 17, 41, 46
Senegal, 181
Sicília, 35, 67, 72-73, 95 (n. 15), 131, 181
Suécia, 169
Suíça, 64 (n. 136), 76, 169

Tchecoslováquia, 174
Toscana, 39, 73
Transvaal, 91, 153 (n. 93)
Trieste, 41
Trípoli, 153 (n. 95)
Tripolitânia, 50
Tucumán, 109-110
Turim, 13-14, 19 (n. 1), 28, 33, 35, 47-49, 58 (n. 30), 69, 73-74, 77-78, 81-83, 85-86, 96 (n. 26, 28), 98 (n. 55), 105, 113, 160, 173, 176, 185-186, 191 (n. 22), 194 (n. 73)
Turquia, 63 (n. 110), 129, 131, 152 (n. 85), 164, 208

Uganda, 10
Uruguai, 105, 115, 129, 132, 142, 160, 169

Vale do Paraíba, 149 (n. 37)
Valparaíso, 134
Vendeia, 36
Vêneto, 39
Venezuela, 191 (n. 26)
Viena, 42, 97 (n. 49)

Título	A galáxia Lombroso: a extraordinária popularidade de Cesare Lombroso e do lombrosianismo na América Latina
Autor	Livio Sansone
Tradução	Roberto Vico
Coordenador editorial	Ricardo Lima
Secretário gráfico	Ednilson Tristão
Preparação dos originais	Vilma Aparecido Albino
Revisão	Ana Paula Candelária
Editoração eletrônica	Ednilson Tristao
Design de capa	Editora da Unicamp
Formato	16 x 23 cm
Papel	Avena 80 g/m² – miolo
	Cartão supremo 250 g/m² – capa
Tipologia	Garamond Premier Pro
Número de páginas	240

ESTA OBRA FOI IMPRESSA NA GRÁFICA CAMACORP VISÃO GRÁFICA
PARA A EDITORA DA UNICAMP EM DEZEMBRO DE 2024.